北大社·"十四五"普通高等教育本科规划教材
高等院校汽车专业"互联网+"创新规划教材

新能源汽车工程专业导论

崔胜民　编著

北京大学出版社
PEKING UNIVERSITY PRESS

内容简介

本书深入剖析了新能源汽车工程专业的知识体系、行业现状和未来趋势，首先定义了新能源汽车工程专业，并探讨了其特点及与车辆工程专业的比较；其次详细说明了该专业的培养目标与培养模式，强调了在知识、素质、能力和技能方面对人才的要求；再次深入研究了新能源汽车行业的发展、市场需求和政策支持，解析了产业链结构和技术创新趋势，同时介绍了纯电动汽车、混合动力汽车和燃料电池电动汽车等的工作原理与关键技术，探讨了智能化、网联化等前沿技术；最后分析了新能源汽车行业对人才的需求，并提供了学习规划和学习建议，助力读者掌握专业知识，为未来职业生涯奠定坚实基础。

本书可作为高等学校新能源汽车工程专业的教材，也可作为想报考新能源汽车工程专业的高考生和新能源汽车工程专业建设者的参考书。

图书在版编目(CIP)数据

新能源汽车工程专业导论/崔胜民编著. —— 北京：
北京大学出版社，2025.6. ——（高等院校汽车专业"互
联网+"创新规划教材）. —— ISBN 978 - 7 - 301 - 36231 - 0

Ⅰ. U469.7

中国国家版本馆 CIP 数据核字第 2025LB6830 号

书　　　名	新能源汽车工程专业导论	
	XINNENGYUAN QICHE GONGCHENG ZHUANYE DAOLUN	
著作责任者	崔胜民　编著	
策 划 编 辑	童君鑫	
责 任 编 辑	黄红珍	
数 字 编 辑	蒙俞材	
标 准 书 号	ISBN 978 - 7 - 301 - 36231 - 0	
出 版 发 行	北京大学出版社	
地　　　址	北京市海淀区成府路 205 号　100871	
网　　　址	http://www.pup.cn　新浪微博：@北京大学出版社	
电 子 邮 箱	编辑部 pup6@pup.cn　总编室 zpup@pup.cn	
电　　　话	邮购部 010 - 62752015　发行部 010 - 62750672　编辑部 010 - 62750667	
印 刷 者	河北博文科技印务有限公司	
经 销 者	新华书店	
	787 毫米×1092 毫米　16 开本　14 印张　327 千字	
	2025 年 6 月第 1 版　2025 年 6 月第 1 次印刷	
定　　　价	45.00 元	

前　言

随着全球能源危机和环境问题的日益严峻，新能源汽车的普及成为全球汽车产业发展的重要趋势，它代表了汽车技术的革新和能源利用方式的转变。在这个时代背景下，新能源汽车工程专业应运而生，致力于培养具备新能源汽车研发、设计、制造、运营、管理等方面知识和能力的高素质人才。

本书旨在为学生提供全面、系统、深入的新能源汽车工程专业的入门指南，通过介绍新能源汽车工程专业的定义、特点、培养目标和课程设置，帮助学生了解该专业的学科基础、知识体系和发展方向；通过介绍新能源汽车行业的发展、市场需求、政策支持、产业链结构和技术创新，使学生对新能源汽车产业的宏观背景有清晰的认识；通过详细介绍新能源汽车的关键技术、整车设计与制造、零部件设计与制造、整车测试与验证等方面的知识，使学生深入了解新能源汽车的工程技术；通过探索新能源汽车的前沿技术（如智能化、网联化、信息化等），使学生了解新能源汽车技术的最新发展趋势；通过分析新能源汽车行业对人才的需求，帮助学生明确未来职业发展的方向和要求；通过规划新能源汽车工程专业的学习，帮助学生制订合理的学习计划，实现个人的学习目标。

本书结构清晰、层次分明、内容全面。每章节都经过精心设计和安排，既注重基础知识的介绍，又注重前沿技术的探索；既注重理论知识的阐述，又注重实践能力的培养。同时，本书融入了案例和思考题，旨在引导学生独立思考和自主探索，提升解决问题的能力和创新能力。

本书的最大特点是在每节后都安排了阅读材料或应用案例，以帮助学生更好地巩固和理解所学内容。阅读材料能够拓宽学生的知识视野，使其深化对专业知识的理解；应用案例能够使学生将理论知识与实际操作结合，增强实践能力。这种设置还能激发学生的探索精神，培养其独立思考和解决问题的能力。

希望本书能够成为广大读者了解新能源汽车工程专业和新能源汽车技术、规划个人职业发展的"良师益友"。

在本书的编写过程中，作者参考了大量文献，特向其作者表示深切的谢意。

由于作者学识有限，书中疏漏之处在所难免，恳盼读者指正。

编著者
2025 年 1 月

【资源索引】　　【拓展视频】

目　　录

第1章

解读新能源汽车工程专业

思维导图

【拓展视频】

【拓展视频】

解读新能源汽车工程专业

新能源汽车工程专业
的定义与特点
- 新能源汽车工程专业的定义
- 新能源汽车工程专业的特点
- 与车辆工程专业的比较

新能源汽车工程专业的
培养目标与培养模式
- 新能源汽车工程专业的培养目标
- 新能源汽车工程专业的培养模式

新能源汽车工程专业
对人才的要求
- 新能源汽车工程专业对人才知识的要求
- 新能源汽车工程专业对人才素质的要求
- 新能源汽车工程专业对人才能力的要求
- 新能源汽车工程专业对人才技能的要求

新能源汽车工程
专业课程设置
- 新能源汽车工程专业课程设置原则
- 新能源汽车工程专业课程设置框架
- 新能源汽车工程专业核心课程

新能源汽车工程专业的
就业方向和就业前景
- 新能源汽车工程专业的就业方向
- 新能源汽车工程专业的就业前景

教学目标

　　本章旨在使学生掌握新能源汽车工程专业的定义与特点、培养目标与培养模式，了解人才需求、课程设置及就业前景；激发学生对新能源汽车领域的兴趣，增强对专业的认同感。期望学生能够深刻理解新能源汽车的核心理念，为未来的学习和职业发展打下坚实基础。

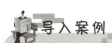

 导入案例

　　近年来，我国新能源汽车行业发展迅猛，已成为全球新能源汽车市场的重要力量。目前，我国新能源汽车保有量持续增长，尤其在城市出行领域，纯电动汽车和混合动力汽车成为人们的新选择。随着充电设施的逐步完善和政策支持力度的加大，新能源汽车的使用越来越便捷，深受消费者青睐。

　　作为一名刚刚步入大学校园的新能源汽车工程专业新生，我满怀好奇与期待。对于"新能源汽车工程"这个听起来既前沿又充满挑战的专业，我心中充满疑问：新能源汽车工程专业究竟是什么？与车辆工程专业有什么不同？这个专业有什么特点？我的学习目标是什么？希望通过本章的学习，我可以找到答案，开启对新能源汽车工程专业的探索。

1.1　新能源汽车工程专业的定义与特点

1.1.1　新能源汽车工程专业的定义

　　新能源汽车是指采用非常规的车用燃料作为动力来源（或使用常规的车用燃料、采用新型车载动力装置），综合车辆的动力控制和驱动方面的先进技术，形成的技术原理先进，具有新技术、新结构的汽车。

　　新能源汽车工程专业是一个集车辆工程、能源与动力工程、电子信息工程、控制工程等学科于一体的综合性工科专业。它主要研究新能源汽车的设计、制造、性能优化及与之相关的能源管理、控制系统和充电设施等。该专业旨在培养具有扎实的汽车工程理论基础，掌握新能源汽车技术及其应用的前沿知识，具备创新能力和实践能力的高素质工程技术人才。

【拓展视频】

　　新能源汽车工程专业的学习内容涵盖汽车构造与设计、能源与动力、电子与控制等领域。学生将学习新能源汽车的整车设计原理和方法，了解新能源汽车的动力系统、电池技术、电机驱动和能量管理等方面的知识。同时，学生将学习新能源汽车的制造工艺和质量控制技术，掌握相关的工程实验和测试方法。此外，该专业还注重培养学生的创新意识和实践能力，通过实践项目和课程设计等，使学生有机会将所学知识应用于解决实际问题。

　　新能源汽车工程专业的毕业生具备广泛的就业前景和发展空间。随着全球对清洁能源和可持续发展的重视，新能源汽车产业得到迅猛发展。新能源汽车工程专业的毕业生可以在汽车制造企业、能源公司、科研机构、政府机构等领域从事新能源汽车的研发、设计、生产、管理等方面的工作。他们可以参与新能源汽车的研发项目，推动技术创新和产业升级；也可以在生产企业中从事制造工艺、质量控制和生产管理工作；还可以在政府机构和科研机构中从事新能源汽车的政策研究、标准制定和技术咨询等工作。

　　新能源汽车工程专业是一个具有广阔发展前景和高度综合性的专业。它将汽车工程与现代能源技术结合，致力于培养具备创新能力和实践能力的新能源汽车工程技术人才，为推动新能源汽车产业的发展和实现可持续发展目标作出重要贡献。

1.1.2　新能源汽车工程专业的特点

新能源汽车工程专业作为现代工程技术的重要分支，具有鲜明的特点和独特的魅力。这个专业融合了机械、电子、材料等知识，致力于培养具备新能源汽车研发、设计、生产、管理等方面能力的高素质人才。

1. 综合性与交叉性

新能源汽车工程专业具有显著的综合性与交叉性特点。该专业涵盖了车辆工程、电子信息工程、能源与动力工程等方面的知识，需要学生具备跨学科的知识储备和综合能力。在专业课程设置中，学生不仅需要学习传统车辆工程的基础知识，还需要掌握电子信息、能源技术、控制理论等方面的内容。这种综合性的特点使得新能源汽车工程专业的学生在解决实际问题时能够综合考虑多个因素，提出全面、有效的解决方案。

例如，新能源汽车的电池管理系统不仅涉及电池化学、材料科学等基础理论知识，以确保电池的安全性和高效能；还涉及电子工程领域的知识（如电路设计、信号处理等），以实现电池状态的精准监测与管理。此外，电池管理系统还需要与整车控制系统协同工作，这就涉及控制工程、车辆工程等学科的知识。这种多学科知识的综合运用，充分展示了新能源汽车工程专业在电池管理系统研发方面的综合性与交叉性。

2. 创新性与技术前沿性

新能源汽车工程专业是技术创新和技术进步的前沿阵地。随着全球能源结构的转型和环保意识的提升，新能源汽车技术不断创新发展，对专业人才的要求也越来越高。新能源汽车工程专业的学生需要具备创新精神和探索能力，不断追求新技术、新工艺和新方法的突破。同时，该专业注重与企业的合作，引入行业的最新技术和应用案例，使学生能够及时了解市场动态和技术发展趋势，与行业前沿保持紧密联系。

例如，智能驾驶是新能源汽车领域的重要发展方向，也是新能源汽车工程专业创新与技术前沿的集中体现。该专业的学生通过学习和研究先进的传感器技术、人工智能算法和控制系统，不断推动智能驾驶技术的突破与创新。他们通过研发能够感知周围环境、进行自主决策和精确控制的智能驾驶系统，使新能源汽车能够更安全、高效地行驶。这种技术的创新不仅提升了新能源汽车的驾驶体验，还为未来的智能交通和自动驾驶奠定了基础。

3. 实践性与应用性

新能源汽车工程专业注重理论与实践的结合，强调培养学生的实践能力和应用能力。该专业通过实验、课程设计、实习实训等形式的教学环节，使学生能够将理论知识应用于实际问题中，提高解决实际问题的能力。同时，该专业鼓励学生参与科研项目、创新实验和学科竞赛等活动，培养学生的创新意识和实践能力。

例如，在新能源汽车的整车设计过程中，新能源汽车工程专业的学生需要综合运用所学的机械设计、电气工程、车辆工程等学科知识。他们需要分析市场需求，确定车辆的性能指标和设计参数，然后利用专业的设计软件进行整车结构设计和模拟分析，通过不断调整和优化设计方案,确保新能源汽车在动力性、安全性、舒适性等方面达到最佳状态。这种实践性的整车设计过程不仅锻炼了学生的综合设计能力,还提高了他们对新能源汽车技术的理解和应用能力。

4. 环保性与可持续发展性

新能源汽车工程专业具有显著的环保性与可持续发展性特点。新能源汽车作为一种清洁、高效的交通工具,对减少环境污染、降低能源消耗有重要意义。因此,新能源汽车工程专业的学生需要具备环保意识和可持续发展理念,积极研究和开发更环保、更高效的新能源汽车技术。他们通过努力,可以为推动全球能源结构的转型和可持续发展作出积极贡献。

例如,纯电动汽车作为新能源汽车工程领域的重要代表,其核心优势在于零排放和低能耗。新能源汽车工程专业的学生通过深入研究纯电动汽车的电池技术、驱动系统和能量管理系统等,致力于提升纯电动汽车的续驶里程、充电速度和性能稳定性。他们还可积极推广纯电动汽车的普及和应用,鼓励消费者选择纯电动汽车作为出行工具,从而减少传统燃油汽车带来的尾气排放和环境污染。这种研发与推广的实践不仅体现了新能源汽车工程专业在环保方面的努力,还为实现可持续发展目标贡献了力量。

综上所述,新能源汽车工程专业具有综合性与交叉性、创新性与技术前沿性、实践性与应用性、环保性与可持续发展性等显著特点。这些特点使得该专业成为培养高素质新能源汽车人才的重要途径,也为学生提供了广阔的职业发展空间和前景。相信在未来,随着新能源汽车技术的不断进步和市场需求的不断扩大,新能源汽车工程专业将会迎来更加广阔的发展空间和更加美好的明天。

1.1.3 与车辆工程专业的比较

1. 新能源汽车工程专业与车辆工程专业的联系

新能源汽车工程专业与车辆工程专业作为汽车工程领域的两个重要分支,虽然研究重点和应用领域有所不同,但两者存在紧密联系。

(1)学科基础知识的共通性。新能源汽车工程专业与车辆工程专业在学科基础知识方面具有较大的共通性。两个专业的学生都需要掌握汽车构造、原理、设计及制造工艺等基础知识,这些基础知识为后续专业学习和实践提供了共同的理论支撑。同时,两个专业的学生都需要关注汽车的动力性、安全性、舒适性等方面的要求,以确保所设计的汽车满足市场需求和用户的期望。

(2)技术应用与创新的相互促进。新能源汽车工程专业与车辆工程专业在技术应用与创新方面相互促进。新能源汽车工程专业致力于推动新能源汽车技术的研发和应用,而车辆工程专业更侧重于传统汽车技术的优化和创新。在实际应用中,新能源汽车和传统燃油汽车的技术可以相互借鉴和融合。例如,新能源汽车可以借鉴传统燃油汽车在底盘设计、制造工艺等方面的经验和技术,以提升新能源汽车的整体性能和品质;传统燃油汽车可以汲取新能源汽车的能源管理技术、智能控制技术等方面的创新成果,以推动传统燃油汽车的升级换代。

（3）人才培养的交叉融合。新能源汽车工程专业与车辆工程专业在人才培养方面存在交叉融合的现象。随着汽车产业的快速发展和技术的不断创新，其对人才的要求越来越高。许多高校和研究机构在开设这两个专业时，都会注重培养学生的综合素质和跨学科能力。例如，通过开设跨学科课程、组织联合实践项目等，学生能够在学习过程中接触到两个专业的知识和技术，从而成为既具备新能源汽车技术知识又具备传统燃油汽车技术知识的复合型人才。

（4）共同推动汽车产业的发展。新能源汽车工程专业与车辆工程专业在推动汽车产业发展方面具有共同目标。随着全球对环境保护和可持续发展的重视，新能源汽车成为未来汽车产业的发展方向。而车辆工程专业作为传统燃油汽车技术的守护者，在不断推动传统燃油汽车的升级和改进。两个专业共同努力，推动了汽车产业的技术进步和创新发展，为实现汽车产业的绿色化、智能化和可持续发展作出了重要贡献。

2. 新能源汽车工程专业与车辆工程专业的区别

新能源汽车工程专业与车辆工程专业都是汽车工程领域的重要组成部分，但它们在研究方向与应用领域、技术应用与发展方向等方面存在显著的区别。

（1）研究方向与应用领域。新能源汽车工程专业的研究方向主要聚焦于新能源汽车的设计、制造、性能优化及与之相关的能源管理、控制系统和充电设施等方面。它涵盖了纯电动汽车、混合动力汽车、燃料电池电动汽车等新能源汽车类型，致力于推动新能源汽车技术的创新和应用。

而车辆工程专业更侧重于传统燃油汽车的设计、制造、性能分析和改进等方面。它涵盖了汽车底盘、发动机、车身及电子电气系统等多个领域，主要研究传统燃油汽车的性能优化、制造工艺的改进及新技术的应用等。

（2）技术应用与发展方向。新能源汽车工程专业注重新能源技术的应用和创新，包括电池技术、电机驱动技术、能量回收技术等。这些技术的应用使得新能源汽车具有更高的能效、更低的排放和更长的续驶里程，从而满足日益严格的环保和能源政策要求。

相比之下，车辆工程专业更注重传统燃油汽车技术的优化和改进。它关注汽车整体性能（如动力性、安全性、舒适性和经济性等）的提升，通过优化汽车结构、改进制造工艺和应用新材料等方式，提高传统燃油汽车的竞争力和市场适应性。

（3）产业需求与市场前景。随着全球对清洁能源和可持续发展的重视，新能源汽车的市场占有率呈现出迅猛的增长势头。新能源汽车工程专业培养的人才具备新能源汽车技术研发和应用的能力，符合市场需求，具有较好的就业前景。新能源汽车产业的发展也将带动相关产业链的发展，为经济增长注入新的动力。

而车辆工程专业面临着传统燃油汽车市场饱和与竞争激烈的挑战。虽然传统燃油汽车市场仍然庞大，但随着新能源汽车的普及和技术进步，传统燃油汽车的市场占有率可能会逐渐减小。因此，车辆工程专业需要不断创新和适应市场需求，寻找新的增长点和发展空间。

（4）课程设置与专业特色。新能源汽车工程专业的课程通常包括新能源汽车原理与设计、电池技术与管理、电机驱动与控制、能量回收与利用等，注重新能源技术的理论学习和实践应用。而车辆工程专业的课程更侧重于汽车构造与设计、发动机原理与性能、底盘

系统与控制等，强调对汽车整体性能和制造工艺的掌握。

在专业特色方面，新能源汽车工程专业注重创新能力的培养，鼓励学生参与科研项目和实践活动，推动新能源汽车技术的创新和应用。而车辆工程专业更注重工程实践能力的培养，强调对汽车制造工艺和质量控制的掌握，以满足市场需求和提高产品质量。

综上所述，虽然新能源汽车工程专业与车辆工程专业都属于汽车工程领域，但其研究内容、发展趋势和专业特色等存在明显的区别。新能源汽车工程专业更注重新能源技术的应用和创新，致力于推动新能源汽车产业的发展；而车辆工程专业更注重传统燃油汽车的设计和性能优化，以满足市场需求和技术进步。两个专业各有侧重、相互补充，共同推动着汽车工程领域的不断发展和进步。

阅读材料 1-1

新能源汽车专业设置的意义及对新能源汽车发展的影响

随着全球气候变化问题和环境问题日益严峻，新能源汽车作为未来可持续交通的重要组成部分，其重要性日益凸显。为了培养具备相关专业知识和技能的人才，以满足新能源汽车行业对人才的需求，很多高校和职业院校纷纷设立了新能源汽车相关专业。

1. 新能源汽车专业设置的意义

（1）满足行业人才需求。新能源汽车行业是一个高度集成化、技术密集型行业，需要大量的专业人才来支撑其研发、制造、销售和服务等环节。通过设立新能源汽车专业，学校可以培养具备相关专业知识和技能的人才，为新能源汽车行业的发展提供人才保障。

（2）推动专业技术进步。新能源汽车专业设置通常涵盖电池技术、电机技术、电控技术、智能驾驶技术等。通过系统学习，学生可以深入了解新能源汽车的技术原理、制造工艺和发展趋势，有助于推动新能源汽车技术的不断进步。

（3）提升产业竞争力。拥有专业知识和技能的人才是提升产业竞争力的关键因素。新能源汽车专业设置有助于培养具备专业知识和技能的高素质人才，提高新能源汽车行业的整体素质和竞争力。

2. 新能源汽车专业设置对新能源汽车发展的影响

（1）促进技术创新。新能源汽车专业设置通常涵盖最新的技术和研究成果，学生可以通过学习了解最新的技术动态和发展趋势。这种教育环境有助于激发学生的创新精神和创新能力，推动新能源汽车技术的不断创新和进步。

（2）优化人才结构。新能源汽车专业设置有助于培养具备专业知识和技能的高素质人才，这些人才将在新能源汽车行业中发挥重要作用。通过优化人才结构，可以提高新能源汽车行业的整体素质和效率，为行业的可持续发展提供有力支持。

（3）拓展产业链。新能源汽车行业是一个涉及多个领域的产业链，包括电池制造、电机制造、整车制造、充电设施建设等。新能源汽车专业设置有助于培养具备跨学科知识和技能的人才，拓展新能源汽车的产业链，促进相关产业的发展和繁荣。

3. 新能源汽车专业设置存在的问题与建议

（1）问题。部分学校的新能源汽车专业设置可能缺乏实践性和前瞻性，与行业发展需求存在一定的脱节现象；专业课程设置和教学方法可能过于传统，难以激发学生的学习兴趣和创新精神；校企合作和产学研合作不够紧密，学生的实践能力和创新能力难以充分发挥。

（2）建议。加强与新能源汽车企业的合作，了解行业发展趋势和人才需求，及时调整专业设置和课程设置；创新教学方法和手段，注重实践教学和案例教学，激发学生的学习兴趣和创新精神；加强校企合作和产学研合作，建立实习实训基地和产学研合作平台，提高学生的实践能力和创新能力。

4. 结论

新能源汽车专业设置对新能源汽车发展有深远影响。通过设立新能源汽车专业，学校可以培养具备相关专业知识和技能的高素质人才，推动新能源汽车技术的创新和进步，优化人才结构，拓展产业链。同时，应关注新能源汽车专业设置存在的问题和不足，并采取相应的措施加以改进和完善，以更好地推动新能源汽车行业的可持续发展。

1.2　新能源汽车工程专业的培养目标与培养模式

1.2.1　新能源汽车工程专业的培养目标

新能源汽车工程专业作为现代汽车工程领域的重要分支，旨在培养具备新能源汽车技术研发、设计、生产、管理等能力的高素质人才。随着全球能源结构的转型和环境保护意识的提高，新能源汽车工程专业的培养目标日益凸显出其重要性和紧迫性。

1. 专业知识的培养

新能源汽车工程专业的首要培养目标是使学生掌握扎实的专业基础知识，包括新能源汽车的基本原理、结构与设计、能源系统、驱动系统、控制系统等方面的知识。通过系统的课程学习和实践训练，学生应能够深入理解新能源汽车的工作原理和技术特点，为后续的工程实践和创新研究奠定坚实的基础。

例如，新能源汽车电池技术的培养。

新能源汽车工程专业注重培养学生掌握新能源汽车的电池技术。电池是新能源汽车的核心组成部分，对提高新能源汽车的续驶里程、能量密度和安全性至关重要。因此，学生需要学习电池的工作原理、类型特点、充放电性能及管理策略等方面的知识。

在专业知识的培养过程中，学生将接触不同类型的电池系统，如锂离子蓄电池、燃料电池等，并了解它们的工作原理和特点。此外，学生还将学习电池管理系统（battery management system，BMS）的设计和应用，了解通过电池管理系统实现电池的均衡充电、温度控制、故障诊断等的方法。通过课程学习和实践训练，学生将掌握电池的基本原理和应用技能，为新能源汽车的研发和制造提供有力支持。

为了加深学生对电池技术的理解，教师可以组织学生进行电池性能测试实验，如容量测试、内阻测试、循环寿命测试等。通过对实验数据的分析和处理，学生可以更加直观地了解电池的性能特点和变化规律，进一步加深对电池技术理论知识的理解和应用。

2. 技能与实践能力的培养

除了专业知识，新能源汽车工程专业还注重培养学生的技能与实践能力，包括新能源汽车的设计能力、生产能力、测试能力、维护能力等。通过实验室实践、课程设计、生产实习等环节，学生应熟悉新能源汽车的制造流程和工艺要求，掌握相关的实验测试方法和设备操作技能，具备解决实际工程问题的能力。

例如，新能源汽车设计能力的培养。

新能源汽车的设计能力是衡量该专业学生技能水平的重要指标。为了培养学生的设计能力，新能源汽车工程专业通常会设置相关的课程和实践环节。

在课程学习方面，学生将接触到新能源汽车的整体设计、动力系统设计、底盘设计等方面的知识。通过系统的学习和案例分析，学生能够了解新能源汽车设计的基本原理和方法。

在实践环节方面，学校会组织学生进行新能源汽车设计实践。学生可以根据所学知识，结合实际需求和市场趋势进行创新设计。在设计过程中，学生需要运用所学专业知识进行方案构思、结构设计、性能分析等。同时，学生需要考虑材料选择、工艺制造等因素，确保设计的可行性和实用性。

通过设计实践，学生能够掌握新能源汽车设计的基本知识和技能，提升设计能力，为将来从事新能源汽车研发工作打下坚实的基础。

3. 创新思维与创新能力的培养

由于新能源汽车工程领域处于不断发展和创新的过程中，因此，培养学生的创新思维和创新能力是该专业的重要目标。学校通过开设创新实验、创新竞赛等，激发学生的创新热情，培养他们的创新意识和创新能力。同时，鼓励学生参与科研团队和科研项目，与教师和企业工程师进行深入的学术交流及合作，推动新能源汽车技术的创新和发展。

例如，新能源汽车电池技术创新项目的实施。

在新能源汽车工程专业的学习中，电池技术是核心内容。为了培养学生的创新思维和创新能力，学校可以组织开展新能源汽车电池技术创新项目。

在该项目中，学生需要运用所学的电池技术知识，结合市场需求和技术发展趋势，提出创新的电池技术解决方案。例如，针对现有电池能量密度低、充电慢等问题，学生可以探索新型电池材料的应用，或者研究优化电池结构和充电算法等。

在项目实施过程中，学生需要查阅大量文献资料，进行实验验证和数据分析，最终形成创新技术方案。通过与教师和企业工程师的交流合作，学生可以不断完善和优化方案，提高创新的可行性和实用性。

通过项目实践，培养学生独立思考、解决问题的能力，激发其创新思维，提升创新能力；同时为其未来的职业发展提供更多的机会和空间。

4. 行业认知与职业素养的培养

新能源汽车工程专业注重培养学生的行业认知。通过了解新能源汽车行业的发展趋势和市场需求，学生能够正确把握行业的发展方向和市场机遇。该专业还注重培养学生的职业道德和职业素养，使他们具备高度的责任感和敬业精神，能够遵守行业规范和技术标准，为新能源汽车产业的发展贡献自己的力量。

实例一：参与行业实践活动。

为了提升学生对新能源汽车行业的认知，学校可以组织学生参与行业实践活动，如参观新能源汽车生产企业、与企业人员进行交流、参加行业展会等。

参观新能源汽车生产企业时，学生可以亲身感受生产线的运作和工艺流程，了解新能源汽车的生产过程和技术要求。通过与企业人员的交流，学生可以了解企业的组织架构、管理模式及行业发展趋势，从而对新能源汽车行业有更全面的认识。参加行业展会可以让学生接触到更多的新能源汽车产品和技术，了解市场上的最新动态和竞争态势。通过与参展商的交流，学生可以了解不同企业的产品特点和市场策略，从而加深对行业的理解。

通过参与这些行业实践活动，学生可以更加深入地了解新能源汽车行业的现状和发展趋势，增强对行业的认同感和归属感，为未来的职业发展奠定坚实的基础。

实例二：职业素养课程的设置与实践。

新能源汽车工程专业注重培养学生的职业素养。职业素养不仅包括专业知识技能，还包括职业道德、团队协作、沟通能力等。

为了培养学生的职业素养，新能源汽车工程专业可以开设相关课程，如职业道德与法规、团队协作与沟通等。这些课程可以帮助学生了解行业规范和职业道德要求，学习如何与他人有效沟通和协作，提升个人综合素质。

此外，学校还可以组织职业素养实践活动，如模拟项目团队、角色扮演等。通过这些活动，学生可以亲身体验团队协作的过程，学习如何分工合作、解决问题，培养团队协作精神和领导能力。

通过职业素养课程的设置与实践，学生可以更加全面地了解职业素养的重要性，并在实践中不断提升职业素养水平。这有助于他们在未来的职业生涯中更好地适应行业发展需求，展现专业素养和职业风采。

综上所述，新能源汽车工程专业的培养目标是培养具备扎实的专业基础知识，良好的技能和实践能力、创新思维和创新能力、行业认知和职业素养的高素质人才。这些人才将在新能源汽车的设计、研发、生产、管理等领域发挥重要作用，推动新能源汽车产业的快速发展和转型升级。同时，他们将为环境保护事业和社会的可持续发展作出积极的贡献。

1.2.2 新能源汽车工程专业的培养模式

1. 理论与实践结合的教学模式

在新能源汽车工程专业中，理论与实践结合的教学模式扮演着举足轻重的角色。这一模式旨在将课堂理论知识与实际操作技能融合，以提高学生的综合素质和解决问题的能力。在课堂教学中，教师系统地传授新能源汽车的基本理论、关键技术和发展趋势；在实践教学环节（如实验、实训和课程设计等），学生在动手操作中深刻领悟理论知识，不断提升解决实际工程问题的能力。这种教学模式不仅有助于培养学生的专业素养，还为其未来在新能源汽车领域的发展奠定了坚实的基础。

例如，为了培养学生的实践能力和创新精神，新能源汽车工程专业可以设置新能源汽车整车设计与开发实验项目。在该项目中，学生将分组进行新能源汽车的整车设计，参与并完成从需求分析、方案设计到最终的实车制造和测试验证。

在实验项目的开始阶段，教师为学生介绍新能源汽车整车设计的基本原理和流程，并引导学生进行市场调研和需求分析。学生结合所学知识，提出创新的设计方案，并进行初步的设计和计算。随后，学生进入实践操作阶段，包括使用专业的 CAD 软件进行三维建模和渲染，利用仿真软件进行性能分析和优化等。学生还可以使用计算机进行部分零部件的试制和装配，以验证设计的可行性。

如果条件允许，学生可进行实车制造和测试验证。通过与企业合作，学生可以将设计转化为实际的车辆，并进行一系列的测试和验证，以确保设计的可行性和性能的优越性。

通过这个实验项目，学生能够将理论知识与实践操作紧密结合，掌握新能源汽车整车设计的基本流程和方法，提升解决实际问题的能力。

2. 跨学科融合的培养模式

新能源汽车工程专业融合了机械工程、电气工程、控制工程等学科领域的知识，因此跨学科融合的培养模式至关重要。这一模式鼓励学生广泛涉猎各领域知识。学校开设跨学科课程，打破专业壁垒，使学生掌握全面的知识体系。同时，学校组织跨学科实践活动，使学生在解决实际问题的过程中锻炼综合应用能力和创新能力。这种培养模式有助于学生形成跨学科的视角和思维方式，培养具备综合素质和创新能力的新能源汽车工程人才，为行业的创新发展提供源源不断的动力。

例如，新能源汽车系统集成与优化课程。

新能源汽车系统集成了多项关键技术，包括电池管理系统、电机驱动系统、整车控制系统等。为了培养学生的系统集成和优化能力，新能源汽车工程专业可以开设"新能源汽车系统集成与优化"课程。这门课程融合了机械工程、电气工程和控制工程等学科的知识。学生将学习如何集成各子系统，实现整体性能的最优化。通过理论分析、仿真模拟和实验验证等，学生可掌握新能源汽车系统集成的原理和方法，提升解决复杂工程问题的能力。这门课程还引入计算机科学的知识，教授学生利用先进的数据分析和优化算法，对新能源汽车系统进行智能优化。学生将学习运用机器学习和人工智能技术提高新能源汽车性能和能效的方法。

3. 产学研合作培养模式

在新能源汽车工程专业教育中，产学研合作培养模式扮演着至关重要的角色。通过与新能源汽车行业的企业、研究机构紧密合作，实现教学资源、科研资源和实践资源的共享与整合。学生可以在企业的实习岗位深入了解新能源汽车的生产流程和市场需求，积累实践经验。同时，学校和企业共同开展科研项目，推动技术创新和产业升级，为学生提供更广阔的学术视野和实践平台。这种培养模式不仅有助于提升学生的实际操作能力和解决问题能力，还有助于促进学校与企业的深度合作，共同推动新能源汽车产业的发展。

例如，校企联合实训项目。

为增强学生的实践能力，学校与新能源汽车行业内的领军企业合作，共同开展校企联合实训项目。在这一项目中，学生将深入企业内部，参与新能源汽车的研发、生产和测试等环节。在研发环节，学生有机会与企业的研发团队共同工作，了解最新的技术动态和市场需求，参与实际的设计和改进工作。在生产环节，学生可亲身体验现代化的生产线，了解生产工艺和质量控制方法。在测试环节，学生可参与新能源汽车的性能测试和路试，了解车辆的性能指标和安全标准。通过这种校企联合实训项目，学生能够更加深入地了解新能源汽车行业的实际情况，积累宝贵的实践经验，提升自己的专业技能和综合素质。

4. 国际交流与合作培养模式

在新能源汽车工程专业中，国际交流与合作培养模式发挥着日益重要的作用。随着技术的全球化和国际化发展，国际交流成为培养高素质人才的关键途径。学校积极与国外高校和研究机构建立紧密的合作关系，开展形式多样的交流活动。师生互访、学术研讨会、联合培养项目等不仅可以拓宽学生的国际视野，还可以提升他们的跨文化交流能力。这种培养模式使学生能够接触到最前沿的新能源汽车技术和管理理念，为未来的国际合作和职业发展奠定坚实的基础；同时能促进国内外教育资源的共享和优势互补，推动新能源汽车工程专业的国际化发展。

例如，师生国际交流项目。

师生国际交流项目是新能源汽车工程专业国际交流与合作培养模式的重要体现。学校积极与国外高校和研究机构建立合作关系，开展师生互访、学术交流等活动，推动双方在新能源汽车领域的深度合作。在师生国际交流项目中，教师可以前往国外高校访学或开展合作研究，了解最新的技术动态和研究成果，提升自己的学术水平和教学能力。学生可以参加国际学术会议、研讨会等活动，通过交流和学习，拓宽自己的学术视野和知识面。通过师生国际交流项目，新能源汽车工程专业的师生能够更深入地了解国际新能源汽车技术的发展趋势和市场需求，为未来的研究和职业发展提供重要的参考及借鉴。

总之，新能源汽车工程专业的培养目标与培养模式紧密结合，旨在培养具备扎实理论基础、良好的实践能力和创新精神的高素质人才，为新能源汽车产业的发展提供有力的人才支撑。

阅读材料 1-2

编程技术对大学生未来职业的影响

随着信息技术的快速发展和普及，编程技术已经成为现代社会不可或缺的一项基本技能。对于当代大学生而言，掌握编程技术不仅能够更好地适应未来的就业市场，还能够给职业生涯带来更多的机会和优势。

1. 编程技术在职业发展中的重要性

（1）提升就业竞争力。在当今的就业市场，具备编程技能的人才备受欢迎。许多企业和机构在招聘时都会优先考虑具备编程技能的候选人。掌握编程技术的大学生在求职时具有更强的竞争力，能够更轻松地获得心仪的职位。

（2）拓展职业领域。编程技术广泛应用于各行各业，掌握编程技术的大学生可以在多个职业领域找到适合自己的岗位。无论是软件开发、数据分析、网络安全还是人工智能等领域，都需要具备编程技能的人才。因此，掌握编程技术的大学生将拥有更广阔的职业发展空间。

（3）实现职业转型。随着技术的不断发展和应用，许多传统行业也开始向数字化、智能化转型。在这种情况下，掌握编程技术的大学生可以更容易地实现职业转型。他们可以利用自己的编程技能为传统行业提供技术支持和解决方案，从而实现职业生涯的升级和转型。

2. 掌握编程技术对大学生个人成长的影响

（1）培养逻辑思维能力。编程是一项需要高度逻辑思维能力的活动。在编写代码的过程中，大学生需要不断地分析问题、解决问题并优化代码。这种训练过程有助于培养他们的逻辑思维能力，使他们更清晰地思考问题和解决问题。

（2）提升自主学习能力。编程是一个不断发展和更新的领域。掌握编程技术的大学生需要不断地学习和掌握新的知识及技能。这种学习过程需要他们具备强大的自主学习能力。通过不断的学习和实践，他们可以逐渐提高自己的编程水平，并适应未来技术的发展。

（3）锻炼团队协作能力。在软件开发和项目管理中，团队协作能力至关重要。掌握编程技术的大学生需要与其他开发人员、测试人员、产品经理等团队成员紧密合作，共同完成任务。这种合作过程有助于锻炼他们的团队协作能力，使他们更好地适应未来的工作环境。

3. 结论

综上所述，掌握编程技术对大学生未来职业的影响是深远的，不仅能够提升大学生的就业竞争力、拓展职业领域、实现职业转型，还能够培养他们的逻辑思维能力、自主学习能力和团队协作能力。因此，对于当代大学生而言，掌握编程技术是一项非常重要的任务。通过不断的学习和实践，他们可以更好地适应未来的职业发展需求，并为自己创造更多的机会和优势。

1.3　新能源汽车工程专业对人才的要求

1.3.1　新能源汽车工程专业对人才知识的要求

随着科技的不断进步和环保意识的日益加强，新能源汽车逐渐成为未来发展的主流趋势。而新能源汽车工程专业作为培养该领域专业人才的重要学科，对人才的知识要求日益严格和全面。

1. 基础理论知识

新能源汽车工程专业要求学生具备扎实的数学、物理、化学等基础理论知识。在数学方面，学生需要掌握微积分、线性代数、概率论与数理统计等基础知识，以便在后续的专业学习中进行复杂的数据分析和模型建立。在物理和化学方面，学生需要理解热力学、电磁学、化学原理等基础概念，为后续的新能源汽车技术学习提供坚实的理论支撑。

数学知识在新能源汽车工程专业中占据重要地位，其严谨的逻辑和精确的运算能力为专业学习及研究提供了强大支撑。微积分在新能源汽车工程中的应用非常广泛。例如，在电池能量管理系统的设计中，微积分可用于分析电池的充放电过程，计算电池的剩余电量和使用寿命。通过对电池充放电曲线的微分和积分运算，可以精确控制电池的充电速度和放电效率，提高电池的使用性能。线性代数在新能源汽车控制系统设计中发挥着重要作用。控制系统需要对汽车的多个参数（如车速、转向、制动等）进行协调和控制。线性代数可用于分析和设计控制系统的矩阵运算，实现多参数之间的优化和协调。概率论与数理统计在新能源汽车工程的可靠性分析和风险评估中发挥着关键作用。通过对大量实验数据进行统计分析，可以评估新能源汽车的可靠性和性能稳定性，为产品的优化和改进提供依据。

物理和化学知识是新能源汽车工程专业的核心理论基础，为理解新能源汽车的工作原理和技术提供了必要的支持。在物理方面，热力学和电磁学是新能源汽车工程不可或缺的基础知识。热力学原理有助于理解电池内部能量的转换和传递过程，以及热管理系统的工作原理，这对提高电池的能量密度和使用寿命至关重要。电磁学涉及电动机、发电机等关键部件的工作原理和性能分析，是实现高效能量转换和动力输出的关键。在化学方面，化学原理是新能源汽车工程专业研究动力电池、燃料电池等核心技术的基础。了解化学反应的基本原理和动力学过程，有助于深入剖析电池的充放电机制，提高能量密度和安全性。此外，化学知识还有助于了解电池材料的性质和选择，为新型电池材料的研发和应用提供指导。

2. 专业知识

在专业知识方面，新能源汽车工程专业要求学生深入了解汽车构造与原理，特别是新能源汽车的关键技术和零部件。例如，电动机及控制技术、动力电池及管理系统、电力电子与电机驱动技术等都是核心课程。此外，学生还应掌握新能源汽车的充电与能量转换技术，了解最新的行业动态和技术发展趋势。

电动汽车驱动与控制技术是新能源汽车工程专业的核心专业知识，涵盖电动机及控制技术、电力电子与电机驱动技术、车辆动力学等方面。学生需要深入理解电动机（包括直流电动机、交流电动机及新型的永磁同步电动机等）的工作原理和特性；掌握电动机的控制策略和方法，以实现电动机高效、稳定运行。

动力电池及管理系统是新能源汽车工程专业的重要专业知识。动力电池作为电动汽车的"心脏"，其性能直接影响整车的性能和安全。学生要深入了解动力电池的工作原理、结构和性能特点，还要掌握不同类型动力电池（如锂离子蓄电池、镍氢蓄电池等）的特点和适用场景，了解电池的性能评估方法和标准。此外，电池管理系统也是学生必须掌握的核心知识，具体包括电池状态的监测与估计、能量管理与优化、热管理等方面的内容。学生需要理解电池管理系统的架构和功能，能够设计和开发高效的电池管理系统，确保电池能够安全、可靠、高效运行。

3. 跨学科知识

新能源汽车工程专业是典型的跨学科领域，它融合了多个学科的知识。因此，本专业

的人才需要具备一定的跨学科知识，如理解电子信息技术的应用原理和方法，能够分析和设计汽车电子控制系统；掌握材料科学的基本知识，了解新型电池材料、电机材料的研发和应用；具备基本的编程能力，能够利用计算机技术进行仿真模拟和数据分析。

4. 行业知识与法规

新能源汽车工程专业的学生应具备行业知识和相关法规的素养。他们需要了解新能源汽车产业的发展历程、现状和未来趋势，熟悉国内外新能源汽车市场的竞争格局和政策环境；掌握与新能源汽车相关的法律法规和标准（如环保法规、能源政策、车辆安全标准等），以确保新能源汽车的设计、生产和使用符合法律法规的要求。

综上所述，新能源汽车工程专业对人才的知识要求非常严格和全面。学生需要掌握基础理论知识、专业知识及跨学科知识，还需要具备行业知识、相关法规的素养及创新能力和科研能力，以满足新能源汽车行业的快速发展对人才的需求，为行业的持续创新和进步作出贡献。

1.3.2　新能源汽车工程专业对人才素质的要求

新能源汽车工程专业作为现代工程技术领域的一个关键学科，对人才素质的要求日益严格和全面。它不仅要求人才具备扎实的知识，还强调人才在心理素质、身体素质、合作与沟通能力、创新精神与探索欲望、职业道德与责任意识等方面的综合素质。

1. 良好的心理素质

面对复杂多变的工作环境和技术难题，新能源汽车工程专业人才需要具备良好的心理素质。他们应保持冷静、乐观的心态，积极面对挑战和困难，善于调整自己的情绪和思维方式，始终保持积极向上的工作状态。

2. 强健的身体素质

新能源汽车工程领域的工作往往涉及长时间的实验、调试和现场操作，对人才的身体素质提出了较高的要求。新能源汽车工程专业人才应具备良好的身体状态，能够承受一定的工作强度，保持持久的体力和精力。

3. 卓越的合作与沟通能力

新能源汽车工程专业是一个综合性的学科，涉及多个领域的交叉与融合。因此，新能源汽车工程专业人才需要具备卓越的合作与沟通能力，能够与团队成员、上级、客户等进行有效的沟通与合作，共同推动项目。

4. 强烈的创新精神与探索欲望

新能源汽车行业作为一个快速发展的新兴领域，需要不断的技术创新来推动其前进。因此，新能源汽车工程专业人才需要具备强烈的创新精神与探索欲望，勇于尝试新技术、新方法，为行业的创新发展贡献自己的力量。

5. 高度的职业道德与责任意识

新能源汽车工程专业人才应具备高度的职业道德与责任意识。他们应坚守诚信原则，严格遵守行业规范和法律法规，确保工作的质量和安全；还应积极履行社会责任，关注环境保护和可持续发展，为推动新能源汽车行业的绿色、健康发展贡献自己的力量。

综上所述，新能源汽车工程专业对人才素质的要求是多方面的、综合的。这些素质的培养和提升有助于人才更好地适应行业发展的需求，为新能源汽车行业的进步和发展作出积极贡献。因此，高校和企业在培养新能源汽车工程专业人才时，应注重全面提升人才的综合素质，为其未来的职业发展打下坚实的基础。

1.3.3　新能源汽车工程专业对人才能力的要求

新能源汽车工程专业作为现代工程技术领域的重要组成部分，致力于培养具备扎实的知识和卓越实践能力的高素质人才。在这个快速发展的领域，对人才能力的要求日益凸显。

1. 专业能力

新能源汽车工程专业人才首先要具备扎实的专业能力，包括深入理解新能源汽车的工作原理、结构特点及相关的技术标准和规范。他们需要掌握电池技术、电机驱动、能量管理、车辆控制等方面的专业知识，并能够将其应用于新能源汽车的研发、设计、生产及运维等实际工作中。

2. 创新能力

新能源汽车行业充满创新与挑战，因此，新能源汽车工程专业人才需要具备创新能力。他们应能够独立思考，勇于探索新的技术路线和解决方案，为新能源汽车的技术进步和行业发展提供新的思路及方向；还应具备敏锐的市场洞察力，能够捕捉行业的发展趋势和市场需求，为企业的创新发展提供有力支持。

3. 实践能力

新能源汽车工程专业人才不仅要掌握理论知识，还要具备实践能力。他们应能够熟练操作相关的实验设备和工具，独立完成实验和研究任务；还应具备解决实际问题的能力，能够在实践中遇到问题时迅速找到问题的根源并提出有效的解决方案。此外，他们还应具备与团队成员协作完成实际项目的能力，为企业的研发和生产提供有力保障。

4. 学习能力

新能源汽车技术更新换代迅速，因此新能源汽车工程专业人才需要具备持续的学习能力。他们应能够不断跟进新技术、新方法的发展动态，通过自主学习和参加培训等方式不断提升自己的专业素养及技能水平；还应具备跨学科学习的能力，能够将不同领域的知识和技术进行融合创新，为新能源汽车行业的发展贡献更多力量。

5. 团队协作能力

新能源汽车工程项目往往涉及多个领域和多个部门的协作，因此新能源汽车工程专业人才需要具备良好的团队协作能力。他们应能够与其他团队成员保持良好的沟通和协作关系，共同解决问题并推动项目的顺利进行；还应具备领导能力和组织协调能力，能够在团队中发挥积极作用并带领团队取得更好的成果。

6. 市场分析与竞争意识

新能源汽车工程专业人才需要具备一定的市场分析能力，能够深入了解行业市场动态和竞争态势，为企业制定正确的市场策略和产品定位提供依据。他们还应具备竞争意识，能够积极应对市场竞争和挑战，为企业赢得市场份额和竞争优势。

综上所述，新能源汽车工程专业对人才能力的要求是多方面的、综合的。这些能力的培养和提升有助于人才更好地适应行业发展的需求，为新能源汽车行业的进步和发展作出积极贡献。因此，高校和企业在培养新能源汽车工程专业人才时，应注重提升人才的综合能力，为其未来的职业发展打下坚实的基础。

1.3.4 新能源汽车工程专业对人才技能的要求

新能源汽车工程专业作为现代工程技术领域的重要组成部分，旨在培养具备扎实的知识和技能的高素质人才，以推动新能源汽车行业的创新与发展。在新能源汽车领域，对人才技能的要求日益凸显。

1. 专业技术技能

新能源汽车工程专业人才应具备扎实的专业技术技能，包括新能源汽车的研发、设计、制造、测试和维护等方面的技能。他们需要熟练掌握电池管理系统、电机驱动与控制、整车集成与优化等关键技术，能够独立完成新能源汽车的相关技术工作。同时，随着新能源汽车技术的不断发展，他们应具备学习和掌握新技术、新工艺的能力，以适应行业的变化和进步。

2. 软件和编程技能

随着新能源汽车技术的智能化、网联化发展趋势，软件和编程技能成为新能源汽车工程专业人才不可或缺的能力。他们应掌握至少一种与新能源汽车相关的专业软件或工具（如 MATLAB Simulink、ANSYS 等），能够进行仿真分析和优化设计；还应掌握至少一门主流编程语言（如 C、C++ 、Python 等），能够编写、调试和优化程序代码，实现特定的功能需求。

3. 实验与研发技能

新能源汽车工程涉及大量的实验研究和产品开发工作，因此新能源汽车工程专业人才需要具备良好的实验与研发技能。他们应能够设计和实施相关实验，收集和分析实验数据，验证和优化新能源汽车的性能及安全；还应能够进行产品开发，根据市场需求和技术趋势，设计并开发出具有竞争力的新能源汽车产品。

4. 生产与工艺技能

新能源汽车的生产和制造过程需要精细的工艺控制及严格的质量管理，因此新能源汽车工程专业人才需要具备相关的生产与工艺技能，包括生产线规划、工艺流程设计、质量控制等方面的技能。他们应能够熟练操作生产设备，掌握生产过程中的关键技术，确保新能源汽车产品的质量和性能达到预期标准。

5. 安全与风险评估技能

新能源汽车作为交通工具，其安全性是至关重要的，因此新能源汽车工程专业人才需要具备安全与风险评估技能，能够识别并评估新能源汽车在设计、制造和使用过程中可能存在的安全风险。他们需要了解相关的安全标准和法规，掌握风险评估的方法和工具，为新能源汽车的安全提供有力保障。

综上所述，新能源汽车工程专业对人才技能的要求是多方面的、综合的。这些技能的培养和提升有助于人才更好地适应行业发展的需求，为新能源汽车行业的创新与发展作出积极贡献。因此，高校和企业在培养新能源汽车工程专业人才时，应注重提升人才的技能水平，为其未来的职业发展打下坚实的基础。

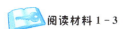 阅读材料 1 - 3

大学生的核心要素及其培养

在竞争激烈的高等教育环境中，大学生不仅需要专注于专业知识的学习，还需要全面发展自己的知识、素质、能力和技能。这些核心要素共同构成了大学生的综合素质，是他们在未来职业生涯中取得成功的关键。

1. 大学生的核心要素

（1）知识。知识是大学生学习的基础，也是他们未来职业发展的基石。大学生应广泛涉猎各领域知识，包括专业知识、人文社科知识、自然科学知识等。通过课堂学习、阅读书籍、参加讲座等，大学生可以不断积累知识，拓宽视野，提高自己的综合素质。

（2）素质。素质是大学生内在的品质和修养，包括道德品质、艺术素养、心理素质等。大学生应注重培养良好的素质，树立正确的世界观、人生观和价值观。同时，他们应具备较高的艺术素养，包括艺术修养、审美能力等。此外，心理素质也是大学生的必备素质，包括抗压能力、自我调适能力等。

（3）能力。能力是大学生在解决实际问题过程中体现出来的综合能力，包括创新能力、团队协作能力、自主学习能力等。大学生应通过实践锻炼、参与项目等，不断提高自己的能力水平。创新能力是大学生在激烈竞争中脱颖而出的关键；团队协作能力是现代社会对人才的基本要求；自主学习能力能帮助大学生不断更新知识体系，适应社会的快速发展。

（4）技能。技能是大学生在特定领域或职业中所需掌握的具体操作技巧，包括专业技能、语言技能、计算机技能等。大学生应根据自己的专业方向和职业规划，有针对性地学习和掌握相关技能。专业技能是大学生从事本专业工作的基础，语言技能是拓宽国际视野和增加就业机会的利器，计算机技能是现代社会不可或缺的基本技能。

2. 核心要素的培养方法

（1）加强课堂学习和自主学习。大学生应充分利用课堂资源，认真学习专业知识，同时注重自主学习，拓宽知识面。

（2）参与实践活动和项目。通过参与实践活动和项目，大学生可以将所学知识应用到

实际问题中，提高解决问题的能力和实际操作能力。

（3）注重素质培养。大学生应注重自身的道德品质和艺术素养培养，加强心理素质的锻炼和调整。

（4）不断提升能力和技能。大学生应不断学习和掌握新的知识及技能，提高自己的综合素质和竞争力。

3. 结语

大学生的核心要素包括知识、素质、能力和技能四个方面。这些要素共同构成了大学生的综合素质，是他们在未来职业生涯中取得成功的关键。大学生应注重培养自己的核心要素，通过不断的学习和实践，提高自己的综合素质和竞争力，为未来的职业发展打下坚实的基础。

1.4 新能源汽车工程专业课程设置

1.4.1 新能源汽车工程专业课程设置原则

新能源汽车工程专业作为一个快速发展的新兴学科，其课程设置的合理性和科学性对培养学生的专业素养及综合能力有至关重要的作用。

1. 市场需求导向原则

新能源汽车工程专业的课程设置应紧密结合市场需求和行业发展趋势，确保所教授的知识和技能与实际应用契合。通过市场调研和行业分析，了解新能源汽车行业的最新技术动态和人才需求，及时调整课程内容和结构，确保学生掌握行业所需的核心知识和技能。

例如，动力电池技术课程的设置。随着新能源汽车市场的快速发展，动力电池作为新能源汽车的核心部件，其性能和质量对整车的性能和市场竞争力有至关重要的作用。因此，市场需求对动力电池技术和管理人才的需求日益增长。在新能源汽车工程专业的课程设置中，动力电池技术课程被设置为专业课程，旨在培养学生掌握动力电池的工作原理、性能参数、测试方法、管理技术等核心知识和技能。通过该课程的学习，学生能够深入了解动力电池行业的最新技术动态和市场需求，为未来的职业发展打下坚实的基础。

在市场需求导向原则的指导下，动力电池技术课程的内容不断更新和完善。例如，随着锂离子蓄电池技术的不断进步和成本的不断降低，课程中增加了关于锂离子蓄电池的设计、制造、性能优化和成本分析等方面的内容。同时，课程设置应注重与企业合作，邀请行业专家和企业技术人员授课，使学生能够接触到最新的行业动态和技术发展趋势。

2. 知识结构系统化原则

新能源汽车工程专业涉及机械工程、电气工程、材料科学等学科领域的知识。因此，在课程设置时，应注重知识结构的系统性和完整性，确保学生在学习过程中逐步建立起完整的知识体系。同时，课程设置应体现知识的层次性和递进性，使学生能够逐步深入掌握各学科领域的知识。

知识结构系统化原则强调课程内容的连贯性和完整性，确保学生在学习的过程中逐步建立起完整的知识体系。下面以新能源汽车工程专业中的几门核心课程为例，说明该原则的具体应用。

（1）新能源汽车概论。新能源汽车概论是新能源汽车工程专业的入门课程，其目标是为学生提供新能源汽车领域的基础知识和整体认识。在课程内容设计上，该课程首先介绍新能源汽车的定义、分类和发展历程，为后续课程的学习打下基础；接着逐步深入介绍不同类型的新能源汽车（如纯电动汽车、混合动力汽车、燃料电池电动汽车等）的工作原理、关键技术及应用前景；最后结合当前新能源汽车行业的发展趋势，探讨新能源汽车对环境保护、能源利用等方面的影响。通过这种层次递进的设计，学生能够在掌握基础知识的同时，全面了解新能源汽车。

（2）动力电池技术。动力电池技术是新能源汽车工程专业的核心课程，其目标是使学生深入了解动力电池的工作原理、性能特点及应用方法。在课程内容设计上，该课程首先介绍动力电池的基本概念和分类，为学生建立起动力电池的基本知识框架；接着逐步深入介绍不同类型动力电池（如锂离子蓄电池、镍氢蓄电池等）的结构、工作原理、性能参数及测试方法，同时结合实际应用场景，探讨动力电池在新能源汽车中的应用和管理；最后介绍动力电池技术的发展趋势和前沿动态，引导学生关注行业的最新发展。通过这种从基础到应用、从理论到实践的设计，学生能够在掌握动力电池技术的同时，具备解决实际问题的能力。

（3）新能源汽车电机与电控技术。新能源汽车电机与电控技术是新能源汽车工程专业的重要课程，其目标是使学生掌握新能源汽车电机与电控系统的基本原理、设计方法和应用技巧。在课程内容设计上，该课程首先介绍电机与电控系统的基本概念和分类，为学生建立起电机与电控系统的基本知识框架；接着逐步深入介绍不同类型电机（如直流电动机、交流电动机等）的工作原理、设计方法和控制技术，同时介绍电控系统的组成、功能及控制策略；最后结合实际应用场景，探讨电机与电控系统在新能源汽车中的应用和优化方法。通过这种从基础知识到应用技术、从理论到实践的设计，学生能够在掌握电机与电控技术的同时，具备在实际项目中应用这些技术的能力。

通过以上三个例子可以看出，知识结构系统化原则在新能源汽车工程专业课程设置中具有重要作用。通过合理安排课程内容、确保知识的连贯性和完整性，帮助学生逐步建立起完整的知识体系，提高学习效果。同时，这种系统化的课程设置有助于培养学生的逻辑思维能力和综合应用能力，为他们的未来发展奠定坚实的基础。

3. 理论与实践相结合原则

新能源汽车工程专业是一个实践性很强的专业，因此在课程设置时应注重理论与实践结合。通过实验、实习、实训等实践环节，学生在实际操作中巩固和应用所学知识，提高实践能力和解决问题的能力。同时，实践环节的设置应具有针对性和实效性，能够真正反映新能源汽车行业的实际情况和需求。

例如，新能源汽车技术实验课程是新能源汽车工程专业的重要实践课程。在该课程中，学生在教师的指导下亲自动手进行新能源汽车相关技术的实验操作。通过实验，学生可以将所学的理论知识应用到实际中，加深对理论知识的理解，并培养实际操作能力。如在电池管理系统实验中，学生可以通过实际操作了解电池管理系统的工作原理、测试方法和故障诊断技巧，提高解决电池管理系统实际问题的能力。

4. 创新能力培养原则

新能源汽车行业是一个充满创新和变革的行业，因此新能源汽车工程专业在课程设置时应注重培养学生的创新能力。学校可以开设创新实验、科技竞赛、科研训练等活动，激发学生的创新思维和创造力，培养其独立思考和解决问题的能力。同时，课程设置应注重培养学生的团队协作能力，使其能够在团队中发挥自己的特长和优势，共同推动创新项目的实施。

创新实验课程是新能源汽车工程专业培养学生创新能力的关键环节。这类课程不仅强调学生对基础理论和实验技能的掌握，还鼓励学生自主设计实验方案，探索新的科学问题和解决方案。例如，在新能源汽车电池创新实验课程中，教师可以引导学生探索新型电池材料的性能和应用，或者提高现有电池的充放电性能。这类实验可以促进学生深入理解新能源汽车电池的工作原理，培养其创新实验设计和实施能力。

创新设计项目是新能源汽车工程专业培养学生创新能力的重要途径。这些项目通常由教师或企业提出，旨在解决新能源汽车领域的实际问题或挑战。学生需要在项目中综合运用所学知识，进行创新设计和实施。例如，在新能源汽车智能驾驶系统设计项目中，学生需要研究智能驾驶系统的关键技术，设计一个能够实现自主导航、避障和决策的智能驾驶系统。这类项目可以锻炼学生的创新设计能力和团队协作能力，培养其解决实际问题的能力。

5. 跨学科融合原则

新能源汽车工程专业是一个跨学科的专业，其融合了机械工程、电气工程、材料科学等学科领域的知识，因此在课程设置时应注重跨学科知识的融合和交叉，鼓励学生跨学科学习和研究，拓宽其知识视野和思维方式。同时，在课程设置时应注重培养学生的跨学科综合能力，使其能够综合运用多个学科领域的知识解决实际问题。

例如，新能源汽车设计与制造课程也是新能源汽车工程专业的核心课程，旨在培养学生的工程实践能力和创新能力。该课程融合了机械工程、车辆工程、电气工程等学科的知识，通过项目驱动的教学方式，学生可以在实践中掌握新能源汽车的设计、制造和测试技术，使综合素质和竞争力得到提高。

6. 可持续发展理念融入原则

新能源汽车工程专业是推动汽车行业向低碳、环保方向发展的重要力量，因此在课程设置时应注重融入可持续发展理念，培养学生的环保意识和责任感。通过开设环保课程、参与环保实践等活动，学生能够深入了解新能源汽车在环保方面的重要性和作用，激发其积极投身环保事业的热情。

例如，新能源汽车概论课程除介绍新能源汽车的基本概念、分类和原理外，还应重点强调新能源汽车在减少温室气体排放量、降低环境污染和推动能源转型等方面的积极作用。通过案例分析、小组讨论等方式，学生可深入了解新能源汽车在可持续发展中的重要意义。

　　新能源汽车工程专业课程设置原则应围绕市场需求导向、知识结构系统化、理论与实践相结合、创新能力培养、跨学科融合及可持续发展理念融入等方面展开。遵循这些原则，可以确保新能源汽车工程专业的课程设置既符合行业需求又能够促进学生全面发展。这些原则也为其他相关专业的课程设置提供了有益的参考和借鉴。

1.4.2　新能源汽车工程专业课程设置框架

　　新能源汽车工程专业的课程设置框架应当涵盖基础知识、核心技术、实践能力和创新拓展四个主要方面，确保学生全面掌握新能源汽车领域的知识和技能。

1. 基础知识课程

　　基础知识课程旨在为学生提供扎实的学术背景和理论基础，包括数学、物理、化学、机械基础、电子基础等。这些课程将为学生后续学习专业技术课程和开展实践活动提供有力支撑。

2. 核心技术课程

　　核心技术课程是新能源汽车工程专业的核心组成部分，主要包括以下几方面。
　　（1）电池技术：介绍新能源汽车电池的种类、原理、性能评估及回收再利用技术。
　　（2）电机技术：涵盖新能源汽车电机的设计、制造、控制及优化技术。
　　（3）电控技术：学习新能源汽车的整车控制系统、故障诊断及网络技术。
　　（4）新能源汽车设计与制造：涉及新能源汽车的总体设计、结构分析、制造工艺及质量控制等内容。
　　（5）充电与能源管理技术：探讨新能源汽车的充电设施、能源管理系统及智能电网技术。

3. 实践能力课程

　　实践能力课程是新能源汽车工程专业的重要组成部分，旨在培养学生的实验能力、工程实践能力和团队协作能力。这些课程包括实验课程、课程设计、生产实习和毕业设计等，通过实际操作和团队协作，学生可在实践中掌握新能源汽车的设计、制造、测试及优化技术。

4. 创新拓展课程

　　创新拓展课程旨在培养学生的创新思维和跨学科能力，包括创新方法学、科技前沿讲座、跨学科课程及创新创业实践等。这些课程将引导学生关注新能源汽车行业的最新发展动态，培养学生的创新能力和跨学科解决问题的能力。

　　新能源汽车工程专业课程设置框架是培养该领域专业人才的重要基础。通过构建涵盖基础知识、核心技术、实践能力和创新拓展四个方面的课程设置框架，可以确保学生全面掌握新能源汽车领域的知识和技能，并具备创新思维和跨学科能力，为新能源汽车行业的可持续发展作出积极贡献。

　　新能源汽车工程专业的课程设置因各学校的教学特色、资源条件及行业需求等因素而异。各学校在基础课程如"新能源汽车技术""电池技术"等方面保持一致，但在专业课程（如"电机控制高级技术""智能驾驶系统"等）上结合本校研究重点和地域特色进行设置。此外，部分学校还会开设"创新实践课程"或"行业前沿讲座"，以满足学生的个性化学习需求，促进学生全面发展。

1.4.3　新能源汽车工程专业核心课程

1. 新能源汽车原理与设计

新能源汽车原理与设计是新能源汽车工程专业的核心基础课程，主要介绍新能源汽车的基本原理、分类、结构和工作原理。通过本课程的学习，学生可掌握新能源汽车的基本概念和关键技术，为后续课程的学习打下坚实的基础。

2. 电池技术与管理

电池技术是新能源汽车的核心技术。电池技术与管理课程详细介绍电池的基本原理、制造工艺、性能测试和电池管理系统等方面的知识。通过本课程的学习，学生可掌握电池性能评估、电池选择、电池管理和优化等方面的知识，为后续新能源汽车的开发和应用打下基础。

3. 电机与电力电子技术

电机与电力电子技术是新能源汽车的关键控制技术。电机与电力电子技术课程介绍电机的基本原理、类型、控制方法和电力电子器件的应用等方面的知识。通过本课程的学习，学生可掌握电机控制系统设计、电机性能优化、能量转换等方面的知识，为新能源汽车的驱动和控制提供技术支持。

4. 新能源汽车整车控制技术

新能源汽车整车控制技术课程介绍新能源汽车整车控制系统的基本原理、设计方法和实现技术。通过本课程的学习，学生可掌握整车控制系统设计及汽车性能（如动力性、经济性、安全性和舒适性等）优化等方面的知识，为新能源汽车的开发和应用提供技术支持。

5. 新能源汽车测试与评价

新能源汽车的测试与评价是确保其性能和安全的重要环节。新能源汽车测试与评价课程介绍新能源汽车的测试方法、评价标准和数据分析等。在本课程的学习中，学生要进行新能源汽车的性能测试实验、安全测试实验、环境适应性测试实验等，掌握测试数据的分析和评价方法，为新能源汽车的开发和应用提供技术支持。

6. 新能源汽车制造与工艺

新能源汽车制造与工艺课程介绍新能源汽车的制造工艺和生产线设计等。通过本课程的学习，学生可掌握新能源汽车的制造工艺制定、生产线设计、工艺优化等方面的知识，了解新能源汽车制造的工艺流程和技术要求，为新能源汽车的制造和应用提供技术支持。

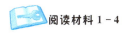阅读材料1-4

新能源汽车工程专业的课程体系

随着全球环境问题的日益严重和能源结构的转型，新能源汽车工程专业作为培养未来汽车产业核心人才的新兴工科专业，其课程体系的设置对学生的培养质量和未来行业的发展方向有重要意义。

1. 新能源汽车工程专业课程体系概述

新能源汽车工程专业的课程体系通常涵盖从基础理论知识到实践技能应用的多个方面，旨在培养具备创新能力和实践技能的高素质新能源汽车人才，主要包括以下几个部分。

（1）基础理论课程。基础理论课程包括数学、物理、化学、力学等基础科学知识，以及机械工程、电子工程、控制工程等相关专业知识。这些课程为学生提供了坚实的学科基础和扎实的专业素养。

（2）新能源汽车专业课程。新能源汽车专业课程包括新能源汽车概论、电动汽车电池技术、混合动力汽车原理与设计、燃料电池技术及应用等。这些课程使学生深入了解新能源汽车的基本原理、关键技术和最新发展趋势。

（3）实践技能课程。实践技能课程包括新能源汽车实验、课程设计、生产实习等实践环节。通过这些实践课程，学生可以将所学理论知识与实际应用结合，提高自己的实践能力和创新能力。

（4）跨学科课程。随着新能源汽车技术的不断发展，多学科交叉融合的趋势日益明显。因此，新能源汽车工程专业的课程体系也涵盖材料科学、环境科学、计算机科学等相关领域的课程，以拓宽学生的知识视野、提高学生的综合能力。

2. 课程体系的特点和优势

（1）综合性强。新能源汽车工程专业的课程体系涵盖了从基础理论到实践技能应用的多个方面，具有较强的综合性。这种综合性的课程体系有助于培养学生具备全面、深入的专业素养和综合能力。

（2）前瞻性高。随着新能源汽车技术的不断发展和市场需求的不断变化，新能源汽车工程专业的课程体系需要不断更新和完善。因此，该专业的课程体系通常具有较高的前瞻性，能够紧跟行业发展趋势和技术进步。

（3）实践性强。新能源汽车工程专业注重培养学生的实践能力和创新能力。因此，该专业的课程体系包含大量的实践课程和实践环节，使学生能够将所学理论知识与实际应用结合，提高自己的实践能力和创新能力。

（4）跨学科性强。新能源汽车技术涉及多个领域的知识和技术，因此，新能源汽车工程专业的课程体系具有较强的跨学科性。这种跨学科的课程体系有助于拓宽学生的知识视野、提高学生的综合能力，使他们能够适应未来行业发展的需求。

3. 结论

新能源汽车工程专业的课程体系是一个全面、深入的体系，涵盖了从基础理论到实践技能应用的多个方面。该专业的课程体系具有综合性强、前瞻性高、实践性强和跨学科性强等特点，能够培养出具备创新能力和实践技能的高素质新能源汽车人才，为未来汽车产业的发展作出贡献。

1.5 新能源汽车工程专业的就业方向和就业前景

1.5.1 新能源汽车工程专业的就业方向

1. 新能源汽车制造企业

新能源汽车制造企业是新能源汽车工程专业毕业生的主要就业方向。毕业生可以从事新能源汽车的整车设计、零部件开发、生产制造、质量控制等工作。随着新能源汽车市场的不断扩大，新能源汽车制造企业具有良好的发展前景。

2. 新能源汽车研发机构

新能源汽车研发机构是新能源汽车技术的创新和研发基地。这些机构通常具备雄厚的研发实力和先进的研发设备，为毕业生提供了广阔的发展空间。毕业生可以在这里从事新能源汽车的前沿技术研究、新产品开发、新技术应用等工作。

3. 新能源汽车检测机构

新能源汽车检测机构负责对新能源汽车的性能、安全、环保等方面进行检测和评估。毕业生可以在这里从事新能源汽车的检测、评估、认证等工作。这些工作对保障新能源汽车的质量和安全有重要意义。

4. 新能源汽车运营与服务企业

新能源汽车运营与服务企业主要负责新能源汽车的运营、维护、售后服务等。随着新能源汽车市场的快速发展，这些企业的业务量不断增加，为毕业生提供了丰富的就业机会。毕业生可以在这里从事新能源汽车的运营管理、维修保养、客户服务等工作。

5. 政府及公共事业部门

政府及公共事业部门在新能源汽车的推广和应用方面发挥着重要作用。毕业生可以在这些部门从事新能源汽车的政策制定、规划管理、市场监管等工作。这些工作对推动新能源汽车产业的发展有重要意义。

综上所述，新能源汽车工程专业的就业方向十分广泛，涵盖了新能源汽车制造、研发、检测、运营等领域。随着新能源汽车市场的不断扩大和技术的不断进步，该专业的就业前景十分广阔。对于有志于从事新能源汽车行业的学生来说，掌握扎实的专业知识和技能是实现职业发展的关键。

1.5.2 新能源汽车工程专业的就业前景

随着全球对环境保护意识的增强和能源结构的调整，新能源汽车已成为未来汽车产业的重要发展方向。新能源汽车工程专业作为培养该领域专业人才的摇篮，其就业前景备受关注。

1. 新能源汽车行业的迅猛发展

近年来，新能源汽车行业取得了长足的进步。一方面，政府出台了一系列支持政策，鼓励新能源汽车的研发、生产和销售；另一方面，技术进步和市场需求推动了新能源汽车行业的快速发展。新能源汽车的普及和应用，不仅为环境保护和可持续发展作出了贡献，还为新能源汽车工程专业毕业生提供了广阔的就业空间。

2. 多元化的就业机会

新能源汽车工程专业的毕业生可以从事多个领域的工作。在新能源汽车制造企业，毕业生可以参与整车设计、零部件开发、生产制造等环节，利用专业知识为企业的产品研发和生产提供支持。在研发机构，毕业生可以从事新能源汽车的前沿技术研究，推动新能源汽车技术的进步和创新。此外，在质量检测、售后服务、市场营销等领域，新能源汽车工程专业的毕业生有广泛的就业机会。

3. 技能需求与竞争优势

新能源汽车工程专业的毕业生在求职市场具有独特的竞争优势。首先，他们需要掌握扎实的汽车工程基础知识，了解新能源汽车的基本原理和技术特点。其次，他们需要具备跨学科（如电气工程、材料科学、计算机科学等）的知识结构，以适应新能源汽车行业的多元化需求。此外，毕业生还需要具备较强的实践能力和创新能力，能够在工作中解决实际问题，推动企业技术创新。

4. 持续学习与职业发展

新能源汽车行业是一个充满挑战和机遇的领域，技术更新换代迅速。因此，新能源汽车工程专业的毕业生需要具备持续学习和自我提升的能力。通过不断的学习和实践，他们可以掌握最新的技术动态和市场需求，提高自己的专业素养和竞争力。此外，他们还需要关注行业发展趋势，积极参与行业交流和合作，拓展自己的人脉和资源，为职业发展奠定坚实的基础。

新能源汽车工程专业的就业前景广阔，毕业生可以在新能源汽车制造、研发、检测、服务等领域找到适合自己的工作。然而，随着市场竞争的加剧和技术的不断进步，毕业生需要不断提升自己的专业素养和竞争力，以适应行业的发展变化。因此，新能源汽车工程专业的学生应该注重专业知识的学习和实践能力的提升，同时积极关注行业动态和技术发展，为未来的职业发展做好充分准备。

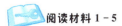 **阅读材料 1-5**

"新能源汽车工程专业导论"课程故事

记得那个阳光明媚的早晨，我带着对大学生活的新奇和对未知专业的期待踏入教室，开始了我人生中重要的一课——"新能源汽车工程专业导论"。

1. 初识新能源汽车

在课程的开头，教授首先揭开了新能源汽车的"神秘面纱"。他告诉我们，新能源汽车是指采用非传统燃料作为动力来源的汽车，包括纯电动汽车、混合动力汽车、燃料电池电动汽车等。这些汽车不仅具有环保节能的优点，还代表未来汽车产业的发展方向。

2. 深入了解专业特色

随着课程的深入，我们逐渐了解新能源汽车工程专业的独特性。教授详细讲解了该专业的知识体系、培养目标、培养模式和课程设置。他强调，这个专业注重培养学生的创新精神和实践能力，使我们能够在未来的职业生涯中具备竞争力。

3. 感受行业脉搏

在课程中，我们深入探讨了新能源汽车行业的发展脉络、市场需求和政策支持。教授结合丰富的案例和数据，让我们感受到这个行业的快速发展和巨大潜力。他还为我们解析了产业链结构和技术创新趋势，让我们对这个行业有了更全面的认识。

4. 技术探秘

最让我感到兴奋的是，课程还涉及纯电动汽车、混合动力汽车和燃料电池电动汽车的工作原理与关键技术。教授用生动的语言和形象的图表，为我们揭示了这些高科技产品的奥秘。我深感自己在未来的学习和实践中将有机会接触这些前沿技术，为新能源汽车行业的发展作出贡献。

5. 前沿技术展望

除了传统的汽车技术，课程还包括智能化、网联化等前沿技术在新能源汽车领域的应用。这些技术的发展不仅将提高汽车的智能化水平，还将为人们的生活带来更多便利和乐趣。我期待未来能够将这些技术应用到实际工作中，为新能源汽车行业的发展注入新的活力。

6. 思考与规划

在课程的最后阶段，我们进行了深入的思考和规划。我们探讨了新能源汽车行业的人才需求和发展趋势，并制订了自己的学习规划和职业发展规划。我深刻认识到，要想在这个行业中取得成功，不仅需要掌握扎实的专业知识，还需要具备创新思维和团队协作能力。我将以此为动力，努力学习、积极实践，为自己的未来职业生涯打下坚实的基础。

7. 结语

回顾这次"新能源汽车工程专业导论"课程的学习经历，我收获良多。我不仅了解了新能源汽车行业的发展现状和未来趋势，还明确了自己的学习目标和职业规划。我相信在未来的日子里，我将在新能源汽车领域不断学习和探索，为实现绿色出行、保护环境的伟大目标贡献自己的力量。

 思考题

1. 请简述新能源汽车工程专业的定义。

2. 新能源汽车工程专业的主要特点有哪些？它与车辆工程专业有什么区别？

3. 新能源汽车工程专业的培养模式是怎样的？它如何与产业需求紧密结合？

4. 新能源汽车工程专业在知识方面对人才有哪些具体要求？

5. 新能源汽车工程专业在课程设置上有哪些原则？如何确保课程的前沿性和实用性？

6. 考虑当前和未来的市场趋势，你如何看待新能源汽车工程专业的就业前景？

【在线答题】

第2章
了解新能源汽车行业

 思维导图

```
                              ┌─ 新能源汽车的发展 ──┬── 新能源汽车的发展背景、发展历程
                              │                    └── 新能源汽车的发展现状、发展趋势
                              │
                              │                     ┌── 新能源汽车的市场需求分析
                              ├─ 新能源汽车的市场 ───┼── 新能源汽车的政策支持体系
                              │   需求与政策支持      └── 新能源汽车的市场竞争格局
                              │
                              │                     ┌── 新能源汽车的产业链结构
                              ├─ 新能源汽车的产业链 ─┼── 新能源汽车的技术创新现状
了解新能源汽车行业 ──────────────┤   与技术创新         └── 新能源汽车的技术创新趋势
                              │
                              │                     ┌── 新能源汽车的环境影响分析
                              ├─ 新能源汽车的环境影响─┼── 新能源汽车的能源利用效率评估
                              │   与可持续性评估      └── 新能源汽车的可持续性评估
                              │
                              │                     ┌── 新能源汽车的推广应用策略
                              ├─ 新能源汽车的推广 ───┼── 新能源汽车的推广案例分析
                              │   应用与案例分析      └── 新能源汽车面临的挑战与对策
                              │
                              │                     ┌── 比亚迪、特斯拉、蔚来
                              └─ 新能源汽车品牌介绍 ─┴── 小鹏汽车、理想汽车、小米汽车
```

【拓展视频】

 教学目标

本章聚焦新能源汽车行业，使学生了解其发展背景、发展历程、发展现状与发展趋势，掌握市场需求与政策动态；同时，分析其对环境的积极影响、能源利用效率及可持续性评估方法。通过产业链与技术创新解析，引导学生理解行业发展逻辑。通过推广应用与案例分析，学生可熟悉推广策略，为行业发展提出对策。

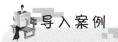导入案例

　　初步领略了新能源汽车工程专业的魅力后，我渴望更深入地探索这个行业。新能源汽车的发展，从背景到历程，再到当前的状态和未来趋势都令我着迷。我热切关注这个行业在市场需求方面的表现，以及政府对新能源汽车产业的政策支持力度。新能源汽车产业链的完善程度和技术创新的速度也是我关注的重点，特别是新能源汽车如何减少环境污染及如何为实现可持续发展贡献力量。希望在本章的学习中，我能找到这些问题的答案，从而更加坚定我对新能源汽车行业的热爱与信心。

2.1　新能源汽车的发展

2.1.1　新能源汽车的发展背景

　　新能源汽车的发展背景是复杂、多面的，它受科技进步、能源危机、环境污染及政策推动等因素的影响。在全球化和可持续发展的时代背景下，新能源汽车以其环保、高效、智能的特点成为汽车产业转型升级的重要方向。

1. 科技进步推动新能源汽车发展

【拓展视频】

　　随着科技的不断进步，新能源汽车的相关技术水平得到了显著提升。电池技术的突破、电机效率的提高及电控系统的优化，使得新能源汽车的续驶里程、动力性、安全性等不断提高。同时，智能化、网联化等前沿技术融入，进一步提升了新能源汽车的竞争力，使其在市场上获得了更广泛的应用。

　　例如，随着锂离子蓄电池的能量密度和循环寿命的大幅度提升，新能源汽车的续驶里程显著提高，充电时间大幅度缩短。这一技术进步不仅提升了新能源汽车的实用性和便利性，还增强了消费者对新能源汽车的信心和接受度。同时，电池技术的不断创新为新能源汽车的成本降低和性能提升提供了可能，进一步推动了新能源汽车市场的扩大和产业的快速发展。

2. 能源危机与环境污染促使汽车产业转型

　　传统汽车产业对石油资源的依赖导致能源危机日益严重，同时燃油车的尾气排放加剧了环境污染问题。为了应对这些挑战，各国政府纷纷出台政策，鼓励新能源汽车的发展。新能源汽车以电能、氢能等清洁能源为动力，不仅能减少对石油资源的依赖，还能有效降低尾气排放量，对提高环境质量和实现可持续发展有重要意义。

　　例如，德国政府针对燃油车尾气排放造成的环境问题，提出了严格的排放标准，并大力推广新能源汽车。多家汽车制造商积极响应，纷纷加大在新能源汽车领域的研发投入，推出了一系列纯电动汽车和混合动力汽车。这种转型不仅有助于减少对有限石油资源的依赖，还能显著降低尾气排放量，提高空气质量，实现可持续发展。

3. 政策推动新能源汽车市场扩张

为了推动新能源汽车的发展，各国政府纷纷出台一系列政策，包括财政补贴、税收优惠、购车优惠等。这些政策的实施降低了新能源汽车的购车成本和使用成本，提高了消费者购买新能源汽车的积极性和信心。政府还加大了对新能源汽车充电设施建设的投入力度，为新能源汽车的普及提供了有力保障。

例如，近年来，我国通过一系列政策有力推动了新能源汽车市场的快速扩张。以新能源汽车购置补贴政策为例，政府为鼓励消费者购买新能源汽车，提供了丰厚的财政补贴。这一政策不仅降低了消费者的购车成本、提高了新能源汽车的市场竞争力，还带动了新能源汽车产业链的快速发展。随着补贴政策的持续实施和市场需求的不断增长，我国新能源汽车的市场规模不断扩大，已成为全球新能源汽车市场的重要力量。

4. 市场需求推动新能源汽车不断创新

随着消费者对环保、节能和智能出行的需求不断增加，新能源汽车市场呈现出蓬勃发展的态势。消费者对新能源汽车的续驶里程、动力性、安全性及智能化水平等方面的要求不断提高，推动了新能源汽车技术的不断创新和升级。

例如，特斯拉公司针对消费者对续驶里程和智能化功能的强烈需求，持续研发更高效的电池和智能驾驶系统。特斯拉的纯电动汽车不仅拥有出色的续驶里程和充电速度，还具备自动驾驶、智能导航等功能，满足了消费者对新能源汽车的多元化需求，引领了市场的创新潮流。

新能源汽车的发展背景是多元化且复杂的，它既是科技进步的产物，又是应对能源危机和环境污染挑战的重要策略。同时，政策推动和市场需求双重作用，使得新能源汽车在市场上获得了更广泛的应用和认可。随着技术的不断创新和市场的不断拓展，新能源汽车产业将迎来更加广阔的发展前景。

2.1.2 新能源汽车的发展历程

燃油车从早期实验到商业化，再到技术成熟经历了多个时期。新能源汽车的发展也必将经历多个时期。

1. 早期探索与起步期

在 20 世纪初至中期，新能源汽车的早期探索阶段拉开帷幕。在这一时期，纯电动汽车作为最早出现的新能源汽车形式，吸引了众多目光。受限于当时的技术水平，纯电动汽车主要依赖铅酸蓄电池，其能量密度低、质量大，导致续驶里程有限，难以满足日益增长的市场需求。然而，正是这些初步的尝试与探索，为后来的技术进步和市场发展奠定了基础，为后续的新能源汽车发展铺设了道路。

2. 技术进步与突破期

进入 21 世纪后，新能源汽车领域迎来了技术进步与突破期。在这一时期，锂离子蓄电池技术飞速发展，极大地提升了电池的能量密度和循环寿命，使得新能源汽车的续驶里程实现了质的飞跃，从原本的短途代步工具逐渐发展为适合长途旅行的可靠选择。与此同时，电机技术和电控技术取得了显著进步。高效、轻量化的电机不仅提高了新能源汽车的动力性，还降低了能耗；智能化的电池管理系统有效提升了电池的安全性和稳定性，进一步增强了消费者对新能源汽车的信心。这一时期的技术进步为新能源汽车的市场推广提供了有力支撑。

3. 市场推广与普及期

进入 21 世纪第二个十年，新能源汽车正式步入市场推广与普及期。此时，各国政府纷纷出台政策，为新能源汽车产业注入强劲动力。购车补贴、免征购置税等优惠措施显著降低了购车成本，而充电设施的加快建设解决了新能源汽车的"续驶焦虑"。企业也积极投身市场推广，通过创新的营销策略提升品牌知名度。广告、试驾体验、线上线下联动等，让新能源汽车逐渐走进大众视野。在政府和企业的共同努力下，新能源汽车市场迅速扩大，消费者对新能源汽车的接受度逐年攀升。在这一时期，新能源汽车产业实现了从萌芽阶段到成长阶段的蜕变，成为汽车产业的新宠。

4. 技术创新与产业升级期

新能源汽车未来将步入技术创新与产业升级的新阶段。技术层面，固态电池有望实现规模化应用，其高能量密度与安全性将彻底革新续驶体验；智能驾驶技术将突破现有边界，实现更高级别的自动驾驶功能，并与车联网深度融合，构建智慧出行生态。产业升级方面，产业链上下游协同创新加速，推动电池回收、充电基础设施建设等配套产业快速发展。同时，新能源汽车与可再生能源的融合将更加紧密，形成绿色、低碳的能源利用体系，共同推动汽车产业向更加智能、绿色、可持续的方向迈进。

新能源汽车的发展要经历多个时期的探索、技术进步、市场推广和技术创新。随着技术的不断进步和市场的不断扩大，新能源汽车将发挥越来越重要的作用，为应对能源危机和环境污染问题提供有力支持。

2.1.3　新能源汽车的发展现状

1. 国内新能源汽车的发展现状

随着全球环保意识的增强和能源结构的转型，新能源汽车作为汽车产业的新兴力量，逐渐成为推动我国经济社会发展的重要引擎。近年来，我国新能源汽车在政策扶持、技术创新、市场推广等方面取得了显著进展，呈现出蓬勃发展的态势。

（1）政策扶持力度持续加大。为了推动新能源汽车产业的快速发展，我国政府出台了一系列政策扶持措施，包括购车补贴、免征购置税、充电设施建设等，旨在降低新能源汽车的购车成本和使用成本，提高消费者的购买意愿。政府还加大了对新能源汽车研发的政策扶持力度，推动技术创新和产业升级。

（2）技术创新成果显著。在技术创新方面，我国新能源汽车产业取得了显著成果。在电池技术、电机技术和电控技术等领域，我国实现了多项重要突破。锂离子蓄电池的能量密度和循环寿命大幅度提升，使新能源汽车的续驶里程得到了显著提升。同时，高效、轻量化的电机和智能化的电池管理系统进一步提升了新能源汽车的动力性和安全性。

（3）市场推广取得积极进展。随着技术的不断进步和政策的持续扶持，我国新能源汽车市场推广取得了积极进展。消费者对新能源汽车的接受度不断提高，新能源汽车的市场渗透率逐年攀升。同时，新能源汽车在公共交通、出租车、物流等领域的应用逐步扩大，为产业发展注入了新的动力。

（4）产业链不断完善。随着新能源汽车市场的快速发展，我国新能源汽车产业链不断完善。从上游的原材料供应到中游的零部件制造，再到下游的整车组装和销售，形成了完整且高效的产业链体系。这不仅提高了产业的整体竞争力，还为产业的可持续发展奠定了坚实基础。

综上所述，我国新能源汽车在政策扶持、技术创新、市场推广和产业链完善等方面取得了显著进展。然而，面对全球竞争和挑战，我国新能源汽车产业仍需继续加大研发投入，推动技术创新和产业升级；同时，加强国际合作与交流，提升国际竞争力。

2. 国外新能源汽车的发展现状

在全球环保趋势的推动下，新能源汽车作为绿色出行的重要选择，逐渐成为各国汽车产业的重要发展方向。不同国家和地区在新能源汽车领域的发展各具特色。

（1）美国：政策驱动与市场渗透。美国作为全球最大的经济体，在新能源汽车领域的发展尤为引人注目。美国政府通过一系列政策扶持措施，如提供购车补贴、建设充电设施等，推动新能源汽车市场的快速发展。同时，美国的新能源汽车产业链日臻完善，从电池制造到整车生产，形成了较完整的产业体系。在技术创新方面，美国的新能源汽车企业不断探索新的技术路线，提升了产品性能和续驶里程。

（2）欧洲：技术创新与绿色出行。欧洲作为汽车产业的发源地之一，在新能源汽车领域展现出强大的实力。欧洲的新能源汽车企业注重技术创新，不断推出具有高性能、高智能化水平的新能源汽车产品。同时，欧洲国家积极推动绿色出行理念，鼓励消费者购买和使用新能源汽车，减少对传统燃油汽车的依赖。此外，欧洲还增加了在新能源汽车基础设施建设方面的投入，为新能源汽车的普及提供了有力保障。

（3）日本：氢能源汽车与电池技术突破。日本在新能源汽车领域的发展主要集中在氢能源汽车和电池技术方面。日本企业在氢能源汽车的研发和生产方面取得了显著进展，推出了多款具有高性能和长续驶里程的氢能源汽车产品。日本在电池技术领域也取得了重要突破，不断提高电池的能量密度和循环寿命，为新能源汽车的发展提供了有力支撑。

（4）其他新兴市场国家：积极布局与追赶发展。除美国、欧洲和日本等发达国家和地区外，一些新兴市场国家也积极布局新能源汽车领域。这些国家通过制定相关政策和规划，加强与国际合作，推动新能源汽车产业的发展。虽然这些国家在新能源汽车领域的发展较晚，但凭借政策支持、市场需求和技术进步等因素的推动，其新能源汽车产业呈现出快速发展的态势。

综上所述，国外新能源汽车的发展现状呈现出多样化的特点。不同国家和地区根据自身的产业基础及市场需求，制定了不同的发展战略和政策措施。随着全球环保意识的不断提升和技术的不断进步，新能源汽车产业将迎来更加广阔的发展前景和机遇。同时，各国之间的合作与交流更加紧密，各国共同推动新能源汽车产业的全球发展。

2.1.4 新能源汽车的发展趋势

新能源汽车作为汽车产业的新兴力量，正在全球范围内展现强劲的发展势头。随着技术的不断创新和市场的日益成熟，新能源汽车的发展趋势日益明显。

1. 电池技术突破，续驶里程大幅度提升

电池技术是新能源汽车发展的核心，其性能直接影响新能源汽车的续驶里程和使用体验。未来，随着新材料、新工艺的不断涌现，电池的能量密度将进一步提升，续驶里程也将大幅度增长。由此新能源汽车将更加适用于长途出行和日常通勤，其应用领域将进一步拓宽。

例如，某品牌纯电动汽车，其采用的自主研发的全固态电池在技术上取得了重大突破。这款电池采用固态电解质，不仅大幅度提升了能量密度，还显著提高了安全性。因此该品牌的纯电动汽车续驶里程突破 1000km，为用户提供了更便捷、更高效的出行体验。这一技术突破标志着新能源汽车行业迈入了新的里程。

2. 智能化与网联化深度融合

随着智能化和网联化技术的快速发展，新能源汽车将实现更智能化、更自动化的驾驶体验。未来，新能源汽车不仅具备基础的自动驾驶功能，还可通过车联网技术实现与周围环境的互联互通，提供更丰富、更便捷的出行服务。

例如，在智能化与网联化方面，特斯拉纯电动汽车堪称典范。其配备先进的自动驾驶辅助系统，可实现自主导航、避障等功能。同时，特斯拉汽车通过车联网技术与其他汽车及基础设施实时交互，提供实时路况、充电站信息等服务。这种深度融合不仅提升了驾驶的便捷性和安全性，还为纯电动汽车的普及和智能化出行奠定了基础。

3. 充电设施建设日益完善，充电体验更便捷

充电设施是新能源汽车普及的关键因素。未来，随着政府对充电设施建设的大力支持和企业的积极投入，充电设施将实现更加广泛的覆盖和更加高效的运营。无线充电、快速充电等新技术也将得到进一步推广和应用，使充电过程更便捷、更高效。

例如，某城市充电站大幅度增加，覆盖了各个角落。同时，新型快速充电桩的推广使充电时间大幅度缩短，用户不再为充电而长时间等待。此外，在一些商场、停车场等公共场所设置了充电桩，为用户提供了更多选择。这些举措使纯电动汽车用户充电更加便捷，推动了纯电动汽车的普及。

4. 共享出行模式兴起，新能源汽车成为重要选择

共享出行作为一种新型出行方式，逐渐改变人们的出行习惯。未来，随着新能源汽车性能的不断提升和成本的逐渐降低，其在共享出行领域的应用将更加广泛。新能源汽车将成为共享出行平台的重要选择，为人们提供更环保、更高效的出行服务。

例如，某城市引入了大批共享纯电动汽车，这些纯电动汽车采用先进的锂电池技术，续驶能力强且充电便捷。市民通过手机 app 即可轻松租用，不仅解决了短途出行问题，还减少了碳排放量。这种模式的推广不仅提升了人们的出行效率，还促进了新能源汽车的普及和绿色发展。

5. 绿色制造理念深入人心，产业链更加环保

随着全球环保意识的不断提升，绿色制造理念在新能源汽车产业中得到了更加深入的

应用。未来，新能源汽车产业链将更加注重环保和可持续发展，推动材料回收、能源利用等方面的绿色化改造。这将有助于降低新能源汽车生产过程中的环境污染和资源消耗，实现产业的可持续发展。

例如，比亚迪在绿色制造理念上取得了显著成就。该企业不仅采用环保材料生产汽车，还在生产过程中积极应用节能减排技术，实现资源的有效利用和废物的减量化。比亚迪还构建了一条绿色供应链，与供应商共同推动环保生产。这些举措使比亚迪的产业链更加环保，为新能源汽车产业的可持续发展树立了典范。

综上所述，新能源汽车在电池技术、智能化与网联化、充电设施建设、共享出行及绿色制造等方面呈现出明显的发展趋势。随着技术的不断进步和市场的持续扩大，新能源汽车将实现更快速、更稳健的发展，为人们的出行提供更便捷、更高效、更环保的解决方案。新能源汽车产业也将成为推动经济社会可持续发展的重要力量。

阅读材料 2-1

2024 年国内外新能源汽车生产和销量情况分析

在新能源汽车产业蓬勃发展的大背景下，2024 年成为全球汽车市场变革的关键一年。这一年，技术革新加速、政策支持持续发力，国内外新能源汽车市场均展现出强劲的增长势头，竞争格局也在不断演变。在此背景下，深入剖析 2024 年国内外新能源汽车生产和销量情况具有重要意义。

1. 国内新能源汽车生产和销量情况

（1）生产情况。2024 年，我国新能源汽车产业蓬勃发展，产量大幅跃升，国家统计局数据显示，全年新能源汽车产量达 1316.8 万辆，同比增长 38.7%。这一成绩的取得，得益于产业链各环节的高效协同，生产效率与技术水平同步提升，为市场提供了充足的供应保障，进一步巩固了我国在全球新能源汽车领域的领先地位。

（2）销量情况。中国汽车工业协会数据显示，2024 年我国新能源汽车产销分别为 1288.8 万辆和 1286.6 万辆，同比分别增长 34.4% 和 35.5%。新能源新车销量占汽车新车总销量的 40.9%，新能源乘用车国内销量占乘用车国内销量比例已连续 7 个月超 50%，新能源商用车国内销量占商用车国内销量比例也已连续 5 个月超 20%，消费者对新能源汽车的认可度不断提升。

2. 国外新能源汽车销量情况和渗透率

2024 年，全球新能源汽车销量延续增长态势。其中，纯电动汽车销量增至 1040 万辆，同比增长约 14%。中国市场以约 670 万辆的销量占据主导地位，同比增长超 20%。美国售出 120 万辆，增长 7.2%。英国售出 38.2 万辆，增长 21%。德国销量下降 27% 至 38.1 万辆，这反映了欧盟国家取消购买电动汽车补贴政策带来的影响。欧洲其他国家的销售额也有所下降，但降幅稍缓。

2024 年，全球新能源汽车渗透率约为 20%，较 2023 年的 17% 有所提升。中国在新能源汽车领域处于领先地位，2024 年 4 月上半月，中国新能源车零售渗透率达到 50.39%，成为全球首个新能源车渗透率超过50%的大型汽车市场。欧洲整体渗透率为20.1%，而美国的渗透率仅为9.3%。

3. 市场趋势分析

（1）技术进步推动市场增长。近年来，电池技术突破使新能源汽车续驶里程提升、充电时间大幅度缩短，最新快充技术15min可补充80%电量。同时，规模化生产和技术创新降低了新能源汽车成本，使其价格更亲民，进一步推动了市场增长。

（2）政策支持力度持续加大。各国政府加大对新能源汽车的支持力度，通过补贴政策、税收优惠、购车指标倾斜等措施推动市场发展，并加强基础设施建设，如充电桩、换电站等。

（3）市场竞争格局逐渐形成。传统汽车制造商、新兴科技公司和电池供应商等多方力量参与市场竞争。传统汽车制造商如大众、丰田积极推进新能源汽车研发和生产；新兴科技公司如特斯拉凭借电池技术、自动驾驶技术和品牌影响力占据较大市场份额；电池供应商如宁德时代为新能源汽车制造商提供高质量电池产品。

4. 结论

2024年，国内外新能源汽车市场均快速增长。我国在生产和销量方面全球领先，国内市场接受度和普及程度不断提高。全球新能源汽车市场渗透率逐步提升，但地区发展存在差异。技术进步、政策支持和市场竞争格局的形成是推动市场发展的重要因素。未来，随着技术不断创新和政策持续支持，新能源汽车市场有望继续快速增长，企业需在技术创新、产品质量和成本控制等方面提升竞争力，以适应市场变化。

2.2 新能源汽车的市场需求与政策支持

2.2.1 新能源汽车的市场需求分析

随着全球能源结构的转型和环保意识的提升，新能源汽车作为绿色出行的重要选择，逐渐成为汽车市场的新宠。

1. 政策驱动下的市场需求增长

各国政府为应对气候变化和推动可持续发展，纷纷出台一系列政策扶持新能源汽车产业的发展，包括购车补贴、免征购置税、充电设施建设等，旨在降低新能源汽车的购车成本和使用成本，提高消费者的购买意愿。在政策驱动下，新能源汽车市场需求呈现快速增长的态势。

例如，我国政府通过实施购车补贴、免征购置税等优惠政策，鼓励消费者购买新能源汽车。这些政策有效降低了购车成本，提高了新能源汽车的市场竞争力。随着政策的持续推动，新能源汽车销量逐年攀升，市场需求持续增长，为产业发展注入了强大动力。

2. 消费者对环保和节能的日益关注

随着人们环保意识的提高，消费者对汽车排放和能耗的关注度不断提升。新能源汽车

以其低排放、低能耗的优势，成为消费者追求绿色出行的重要选择。越来越多的消费者开始关注新能源汽车的性能、续驶里程和充电便利性等方面，市场需求持续扩大。

例如，张先生近期在购车时，不再只关注汽车的外观和性能，也关注了环保和节能放。他选择了一款新能源汽车，这款车的零排放和低能耗特性符合他的环保理念。张先生的选择反映了消费者对环保和节能的日益关注。这也推动了新能源汽车市场的快速发展。

3. 技术进步推动市场需求升级

新能源汽车的技术不断取得突破，如电池能量密度的提升、电机效率的提高及智能化和网联化技术的应用等，使新能源汽车的性能更加优越，驾驶体验更加舒适、便捷，进一步推动了市场需求的升级。消费者对续驶里程长、性能稳定、智能化水平高的新能源汽车需求持续增长。

例如，比亚迪在新能源汽车领域的技术进步有力推动了市场需求的升级。其研发的刀片电池技术不仅提高了电池的能量密度，还增强了安全性，使得新能源汽车的续驶里程显著提升。同时，比亚迪在智能化方面取得了显著成果，车载系统更加智能、便捷，提升了驾乘体验。这些技术进步满足了消费者对更高性能、更安全、更智能的新能源汽车的需求，推动了市场的持续发展。

4. 新能源汽车在特定领域的广泛应用

新能源汽车在公共交通、出租车、物流等领域的应用逐步扩大。这些领域对新能源汽车的需求量大，且对环保和节能的要求较高。随着新能源汽车技术的不断进步和成本的降低，其在这些领域的应用将更加广泛，市场需求将进一步扩大。

例如，京东物流积极采用电动货车进行货物配送，这些车不仅环保节能，而且运营成本较低。通过广泛应用新能源汽车，京东物流在降低碳排放量、提升运营效率的同时，为推动绿色物流发展作出了积极贡献。这一实践展示了新能源汽车在特定领域的巨大潜力和广阔的应用前景。

综上所述，新能源汽车市场需求在政策驱动、消费者环保意识提升、技术进步及特定领域应用扩大等因素的共同作用下，呈现快速增长的态势。随着全球环保意识的继续提升和技术的不断进步，新能源汽车的市场需求将进一步扩大，市场前景广阔。同时，新能源汽车产业将面临更加激烈的市场竞争和技术挑战，需要不断创新和提升竞争力，以满足市场需求并实现可持续发展。

2.2.2 新能源汽车的政策支持体系

新能源汽车作为绿色发展的重要组成部分，近年来得到了国家及地方政府的大力扶持。政策支持体系在推动新能源汽车产业发展中起到至关重要的作用，涵盖了从研发、生产到推广应用的各个环节。

1. 研发支持政策

政府在新能源汽车技术研发方面给予高度重视，通过设立专项资金、支持企业建立研发机构、推动产学研合作等措施，鼓励企业加大在电池技术、电机技术、电控技术等关键领域的研发投入，提高新能源汽车的技术水平和市场竞争力。

例如，针对新能源汽车关键技术的研发，政府设立了专项资金，鼓励企业加大研发投入。某电动汽车企业因此获得了资金支持，成功研发出新型高效电池，不仅提升了汽车续驶里程，还降低了生产成本。这一案例充分展示了研发支持政策在推动新能源汽车技术创新和产业升级方面的积极作用。

2. 生产与推广政策

为鼓励新能源汽车的生产与推广，政府制定了一系列政策措施，包括为新能源汽车生产企业提供税收优惠、贷款支持等。这些措施使新能源汽车生产企业降低了生产成本，提高了产能。同时，政府通过实施购车补贴、免征购置税等优惠政策，激发消费者购买新能源汽车的积极性。

例如，某知名电动汽车企业获得了政府提供的税收减免和贷款支持，由此其生产成本降低，生产效率提高。同时，政府制定的购车补贴、免征购置税等优惠政策激励消费者购买该企业的新能源汽车。

3. 充电基础设施建设政策

充电基础设施是新能源汽车发展的关键环节。政府通过加大投资力度、推动社会资本参与、制定充电设施建设规划等措施，加快充电桩、充电站等基础设施的建设和布局，提高充电设施的覆盖率和便利性。

例如，某城市政府出台相关政策，鼓励和支持充电设施的建设。其在多个公共场所（如商场、停车场等）规划并建设了大量的充电桩，为市民提供便捷的充电服务。此外，政府还与企业合作，推动充电设施的智能化和网联化，提升充电效率和使用体验。这一政策不仅方便了市民的出行，还促进了新能源汽车的普及和发展。

4. 标准制定与监管政策

政府加强了对新能源汽车行业的标准制定和监管。通过制定统一的技术标准、认证制度和安全规范，保证新能源汽车的产品质量和安全性。同时，加强对新能源汽车市场的监管，打击不正当竞争和违法行为，维护市场秩序。

例如，我国政府积极制定与监管相关政策，通过制定严格的安全标准，确保新能源汽车在设计、生产和使用过程中符合安全要求；同时，加强监管力度，查处不符合标准的企业和产品，保障消费者的权益。这种标准制定与监管政策的实施有效提升了新能源汽车的安全性，为行业的健康发展提供了有力保障。

综上所述，新能源汽车的政策支持体系涵盖研发、生产、推广、基础设施建设、标准制定与监管等方面。这些政策的实施为新能源汽车产业的发展提供了有力保障，推动了新能源汽车市场的快速扩张和技术进步。随着政策的不断完善和优化，新能源汽车产业将迎来更加广阔的发展前景。

2.2.3　新能源汽车的市场竞争格局

随着全球对环保和可持续发展的日益重视，新能源汽车市场正呈现蓬勃发展的态势。在这个充满机遇与挑战的领域，各大企业纷纷加大投入，力求在激烈的市场竞争中占据一席之地。

1.国际市场竞争格局

国际新能源汽车市场竞争日趋激烈，特斯拉凭借强大的品牌影响力和领先的电池技术，稳稳占据市场领导地位。与此同时，欧洲和日本的汽车巨头（如宝马、奔驰、奥迪和日产等）展现出不容小觑的竞争力。这些企业拥有深厚的技术积淀和品牌号召力，在国际新能源汽车市场中占据着举足轻重的地位。各大企业纷纷加大研发投入，推出创新产品，以应对激烈的市场竞争，共同推动新能源汽车产业的快速发展。

2.国内市场竞争格局

国内新能源汽车市场竞争日趋激烈，本土企业展现出了强大的竞争力。比亚迪凭借领先的电池技术和丰富的产品线，稳居市场前列。蔚来、小鹏和小米等新兴企业在技术创新及产品升级上取得了显著成绩，逐渐在国内市场占据一席之地。与此同时，传统汽车制造商（如吉利、长安等）不甘示弱，积极转型升级，加大在新能源汽车领域的投入。这些企业通过推出新产品、加大研发投入、提升产品品质等方式，不断提升市场竞争力。随着新能源汽车市场的不断扩大和技术的不断进步，国内企业间的竞争将更加激烈。只有在技术创新、产品品质、市场拓展等方面持续发力，才能在这个充满机遇与挑战的市场中立于不败之地。

3.核心技术与创新竞争

新能源汽车市场竞争的核心在于技术创新。电池技术、电机技术、电控技术等领域的持续突破，大幅度提升了车辆性能，成为企业赢得市场的关键。各大企业深知技术创新的重要性，纷纷加大研发投入，力求在核心技术上取得领先地位。通过不断创新和产业升级，企业不仅能够巩固市场地位，还能在激烈的市场竞争中脱颖而出，实现可持续发展。

4.渠道拓展与市场营销

新能源汽车市场的渠道拓展与市场营销至关重要。企业通过加强与经销商、代理商的合作，构建广泛的销售网络，为消费者提供便捷的服务体验。同时，企业积极举办线上线下活动，进行品牌宣传，加深消费者对新能源汽车的了解和认可。这些举措不仅提升了品牌影响力，还增强了企业的市场竞争力，有助于企业在激烈的市场竞争中脱颖而出。

5.政策影响与市场机遇

政策扶持对新能源汽车市场竞争格局有重要影响。以我国为例，政府的大力扶持使国内新能源汽车品牌在本土市场具有显著优势，促进了产业的快速发展。同时，全球对环保和可持续发展的日益重视，为新能源汽车市场带来了更多发展机遇。政策的导向作用不仅加速了市场扩张，还推动了技术创新和产业升级，为新能源汽车产业的繁荣创造了有利条件。

综上所述，新能源汽车市场竞争日趋激烈，各大企业纷纷加大投入，力求在市场中占据一席之地。随着技术创新和产业升级的不断推进及全球环保意识的日益提高，新能源汽车市场将迎来更加广阔的发展前景。同时，新能源汽车企业需要不断适应市场变化，调整竞争策略，以应对未来的挑战和机遇。

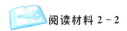阅读材料 2 - 2

国内外新能源汽车生产格局

新能源汽车是汽车行业的未来发展方向，随着全球气候变化问题的日益严峻和环保意识的逐渐增强，新能源汽车的生产和发展已经成为全球汽车产业的重要议题。下面对国内外新能源汽车生产格局进行深入分析，以期揭示其发展趋势和潜在变化。

1. 国内新能源汽车生产格局

（1）政策引导下的快速发展。我国作为全球最大的新能源汽车市场，政策引导在新能源汽车产业的发展中起到了决定性作用。我国政府出台一系列优惠政策，鼓励消费者购买新能源汽车，同时在充电设施建设、电网改造等方面给予了大力支持。这些政策促进了国内新能源汽车产量的快速增长，推动了新能源汽车产业的快速发展。

（2）产业链整合与技术创新。随着新能源汽车市场的不断扩大，国内汽车企业纷纷加大了在新能源汽车领域的投入，通过整合产业链资源、加强技术创新等手段，不断提升新能源汽车的性能和质量。目前，国内涌现出一批在新能源汽车领域具有竞争力的企业，如比亚迪、蔚来等。

（3）地域分布与产业集群。国内新能源汽车产业主要集中在几个核心区域，如京津冀、长三角、珠三角等地区。这些地区具有较完善的汽车产业链和基础设施，同时政府给予了较大支持。此外，随着新能源汽车市场的不断扩大，一些新兴的产业集群逐渐形成，如四川成都的新能源汽车产业集群等。

2. 国外新能源汽车生产格局

（1）技术创新与品牌竞争。国外新能源汽车产业在技术创新和品牌竞争方面具有较大优势。特斯拉、宝马、大众等国际知名企业纷纷加大了在新能源汽车领域的投入，推出了多款具有竞争力的产品。这些企业在电池技术、电机技术、智能驾驶等方面取得了显著进展，为新能源汽车产业的发展注入了新的活力。

（2）政府支持与市场推动。许多国家和地区都出台了支持新能源汽车发展的政策，如欧洲国家的碳排放限制政策、美国的税收优惠政策等。这些政策促进了新能源汽车市场的扩大和产业的发展。同时，消费者对环保出行的需求不断提高，推动了新能源汽车市场的快速增长。

（3）国际合作与竞争。在全球化的背景下，各国间的新能源汽车合作与竞争日益激烈。各国汽车企业纷纷寻求国际合作，共同研发新技术、开拓市场。一些国际知名汽车企业也在新能源汽车领域展开激烈竞争，争夺市场份额。

3. 结论

总体来看，国内外新能源汽车的生产格局各具特点。我国新能源汽车产业在政策引导下快速发展，形成了较完善的产业链和产业集群；而国外新能源汽车产业更加注重技术创新和品牌竞争，在国际市场上展开了激烈竞争。随着全球新能源汽车市场的不断扩大和技术的不断进步，国内外新能源汽车的生产格局将继续发生变化和演进。

2.3　新能源汽车的产业链与技术创新

2.3.1　新能源汽车的产业链结构

新能源汽车产业作为绿色经济的重要组成部分，其产业链结构日益完善，涵盖原材料供应、零部件制造、整车组装与销售、充电设施建设与服务等环节，如图 2-1 所示。

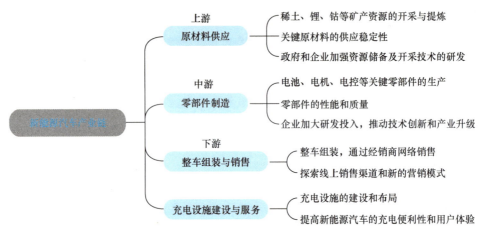

图 2-1　新能源汽车产业链

1. 原材料供应

原材料供应是新能源汽车产业链的第一环，主要涉及稀土、锂、钴等矿产资源的开采与提炼。这些矿产资源作为电池制造的重要原材料，其供应稳定性对新能源汽车产业的成本、生产效率及可持续发展有深远影响。因此，各国政府和企业纷纷加强资源储备及开采技术的研发，通过提高开采效率、优化提炼工艺等方式确保原材料的稳定供应。

2. 零部件制造

零部件制造是新能源汽车产业链的核心环节，涵盖电池、电机、电控等关键零部件的生产。这些零部件的性能和质量直接决定了新能源汽车的续驶里程、动力性、安全性及用户体验。为了提升零部件的制造水平和竞争力，各大企业纷纷加大研发投入，推动技术创新和产业升级。各大企业通过采用新材料、新工艺、新技术等方式，提高零部件的性能和质量，同时降低成本，为新能源汽车产业的快速发展提供有力支撑。

3. 整车组装与销售

整车组装与销售是新能源汽车产业链的最终环节，也是消费者直接接触和感知的环节。在这一环节，各大汽车企业通过整合原材料和零部件资源进行整车组装，并通过经销商网络进行销售。随着新能源汽车市场的不断扩大和消费者需求的日益多元化，汽车企业在积极探索线上销售渠道和新的营销模式，以更好地满足消费者的多元化需求。

4. 充电设施建设与服务

充电设施建设与服务是新能源汽车产业链的重要组成部分，也是制约新能源汽车普及的关键因素。为了推动新能源汽车的普及和发展，各国政府和企业纷纷加大投资力度，推动充电设施的建设和布局。通过建设覆盖城乡的充电网络、提供便捷的充电服务等方式，提高新能源汽车的充电便利性和用户体验。随着充电技术的不断创新和智能化发展，充电设施建设与服务将迎来更多的发展机遇。

综上所述，新能源汽车产业链是一个复杂、庞大的系统，涉及多个环节和多个领域。加强原材料供应、零部件制造、整车组装与销售、充电设施建设与服务等环节的协同发展，同时辅以政府的政策支持和引导，可以推动新能源汽车产业的快速发展。

2.3.2 新能源汽车的技术创新现状

新能源汽车作为未来汽车产业的发展趋势，正以其独特的技术创新引领行业的进步。随着科技的不断发展，新能源汽车在电池技术、电机技术、电控技术等方面取得了显著突破，为行业的可持续发展注入了新的活力。

1. 电池技术的创新

（1）高能量密度电池的开发。随着技术的创新和发展，新能源汽车领域涌现出一批高能量密度电池。这些电池不仅提升了车辆的续驶里程，还降低了电池组的质量和体积，为新能源汽车的轻量化和高效化提供了有力支持。

（2）电池管理系统的智能化。电池管理系统是保证电池安全、稳定运行的关键。通过引入智能化技术，电池管理系统能够实时监测电池状态，预防电池过充电、过放电等安全隐患，提高电池的使用寿命和安全性。

2. 电机技术的创新

（1）高效能电机的研发。新能源汽车的电机技术直接关系到汽车的动力性和能效水平。通过采用新材料、新工艺等手段，高效能电机在提升动力性的同时，降低了能耗，提高了整车的能效比。

（2）电机控制技术的优化。电机控制技术的优化能够实现对电机运行状态的精准控制，提高电机的响应速度和运行稳定性。通过采用先进的控制算法和硬件设计，电机控制技术在新能源汽车领域得到了广泛应用。

3. 电控技术的创新

（1）智能化电控系统的应用。智能化电控系统是新能源汽车实现智能驾驶、能源管理等功能的关键。通过集成传感器、控制器等硬件和软件资源，智能化电控系统能够实现对汽车运行状态和外部环境的实时监测及精准控制。

（2）整车网络通信技术的提升。随着车载通信技术的发展，新能源汽车的整车网络通信能力得到了显著提升。通过高速、低延迟的通信协议，汽车能够与云端、其他汽车及基础设施进行实时数据交互，为智能驾驶和智能交通提供了有力支持。

新能源汽车的技术创新现状呈现蓬勃的发展态势。在电池技术、电机技术、电控技术等方面，新能源汽车行业不断取得突破，为行业的可持续发展奠定了坚实基础。随着技术的不断进步和应用场景的拓展，新能源汽车的技术创新将更深入和更广泛，为汽车产业的转型升级和绿色出行贡献力量。

2.3.3 新能源汽车的技术创新趋势

随着全球能源结构的转型和环保意识的提升，新能源汽车作为绿色出行的重要解决方案，正迎来前所未有的发展机遇。技术创新是推动新能源汽车产业持续发展的关键动力。

1. 电池技术的创新与突破

（1）高能量密度与长使用寿命。随着材料科学的进步，新型电池技术（如固态电池和锂硫电池等）不断涌现，它们具有高能量密度、长使用寿命、高安全性等优势，将极大提升新能源汽车的续驶里程和性能稳定性。

（2）快速充电技术的发展。快速充电技术是新能源汽车普及的关键。随着充电技术的不断创新，充电时间将进一步缩短，充电效率将大幅度提升，为新能源汽车的广泛使用提供便利。

2. 驱动与智能化技术的融合创新

（1）高效能电机与先进控制策略融合。新能源汽车的驱动系统将更加注重高效能与智能化，通过采用新型电机材料和先进控制策略，实现更高效的能量转换和更精准的动力输出，提升整车性能。

（2）自动驾驶与车联网技术的融合。自动驾驶和车联网技术是新能源汽车智能化发展的重要方向，通过集成高精度传感器、高性能计算平台等先进技术，实现自动驾驶和智能交互，提升行车的安全性和便利性。

3. 轻量化与环保材料的应用创新

（1）轻质材料的研发与应用。轻量化是提升新能源汽车性能的重要手段，用碳纤维、铝合金等轻质材料替代传统钢材，可以减轻车身质量，降低能耗。

（2）环保材料的使用与循环利用。新能源汽车在制造过程中将更加注重环保材料的使用和循环利用，通过采用可再生、可降解的环保材料，减少生产过程中的污染排放，实现产业的可持续发展。

新能源汽车的技术创新趋势呈现多元化、高效化和智能化的特点。随着电池技术的创新与突破、驱动与智能化技术的融合创新、轻量化与环保材料的应用创新，新能源汽车将在动力、安全、环保等方面实现全面提升。随着技术的不断进步和市场的不断扩大，新能源汽车将成为汽车市场的主流选择。

 阅读材料 2-3

产业链在新能源汽车发展中的作用

新能源汽车的发展不仅是单一技术创新的结果，还是整个产业链协同发展的体现。从原材料开采到电池生产、整车制造，再到充电设施的建设与运营，以及后续的售后服务，每个环节都紧密相连，构成了新能源汽车的完整产业链。下面对产业链在新能源汽车发展中的作用进行深入分析。

1. 原材料供应：基础保障

新能源汽车的原材料供应是产业链的起点，包括稀土元素、锂、钴、镍等电池材料的开采与加工。稳定的原材料供应是新能源汽车产业发展的基础保障。随着新能源汽车市场的不断扩大，对原材料的需求不断增加，要求产业链上游的原材料供应商必须具备强大的供应能力和稳定的供应链。

2. 电池生产：核心技术

电池是新能源汽车的核心部件，其技术水平直接影响新能源汽车的性能和续驶里程。电池生产环节是新能源汽车产业链中技术含量最高的部分，包括正负极材料、电解液、隔膜等的制备，以及电池的组装、测试等。电池生产企业通过不断创新和研发，提高电池的能量密度、降低成本、延长使用寿命，为新能源汽车的发展提供了有力支持。

3. 整车制造：集成创新

整车制造是新能源汽车产业链中的关键环节，涉及电池、电机、电控等核心部件的集成，以及车身、底盘等零部件的组装。整车制造企业通过整合产业链资源，实现各环节的有效衔接，推动新能源汽车的技术创新和产业升级。同时，整车制造企业需要关注市场动态和消费者需求，不断推出符合市场需求的新能源汽车产品。

4. 充电设施建设：基础设施保障

充电设施是新能源汽车发展的重要基础设施，其建设情况直接影响新能源汽车的推广和应用。随着新能源汽车市场的不断扩大，对充电设施的需求不断提高。因此，产业链中的充电设施建设企业需要积极布局市场，加快充电设施的建设和运营，提高充电设施的覆盖率和使用效率，为新能源汽车的发展提供基础设施保障。

5. 售后服务：持续支持

售后服务是新能源汽车产业链的重要组成部分，关系到消费者的购车体验和品牌忠诚度。新能源汽车作为一种新兴产品，其使用和维护需要专业的技术支持及服务保障。因此，产业链中的售后服务企业需要建立完善的售后服务体系，提供及时、高效、专业的技术支持和服务保障，保证新能源汽车的正常使用和消费者的满意度。

6. 结论

产业链在新能源汽车发展中发挥着至关重要的作用。从原材料供应到电池生产、整车制造、充电设施建设及售后服务等，每个环节都紧密相连、相互依存。产业链各环节的协同发展是推动新能源汽车技术创新和产业升级的关键。因此，加强产业链各环节的合作与协调，促进产业链的整体优化和升级对推动新能源汽车的发展有重要意义。

2.4 新能源汽车的环境影响与可持续性评估

2.4.1 新能源汽车的环境影响分析

随着全球气候变化问题和环境问题日益严峻，新能源汽车作为一种清洁、高效的交通工具，逐渐成为人们关注的焦点。新能源汽车的发展不仅关乎能源结构的转型，还直接关系到环境质量的改善。

1. 减少温室气体排放量

新能源汽车采用电能、氢能等清洁能源替代传统石油燃料，显著减少了温室气体（如二氧化碳）的排放量。这一变化对缓解全球气候变暖、减少空气污染有重要意义。随着新能源汽车的普及，其减排效应将愈发显著，有助于实现碳中和目标。

2. 降低空气污染

新能源汽车的普及有助于减少空气污染。与传统燃油汽车相比，新能源汽车在使用过程中几乎不产生有害物质，如硫氧化物、氮氧化物等。这不仅有助于提高城市空气质量，还能减少对人体健康的危害。

3. 减少能源消耗与依赖

新能源汽车通过提高能源利用效率，减少了对传统能源的消耗和依赖。电能、氢能等清洁能源的利用，减少了对石油等有限资源的依赖，有助于实现能源的可持续发展。新能源汽车的发展也推动了可再生能源产业的发展，形成了良性的产业互动。

4. 促进生态环境保护

新能源汽车的普及对生态环境保护产生了积极影响。随着新能源汽车的推广，城市交通结构将逐渐优化，道路拥堵和噪声污染将减少。此外，新能源汽车的轻量化设计和可回收材料的使用，降低了车辆生产过程中的环境污染。

综上所述，新能源汽车在减少温室气体排放量、降低空气污染、减少能源消耗与依赖及促进生态环境保护等方面对环境有显著的影响。随着技术的不断进步和市场的不断扩大，新能源汽车将为环保和可持续发展作出重要贡献。

2.4.2 新能源汽车的能源利用效率评估

随着全球能源结构的调整和环保意识的日益增强，新能源汽车以其能源利用方式逐渐成为汽车产业发展的重要方向。能源利用效率是衡量新能源汽车性能的重要指标，直接关系到汽车的续驶里程、使用成本及环境影响。

1. 能源利用效率的定义与计算方法

能源利用效率是指新能源汽车在行驶过程中，实际能源消耗与理论最低能源消耗的比值。这一指标反映了新能源汽车在能源利用方面的优化程度，是评估汽车性能的重要依据。

计算能源利用效率时，需要综合考虑汽车的动力系统、电池能量密度、整车质量及行驶工况等因素。对比实际能源消耗与理论最低能源消耗，可以得出能源利用效率的具体数值。

2. 新能源汽车的能源利用效率

（1）纯电动汽车的能源利用效率。纯电动汽车作为新能源汽车的主要类型，其能源利用效率受到广泛关注。通过采用高效能电池和先进的电机控制技术，纯电动汽车在能源利用方面取得了显著进展。实际测试数据显示，纯电动汽车的能源利用效率普遍高于传统燃油汽车，尤其在城市低速行驶和频繁起停的情况下表现更优异。

（2）混合动力汽车的能源利用效率。混合动力汽车结合了传统燃油发动机和电动机的优势，能够根据行驶工况自动调整能源利用方式。在低速和起停频繁的城市道路上，混合动力汽车主要依靠电动机驱动，实现了高效的能源利用；而在高速行驶时切换到燃油发动机驱动，确保了足够的动力输出。因此，混合动力汽车在能源利用效率方面表现出色。

3. 影响新能源汽车能源利用效率的因素

新能源汽车的能源利用效率受到多种因素（主要包括汽车的动力系统、电池技术、整车质量、行驶工况及驾驶习惯等）的影响，优化这些因素是提高新能源汽车能源利用效率的关键。

（1）动力系统的影响。新能源汽车的动力系统是影响其能源利用效率的关键因素。动力系统的设计和性能直接关系到能源的转换效率及动力输出。高效的电机和先进的控制策略能够提升动力系统的效率，减少能源浪费。同时，混合动力系统的应用能够根据不同的行驶工况自动调整能源利用方式，进一步提高能源利用效率。

（2）电池技术的影响。电池技术是影响新能源汽车能源利用效率的重要因素。电池的能量密度、充放电效率及循环寿命等直接决定了新能源汽车的续驶里程和能源利用效果。随着电池技术的不断进步，新型电池（如固态电池、锂硫电池等）具有更高的能量密度和更好的安全性，有望进一步提升新能源汽车的能源利用效率。

（3）整车质量的影响。整车质量也是影响新能源汽车能源利用效率的重要因素。汽车的质量越大，所需的驱动力和能源消耗越大。因此，采用轻量化材料和优化设计，降低整车质量，可以有效提升新能源汽车的能源利用效率。同时，轻量化技术有助于提高汽车的操控性和加速性能，进一步提升用户的使用体验。

（4）行驶工况的影响。行驶工况同样是影响新能源汽车能源利用效率的重要因素。不同的行驶工况对能源的需求和消耗不同。例如，在城市低速行驶和频繁起停的情况下，新能源汽车的能源利用效率会受到较大影响。因此，优化行驶工况，减少不必要的加速和制动，保持稳定的行驶速度有助于提升新能源汽车的能源利用效率。

（5）驾驶习惯的影响。驾驶习惯是影响新能源汽车能源利用效率的不可忽视的因素。合理的驾驶习惯（如平稳加速、减速和保持适当的车速）能够有效减少能源消耗。相反，急加速、急制动等不良驾驶习惯会增加能源消耗，降低能源利用效率。因此，培养良好的驾驶习惯对提高新能源汽车的能源利用效率有重要意义。

通过评估新能源汽车的能源利用效率，可以发现新能源汽车在能源利用方面具有显著

优势。随着技术的不断进步和应用场景的拓展，新能源汽车的能源利用效率将进一步提升。通过研发更高效的动力系统、电池技术和整车轻量化技术，以及优化行驶工况和驾驶习惯等措施，新能源汽车将在提高能源利用效率方面取得更大突破，为汽车产业的可持续发展作出重要贡献。

2.4.3 新能源汽车的可持续性评估

新能源汽车作为应对全球气候变化和能源结构转型的重要解决方案，其可持续性评估显得尤为重要。可持续性评估旨在全面评价新能源汽车在环境、经济和社会等方面的表现，以指导产业发展方向和政策制定。

1. 评估指标体系的构建

为了全面评估新能源汽车的可持续性，需要构建一个包含环境、经济和社会三个维度的评估指标体系。环境维度主要关注新能源汽车在能源消耗、温室气体排放、污染物排放等方面的表现；经济维度关注新能源汽车的制造成本、运行成本、经济效益等；社会维度关注新能源汽车对就业、公共安全、社会公平等方面的影响。

（1）环境维度的评估方法。

在环境维度，可以采用生命周期评价的方法，对新能源汽车的原材料采集—生产制造—使用运行—报废回收的整个生命周期进行环境影响评价。量化分析新能源汽车在生命周期各阶段的能源消耗、温室气体排放和污染物排放等指标，可以全面评估其对环境的影响程度。

（2）经济维度的评估方法。

在经济维度，可以采用成本效益分析的方法，对新能源汽车的制造成本、运行成本及经济效益进行评估。对比传统燃油汽车与新能源汽车在成本效益方面的差异，可以判断新能源汽车在经济上的可持续性。此外，还可以利用市场分析方法评估新能源汽车的市场接受度、竞争态势等，以反映其在经济方面的可持续性。

（3）社会维度的评估方法。

在社会维度，可以采用问卷调查、访谈等社会调查方法，收集公众对新能源汽车的认知、接受度及意见反馈等信息。分析这些数据，可以评估新能源汽车在社会层面的可持续性。此外，还可以考虑新能源汽车对就业、公共安全等方面的影响，以全面评价其在社会维度的表现。

2. 综合评估与决策支持

在构建评估指标体系并应用相应评估方法的基础上，需要对各个维度的评估结果进行综合分析，形成对新能源汽车可持续性的全面评价。这一评价过程可以采用加权求和、层次分析法等，根据各指标的重要性和实际情况确定权重，并计算综合得分。

综合评估结果可以为政策制定和产业发展提供决策支持。对比不同新能源汽车的可持续性表现，政府可以制定相应的政策措施，促进新能源汽车产业的健康发展。企业也可以根据评估结果优化产品设计、降低成本、提高市场竞争力，推动新能源汽车技术的不断创新和进步。

新能源汽车的可持续性评估是一项复杂、重要的任务，需要综合考虑环境、经济和社会等方面的因素。构建合理的评估指标体系和应用相应的评估方法，可以全面评价新能源汽车的可持续性表现，为政策制定和产业发展提供有力的决策支持。

 阅读材料 2 – 4

新能源汽车用电来源对环境的影响

随着新能源汽车的快速发展和普及，其用电来源问题逐渐受到广泛关注。目前，新能源汽车的用电主要来源有煤电和绿电两大类。煤电主要依赖化石能源发电，而绿电通过可再生能源（如太阳能、风能等）发电。这两种用电来源对环境有不同的影响。

1. 煤电对环境的影响

（1）碳排放和温室气体效应。煤电是主要的发电方式，但在其发电过程中会产生大量的二氧化碳等温室气体。新能源汽车使用煤电作为电力来源，将间接增加碳排放量，加剧全球气候变暖的趋势。此外，在煤炭的开采和运输过程中会产生一定的环境污染。

（2）空气污染。在燃煤发电过程中会排放大量的硫氧化物、氮氧化物和颗粒物等污染物，这些污染物对空气质量造成严重影响，可能导致酸雨、雾霾等环境问题。新能源汽车使用煤电作为电力来源，将间接加剧空气污染问题。

（3）水资源消耗与污染。燃煤发电需要大量的水资源进行冷却和除尘等。同时，在煤炭开采和燃煤发电过程中产生的废水会对水资源造成污染。新能源汽车使用煤电作为电力来源，将间接增加水资源的消耗和污染。

2. 绿电对环境的影响

（1）低碳排放。绿电通过可再生能源进行发电，其碳排放量远低于煤电。新能源汽车使用绿电作为电力来源，将大大降低碳排放量，有助于减缓全球气候变暖的趋势。

（2）空气质量改善。可再生能源发电过程中不排放硫氧化物、氮氧化物和颗粒物等污染物，对空气质量的影响较小。新能源汽车使用绿电作为电力来源，将有助于提高空气质量，减少雾霾等环境问题。

（3）水资源节约与保护。可再生能源发电过程中对水资源的需求较低，且产生的废水较少。新能源汽车使用绿电作为电力来源，将减少水资源的消耗和污染，有助于保护水资源。

3. 结论

新能源汽车的用电来源对环境有显著影响。使用煤电作为电力来源将增加碳排放量、加剧空气污染和水资源消耗与污染；而使用绿电作为电力来源具有低碳排放、提高空气质量和节约水资源的优势。因此，在推动新能源汽车发展的过程中，应优先推广使用绿电作为电力来源，减少煤电的使用量，以实现新能源汽车产业的可持续发展。同时，政府和企业应加大可再生能源的开发和利用力度，提高绿电的占比，为新能源汽车的用电来源提供更多的选择。

2.5 新能源汽车的推广应用与案例分析

2.5.1 新能源汽车的推广应用策略

新能源汽车作为绿色出行的代表,其在环境保护和能源转型方面发挥着至关重要的作用。然而,尽管新能源汽车具有诸多优势,其市场普及率仍然受到诸多因素的制约。

1. 加大政策扶持力度

政策是推动新能源汽车发展的重要力量。政府应进一步加大政策扶持力度,通过财政补贴、税收优惠、购车指标倾斜等措施,降低新能源汽车的购买成本和使用成本,激发消费者的购买热情。同时,建立健全新能源汽车产业发展规划和标准体系,为产业健康发展提供有力保障。

2. 加强基础设施建设

充电设施是新能源汽车推广应用的关键环节。政府和企业应共同推进充电设施建设,提高充电设施的覆盖率和便利性。在城市规划中,应充分考虑新能源汽车充电需求,合理规划充电站布局,同时鼓励在企事业单位、居民小区等场所建设充电桩,方便新能源汽车充电。

3. 推动技术革新与升级

技术创新是新能源汽车发展的核心驱动力。政府和企业应加大对新能源汽车技术研发的投入,提高电池能量密度、充电速度等关键技术指标,降低制造成本,提升新能源汽车的性能和竞争力;同时,推动新能源汽车与智能化、网联化等技术的融合,提升用户体验,增强市场吸引力。

4. 加强市场宣传与教育

市场宣传和教育是提升新能源汽车认知度和接受度的重要途径。企业应通过媒体宣传、公益活动、试驾体验等方式,普及新能源汽车的优势和使用方法,提高公众对新能源汽车的认知度和接受度;同时,加强消费者教育和培训,提升消费者对新能源汽车的使用和维护能力,确保新能源汽车安全、高效运行。

5. 深化产学研合作与创新

产学研合作是推动新能源汽车技术创新和产业发展的重要途径。高校、研究机构和企业应加强合作与交流,共同开展新能源汽车关键技术的研发和创新。通过合作研发、技术转让、人才培养等方式,实现资源共享和优势互补,推动新能源汽车技术的快速进步和产业化应用。

新能源汽车的推广应用是一个系统工程,需要政府、企业和社会各方的共同努力。加大政策扶持力度、加强基础设施建设、推动技术革新与升级、加强市场宣传与教育、深化产学研合作与创新等策略的实施,将有力推动新能源汽车的普及和应用。

2.5.2 新能源汽车的推广案例分析

新能源汽车作为汽车产业的创新力量，逐步改变人们的出行方式和能源结构。推广新能源汽车不仅有助于缓解能源压力、减少环境污染，还能促进汽车产业的可持续发展。下面选取几个具有代表性的新能源汽车推广案例进行分析，以期为新能源汽车的推广提供有益的借鉴和参考。

案例一：公共交通领域的新能源汽车推广

某城市在公共交通领域大力推广新能源汽车，采取了以下措施。

（1）政府制定了相关政策和补贴措施，鼓励公交企业采购新能源汽车。

（2）公交企业积极响应政策，采购了大量新能源汽车用于公交线路运营。

（3）政府建设了一批新能源汽车充电站，为新能源汽车的运行提供了便利。

通过这些措施的实施，该城市的新能源汽车数量快速增长，公共交通领域的能源消费结构得到优化。新能源汽车的推广带动了相关产业链的发展，为城市的经济增长注入了新的动力。

案例二：共享出行领域的新能源汽车推广

某共享出行平台在推广新能源汽车方面取得了显著成效。该平台与新能源汽车制造商合作，共同研发适用于共享出行的新能源汽车。平台通过优化调度算法和运营模式，提高了新能源汽车的使用效率和便利性。此外，该平台还积极推广新能源汽车的使用文化，通过举办各种活动和宣传，提高公众对新能源汽车的认知度和接受度。这些措施使得该平台的新能源汽车数量快速增长，新能源汽车成为城市出行的新选择。

案例三：私人购车领域的新能源汽车推广

随着新能源汽车技术的不断进步和成本的不断降低，越来越多的消费者开始选择购买新能源汽车。一些汽车制造商针对私人购车市场推出了多款新能源汽车产品，并通过各种营销策略吸引消费者。

例如，某汽车制造商通过提供优惠购车政策、免费充电服务等措施，吸引消费者购买其新能源汽车产品。同时，该制造商积极开展新能源汽车试驾活动，让消费者亲身体验新能源汽车的优势和魅力。

这些措施的实施不仅使该制造商的新能源汽车销量大幅提升，还提升了品牌形象和市场竞争力。

对以上三个案例进行分析，可以得出以下结论和启示。

（1）政策扶持是新能源汽车推广的关键因素。政府应制定相关政策和补贴措施，为新能源汽车的推广提供有力支持。

（2）产业链协同是新能源汽车推广的重要条件。汽车制造商、充电设施运营商等各方应加强合作，共同推动新能源汽车产业的发展。

（3）提高公众对新能源汽车的认知度和接受度是推广新能源汽车的重要手段。通过宣传、教育等方式，提高公众对新能源汽车的认识和了解，有助于促进新能源汽车的普及和应用。

综上所述，新能源汽车的推广需要政府、企业和社会各方的共同努力和协作。制定合理的政策、加强产业链协同、提高公众认知度等措施的实施，将推动新能源汽车的广泛应

用和发展，为实现绿色出行和可持续发展作出积极贡献。

2.5.3 新能源汽车面临的挑战与对策

随着全球气候变化问题日益严峻和能源结构转型日益紧迫，新能源汽车作为环保、节能的重要解决方案，受到了广泛的关注和推动。然而，在快速发展的过程中，新能源汽车面临诸多挑战。

1. 新能源汽车面临的挑战

（1）技术瓶颈。新能源汽车的发展受限于其关键技术，包括电池能量密度、驱动系统效率及智能控制技术等。当前，新能源汽车的电池续驶里程较短，难以满足长途出行和大规模应用的需求。电池的安全性和稳定性问题也亟待解决。此外，新能源汽车的驱动系统效率和智能控制技术有待进一步提升。

（2）成本较高。新能源汽车的成本问题是制约其推广的重要因素。在新能源汽车制造过程中涉及大量的新材料、新工艺和新技术，故其制造成本较高。此外，新能源汽车的维修和保养成本较高，增加了消费者的使用负担。

（3）充电设施不足。充电设施不足是新能源汽车推广的一大难题。当前，新能源汽车的充电设施建设滞后、充电站点分布不均匀、充电较慢，难以满足新能源汽车的充电需求。这在一定程度上限制了新能源汽车的使用范围。

（4）市场接受度低。市场接受度是新能源汽车面临的一个挑战。新能源汽车的售价较高，消费者对其性能及使用寿命等方面存在疑虑，导致其市场接受度较低。此外，新能源汽车的驾驶方式和维护方式与传统燃油汽车不同，需要消费者适应和学习。

（5）政策体系不完善。政策环境对新能源汽车的发展有重要意义。新能源汽车产业的发展需要政府的支持和推动，包括财政补贴、税收优惠、购车指标倾斜等政策措施。然而，目前一些地区的政策体系尚不完善，对新能源汽车的支持力度不够，制约了新能源汽车的发展。

2. 新能源汽车应对挑战的对策

为了克服新能源汽车面临的挑战，促进新能源汽车的健康发展，需要制定相应的对策。

（1）加大技术研发力度，突破技术瓶颈。新能源汽车的发展离不开技术的支撑。针对当前新能源汽车在电池能量密度、充电速度等方面存在的技术瓶颈，应加大技术研发力度，推动技术创新。政府和企业应加大对新能源汽车技术的研发投入，加强产学研合作，鼓励科技创新和成果转化。同时，加强国际合作与交流，引进国际先进技术和管理经验，提升我国新能源汽车的技术水平。

（2）优化成本结构，降低购车和使用成本。为了降低新能源汽车的购车和使用成本，应优化新能源汽车的成本结构。首先，通过技术创新和规模效应，降低新能源汽车的制造成本。其次，利用政策手段，如财政补贴、税收优惠等，降低消费者的购车成本。此外，还应加强充电设施建设，提高充电设施的覆盖率和便利性，降低新能源汽车的使用成本，增强新能源汽车的市场竞争力。

（3）完善充电设施建设，提升充电便利性。为了提升充电便利性，应加快充电设施的建设和布局。在城市规划中，应充分考虑新能源汽车的充电需求，合理布局充电站点，提高充电设施的覆盖率。同时，加强充电设施的维护和管理，确保充电设施的正常运行和安全可靠。此外，推动充电设施的智能化和网联化，提高充电效率和服务水平，提升用户体验。

（4）加强宣传和推广，提高市场认知度和接受度。新能源汽车作为新兴产业，其市场认知度和接受度仍有待提高。为了扩大市场份额，应加强宣传和推广工作。首先，通过媒体渠道加强新能源汽车的普及宣传，提高公众对新能源汽车的认知度。其次，举办新能源汽车展示、试驾体验等活动，让消费者亲身感受新能源汽车的优势和便利性。此外，加强新能源汽车的品牌建设和市场推广，提升品牌影响力和市场竞争力。

（5）建立健全政策体系，提供有力保障。为了推动新能源汽车的健康发展，应建立健全政策体系，提供有力保障。首先，制定和完善新能源汽车的相关法规及标准，规范市场秩序和产业发展。其次，加大政策扶持力度，通过财政补贴、税收优惠等措施，降低新能源汽车的购车成本和使用成本。此外，加强政策协调和配合，形成政策合力，推动新能源汽车快速发展。

随着技术的不断进步和市场的日益成熟，新能源汽车将逐渐成为主流出行方式。在政府、企业和社会的共同努力下，新能源汽车将实现更广泛、更深入的应用，为环境保护和能源转型作出更大的贡献。

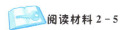 阅读材料 2 - 5

市政领域推广使用新能源汽车的可行性

随着全球气候变化问题日益严峻和环保意识的增强，新能源汽车作为低碳环保的交通工具，越来越受到社会各界的关注。市政领域作为城市建设和管理的关键部门，其交通工具的选择对推动城市绿色发展有重要意义。

1. 市政领域推广使用新能源汽车的优势

（1）环保减排。新能源汽车采用电力或氢燃料等清洁能源作为动力源，相较于传统燃油汽车，其尾气排放量大大减少，有助于提高城市空气质量，降低空气污染物的排放量。

（2）节能减排。新能源汽车的能源利用效率更高，能够实现能量的高效转化和利用，从而降低能源消耗。在市政领域推广使用新能源汽车，有助于降低城市能源消耗、提高能源利用效率。

（3）提升城市形象。市政领域采用新能源汽车作为交通工具，能够展现城市绿色发展的理念，提升城市形象。新能源汽车的普及还能够提高市民的环保意识，促进城市可持续发展。

2. 市政领域推广使用新能源汽车的可行性分析

（1）技术可行性。目前，新能源汽车技术已经相对成熟，具备了在实际应用中推广的条件。市政领域可以根据实际需求选择适合的新能源汽车类型，如纯电动公交车、纯电动环卫车等。

（2）经济可行性。虽然新能源汽车的初期购置成本可能高于传统燃油汽车，但从长远来看，其运营成本更低。新能源汽车的能源利用效率更高、维护成本更低，且随着技术的进步和市场的扩大，新能源汽车的购置成本将逐渐降低。因此，从经济角度来看，市政领域推广使用新能源汽车是可行的。

（3）政策可行性。政府对新能源汽车的推广给予了大力支持，出台了一系列政策鼓励新能源汽车的发展和应用，对新能源汽车的购置给予补贴、提供充电设施建设支持等。这些政策为市政领域推广使用新能源汽车提供了有力保障。

3. 面临的挑战与对策

（1）充电设施建设不足。目前，新能源汽车的充电设施建设相对滞后，市政领域在推广使用新能源汽车时，需要加快充电设施的建设步伐。可以通过引入社会资本、加强政策支持等方式，推动充电设施的建设和运营。

（2）市民接受度不高。新能源汽车的技术较新，市民对其接受度可能不高。市政领域在推广使用新能源汽车时，需要加强宣传教育，提高市民的环保意识和对新能源汽车的认知度。同时，可以通过提供试驾、体验等活动，让市民更加直观地了解新能源汽车的优势。

（3）运营管理问题。新能源汽车的运营管理需要专业的人员和技术支持。市政领域在推广使用新能源汽车时，需要加强人才培训和技术研发，提高运营管理水平。同时，可以借鉴其他城市的成功经验，加强与其他城市的交流与合作。

4. 结论

市政领域推广使用新能源汽车是可行的，具有显著的环保减排、节能减排和提升城市形象的优势。虽然市政领域推广使用新能源汽车面临充电设施建设不足、市民接受度不高和运营管理问题等挑战，但通过加强政策支持、宣传教育和运营管理等方面的努力，这些问题可以得到有效解决。因此，市政领域应积极推动新能源汽车的推广和应用，为实现城市绿色发展作出贡献。

2.6 新能源汽车品牌介绍

2.6.1 比亚迪

比亚迪作为我国乃至全球新能源汽车市场的领导者之一，凭借其卓越的技术实力和产品优势，在新能源汽车领域取得了显著成就。比亚迪不仅拥有从电池到整车的全产业链核心技术，而且其产品线涵盖纯电动汽车、混合动力汽车和燃料电池电动汽车等领域，为消费者提供了丰富的选择。图2-2所示为比亚迪混合动力汽车。

1. 技术实力

（1）电池技术。比亚迪的电池技术是其核心竞争力之一。公司通过自主研发，掌握了

图 2 - 2　比亚迪混合动力汽车

先进的电池制造技术，包括锂离子蓄电池、磷酸铁锂蓄电池等。这些电池具有高能量密度和安全性、长使用寿命等优点，为比亚迪新能源汽车的出色性能提供了有力保障。

（2）驱动技术。在驱动技术方面，比亚迪拥有纯电动和混合动力两种成熟的技术方案。纯电动汽车采用高效的电机和电控系统，具有零排放、低噪声、加速快等特点；混合动力汽车通过发动机和电动机的协同工作，实现了更高的能效和更低的油耗。

（3）智能化技术。比亚迪在新能源汽车的智能化方面取得了显著进展。公司自主研发的智能驾驶辅助系统、车联网技术等，提高了汽车的智能化水平和驾驶安全性。

2. 产品线介绍

（1）纯电动汽车。比亚迪的纯电动汽车产品线包括多款车型，如秦 EV、汉 EV 等。这些车型均采用比亚迪自主研发的电池和驱动技术，具有出色的性能表现和续驶里程。

（2）混合动力汽车。比亚迪的混合动力汽车产品线同样丰富，包括秦 Pro DM、唐 DM 等车型。这些车型通过发动机和电动机的协同工作，实现了更高的能效和更低的油耗，同时保留了传统燃油汽车的驾驶方式。

（3）燃料电池汽车。比亚迪积极探索燃料电池汽车领域。虽然目前市场上的燃料电池汽车较少，但比亚迪已经具备一定的技术储备和研发实力，未来有望推出更多具有竞争力的燃料电池汽车产品。

3. 市场地位

凭借强大的技术实力和产品优势，比亚迪在全球新能源汽车市场占据了重要地位。公司的产品线丰富、质量可靠、性能卓越，赢得了消费者的广泛认可和信赖。同时，比亚迪积极参与国际市场竞争，不断扩大其品牌影响力和市场份额。

总之，比亚迪作为全球新能源汽车市场的领导者之一，凭借其在电池、驱动、智能化技术等方面的优势和丰富的产品线，不断推动新能源汽车行业的发展和创新。

2.6.2　特斯拉

特斯拉作为全球知名的电动汽车制造商，自进入我国市场以来，凭借独特的设计、卓越的性能和先进的自动驾驶技术赢得了我国消费者的广泛喜爱和认可。特斯拉在我国市场的成功，不仅为其带来了可观的收益，还推动了我国新能源汽车行业的整体发展。图 2 - 3所示为特斯拉汽车。

图 2 - 3　特斯拉汽车

1. 特斯拉在中国市场的特色

（1）独特设计。特斯拉纯电动汽车在设计上独树一帜，简洁、流线型的外观深受消费者的喜爱。同时，特斯拉注重内饰的豪华与舒适，为驾乘人员提供高品质的驾乘体验。

（2）卓越性能。特斯拉纯电动汽车在性能上表现出色，拥有强大的动力输出和优异的续驶能力，从而满足消费者在日常通勤、长途旅行等场景下的需求。

（3）先进自动驾驶技术。先进自动驾驶技术是特斯拉在新能源汽车领域的一大亮点。通过先进的传感器、摄像头和算法，特斯拉纯电动汽车能够实现自动驾驶和辅助驾驶功能，提高了驾驶的便捷性和安全性。

2. 特斯拉在我国市场的成功因素

（1）质量保障。特斯拉严格把控产品质量，从生产到交付都经过严格的质量检测。这使特斯拉纯电动汽车在质量上得到了消费者的认可，树立了良好的品牌形象。

（2）营销策略。特斯拉在我国市场采取了一系列有效的营销策略，包括线上线下融合的销售模式、创新的用户体验活动等，从而更好地与消费者沟通互动，提升品牌知名度和美誉度。

（3）政策支持。我国政府对新能源汽车行业给予了大力支持和政策优惠。特斯拉作为新能源汽车领域的佼佼者，自然成为受益者。这些政策支持为特斯拉在我国市场的发展提供了有力保障。

3. 特斯拉对我国新能源汽车行业的影响

（1）技术引领。特斯拉在新能源汽车领域的技术创新和领先地位，为我国新能源汽车企业提供了技术参考和借鉴。我国的许多企业纷纷加强技术研发投入，提高产品的质量和性能。

（2）市场推动。特斯拉在我国市场的成功，激发了消费者对新能源汽车的兴趣和需求，越来越多的消费者开始关注并购买新能源汽车，推动了新能源汽车市场的快速发展。

（3）产业协同。特斯拉进入我国市场后，与我国的众多供应商和合作伙伴建立了紧密的合作关系，不仅促进了产业链的协同发展，还带动了相关产业的转型升级。

特斯拉在我国市场的成功，不仅体现了其强大的品牌实力和市场竞争力，还为我国新能源汽车行业的发展注入了新的活力和动力。期待特斯拉能够继续为我国消费者带来更多高质量、高性能的纯电动汽车产品，也期待我国新能源汽车行业能够迎来更加广阔的发展前景。

2.6.3 蔚来

随着新能源汽车市场的迅速发展，蔚来作为我国新能源汽车市场的新兴力量，以其高端定位、优质服务和智能化技术逐渐赢得了市场的认可。蔚来注重用户体验，提供全方位的服务，致力于为消费者打造高质量的纯电动汽车产品。图2-4所示为蔚来汽车。

图2-4 蔚来汽车

1. 定位与服务

（1）高端定位。蔚来从成立之初就定位于高端市场，其产品设计、用料及配置都体现了高端的品质和质感。这种定位使蔚来拥有较高的品牌知名度和美誉度。

（2）优质服务。蔚来注重提供优质的服务体验。从售前咨询、试驾体验到售后服务、维修保养，蔚来都致力于为消费者提供全方位、细致入微的服务。此外，蔚来汽车还推出了独特的"换电"服务，解决了电动汽车充电时间长、充电设施不足等问题，提高了消费者的使用便利性和满意度。

（3）智能化技术。蔚来在智能化技术方面表现出色。其车载系统、自动驾驶辅助系统、车联网等技术都达到了行业领先水平。这些技术的应用不仅提高了汽车的安全性、舒适性和便捷性，还为消费者带来了更智能、更便捷的出行体验。

2. 用户体验

蔚来注重用户体验，从产品设计到服务流程都充分考虑了消费者的需求和感受。蔚来汽车的车载系统简单易用，界面设计美观大方；自动驾驶辅助系统能够根据道路和交通状况自动调整车速及车道，提高了驾驶的安全性和舒适性；车联网技术能够实现远程控制、语音控制等功能，使驾驶更加便捷。

此外，蔚来还通过线上社区、线下活动等方式与用户保持密切的互动。蔚来的用户社区汇聚了大量热爱纯电动汽车、关注蔚来汽车的消费者和车主，他们在社区中分享使用经验、交流心得、提出改进建议等，为蔚来的产品和服务提供了宝贵的反馈及建议。

3. 未来发展

蔚来作为我国新能源汽车市场的新兴力量，将继续秉承"以用户为中心"的理念，不断推出高质量、高性能的纯电动汽车产品。蔚来还将加强技术研发和创新能力，不断提升

产品的智能化、电动化水平，以满足消费者日益增长的出行需求。

此外，蔚来还将加强与国内外合作伙伴的合作与交流，共同推动新能源汽车行业的发展和进步。蔚来将积极参与全球新能源汽车市场的竞争与合作，为我国新能源汽车行业的崛起贡献自己的力量。

蔚来作为我国新能源汽车市场的新兴力量，以其高端定位、优质服务和智能化技术赢得了市场的认可。蔚来注重用户体验和产品质量，不断推出高质量的纯电动汽车产品。未来，蔚来将继续保持创新精神和进取精神，不断推动新能源汽车行业的发展和进步。

2.6.4　小鹏汽车

在新能源汽车市场竞争日趋激烈的今天，小鹏汽车以其创新的设计、智能化的技术和良好的质量逐渐崭露头角，成为我国新能源汽车市场的新锐品牌。小鹏汽车注重智能化和互联网技术的融合，不断推出符合消费者需求的高质量产品，致力于为用户带来更便捷、更智能的出行体验。图 2-5 所示为小鹏汽车。

图 2-5　小鹏汽车

1. 创新设计

小鹏汽车在设计上追求创新与突破，通过独特的外观设计和精致的内饰布局，展现了品牌的独特魅力。其线条流畅，造型时尚，符合现代审美趋势。小鹏汽车还注重车内空间的合理利用，以提供舒适的驾乘环境，使用户在享受驾驶乐趣的同时，感受到家的温馨与舒适。

2. 智能化技术

作为新能源汽车市场的新锐品牌，小鹏汽车在智能化技术方面拥有显著优势。其车载系统搭载了先进的自动驾驶辅助系统、车联网技术和语音识别技术等，使驾驶更便捷、更安全。通过智能化技术的应用，小鹏汽车能够实时收集车辆数据，为用户提供精准的导航、交通信息和车辆状态反馈等服务，使用户的出行更智能、更高效。

3. 互联网技术融合

小鹏汽车注重智能化和互联网技术的融合，将互联网思维贯穿于产品研发、生产和销售的全过程。通过与互联网企业的合作，小鹏汽车能够获取更多用户数据，了解用户的需求和喜好，不断优化产品和服务。小鹏汽车还积极拓展线上销售渠道，通过电商平台、社交媒体等途径与用户保持密切互动，提高品牌知名度和增强用户黏性。

4. 用户体验

小鹏汽车始终将用户体验放在首位，通过不断优化产品和服务，提升用户的满意度和忠诚度。其新能源汽车产品在续驶里程、加速性、操控稳定性等方面均表现出色，使用户能够享受到更愉悦、更安全的驾驶体验。小鹏汽车还提供贴心的售后服务和维修保养服务，解决用户在使用过程中遇到的各种问题，使用户无后顾之忧。

5. 未来发展

随着新能源汽车市场的不断发展和政策扶持力度的加大，小鹏汽车将迎来更广阔的发展空间和更多的发展机遇。未来，小鹏汽车将继续保持创新精神和进取精神，不断推出符合市场需求的高质量产品，加强技术研发和创新能力，提升产品的智能化、电动化水平。小鹏汽车还将加强与国际知名企业的合作与交流，共同推动新能源汽车行业的发展和进步。

小鹏汽车作为我国新能源汽车市场的新锐品牌，凭借创新的设计、智能化的技术和良好的质量赢得了市场的关注。小鹏汽车注重智能化和互联网技术的融合，致力于为用户带来更便捷、更智能的出行体验。未来，小鹏汽车将继续努力前行，在新能源汽车市场上展现更加卓越的表现。

2.6.5　理想汽车

在新能源汽车市场持续升温的背景下，理想汽车以独特的增程式电动汽车技术成为我国新能源汽车市场的"一匹黑马"。其凭借先进的技术、卓越的用户体验和可靠的产品质量获得了市场的广泛认可，为用户提供了更舒适、更环保的出行方式。图2-6所示为理想汽车。

图2-6　理想汽车

1. 增程式电动技术：核心竞争力

理想汽车的核心竞争力在于其增程式电动技术。该技术结合了传统燃油汽车的续驶能力和纯电动汽车的环保性能，实现了高效、节能、环保的出行。增程式电动汽车在电池电量耗尽时，可以通过内置的增程器（通常为小型发动机）为电池充电，从而大幅度延长汽车的续驶里程，消除用户对电动汽车续驶能力的担忧。

2. 用户体验：精心打造

理想汽车注重用户体验，从产品设计、生产到销售服务，每个环节都力求做到最好。其外观时尚、内饰豪华，同时提供丰富的智能互联功能，如语音控制、自动驾驶辅助等，让驾驶变得更便捷、更智能。此外，理想汽车还提供了周到的售后服务，包括道路救援、维修保养等，确保用户在用车过程中得到无忧的体验。

3. 产品质量：可靠稳定

理想汽车在产品质量方面下足了功夫。其采用高质量的材料和零部件，并经过严格的测试和检验，以确保产品的可靠性和稳定性。此外，理想汽车还建立了完善的质量管理体系，对生产过程进行全程监控和质量控制，确保每辆出厂的汽车都符合高质量的标准。

4. 推动环保出行

理想汽车致力于为用户提供更加环保的出行方式。其增程式电动汽车在行驶过程中，可以大幅度降低碳排放量，减小对环境的影响。理想汽车还积极推广绿色出行理念，倡导用户选择低碳、环保的出行方式，共同为保护地球环境贡献力量。

5. 未来发展展望

随着新能源汽车市场的不断发展和政策扶持力度的加大，理想汽车将面临更广阔的发展空间和更多的发展机遇。未来，理想汽车将继续加强技术创新和研发投入，不断提升产品的智能化、电动化水平。理想汽车还将加强与国际知名企业的合作与交流，共同推动新能源汽车行业的发展和进步。

理想汽车作为我国新能源汽车市场的"一匹黑马"，凭借独特的增程式电动技术、卓越的用户体验和可靠的产品质量，赢得了市场的广泛认可。未来，理想汽车将继续秉承创新、环保、智能的理念，为用户提供更舒适、更环保的出行方式，为新能源汽车行业的发展贡献更多力量。

2.6.6 小米汽车

在科技浪潮奔涌向前的当下，新能源汽车领域正经历着前所未有的变革。小米，这个在科技界熠熠生辉的品牌，带着满腔热忱与深厚技术底蕴跨界入局汽车行业，宛如一颗新星，在新能源汽车的天空中闪耀登场，开启一段充满无限可能的征程。图2-7所示为小米汽车。

图2-7　小米汽车

1. 核心特点：科技赋能的极致体验

小米汽车以智能化、高性能和用户生态为核心，搭载自研澎湃 OS 系统，实现"手机-车机-家居"全面互联，打造五屏联动与场景化智能体验。其智能驾驶技术采用先进算法，融合多传感器构建高精度环境感知，支持城市与高速全场景智能驾驶，并通过 OTA（over the air）持续升级。此外，小米汽车延续"感动人心、价格厚道"的品牌基因，以高性价比策略切入市场，满足消费者对智能出行的多元需求。

2. 行业影响：重塑竞争格局与技术标杆

小米汽车的入局加剧了新能源汽车市场的竞争，推动行业技术迭代与产品升级。其全栈自研的智能驾驶、智能座舱等核心技术，为行业树立了新的技术标杆。同时，小米汽车凭借强大的品牌影响力和用户基础，吸引了大量年轻消费者，将潜在观望需求转化为订单，促使其他车企加快新能源车型的研发与推出，进一步推动整个行业的智能化、电动化进程。

3. 生态协同：构建"人-车-家"全生态闭环

小米汽车依托小米集团庞大的用户基础和强大的品牌影响力，通过澎湃智能座舱打造"人-车-家"全生态闭环。其智能座舱系统支持语音控制家电、多屏联动等场景，实现了汽车与智能手机、智能家居等设备的无缝互联。这种生态协同效应不仅提升了用户的智能体验，还为小米汽车在新能源汽车市场中赢得了独特的竞争优势，未来有望吸引更多消费者选择小米汽车，进一步巩固其市场地位。

4. 未来趋势：产能扩张与技术深化

小米汽车未来将通过"盘活存量＋新建产能"双线推进产能布局，计划在武汉建设第二生产基地，与北京工厂形成南北协同，以满足市场不断增长的需求。在技术方面，小米汽车将持续加大研发投入，重点发展电驱系统、智能驾驶等关键技术，推动 L4 级自动驾驶的普及，并构建跨平台数据中心，实现个性化驾驶模式和生态服务联动，为用户带来更卓越的驾驶体验。

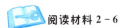 阅读材料 2-6

品牌对新能源汽车发展的作用

随着全球气候变化问题日益严峻和环保意识的增强，新能源汽车市场逐渐崛起，并成为汽车产业的重要发展方向。品牌作为企业形象的代表和市场竞争力的体现，在新能源汽车的发展过程中扮演着至关重要的角色。

1. 品牌认知对新能源汽车发展的作用

（1）提升市场竞争力。品牌认知是消费者对品牌的了解程度和认识深度。一个强大的品牌能够提升新能源汽车在市场中的竞争力，使其在消费者心中形成独特的形象和价值。品牌认知度高的新能源汽车更容易被消费者接受和认可，从而提高销量和市场占有率。

（2）促进消费者选择。品牌认知对消费者的购买决策有重要影响。在新能源汽车市场中，消费者往往面临众多选择。具有较高品牌认知度的新能源汽车更容易吸引消费者的注意力，从而增强消费者的购买意愿。品牌认知度直接关系到新能源汽车在市场中的表现。

2. 品牌信任对新能源汽车发展的作用

（1）增强消费者信心。品牌信任是消费者对品牌的一种信任感和依赖感。在新能源汽车领域，受技术复杂性和市场不确定性的影响，消费者往往对新能源汽车的性能和质量持怀疑态度。一个值得信赖的品牌能够增强消费者的信心，使消费者更加愿意尝试和购买该品牌的新能源汽车。

（2）降低市场风险。品牌信任可以降低新能源汽车在市场中的风险。当消费者对某个品牌产生信任时，他们更容易接受该品牌的新能源汽车，并愿意为其支付更高的价格。这种信任有助于减少市场中的不确定性和风险，为新能源汽车的发展创造更加有利的环境。

3. 品牌创新对新能源汽车发展的作用

（1）推动技术进步。品牌创新是推动新能源汽车技术进步的重要因素。一个具有创新精神的品牌能够不断研发新技术、推出新产品，满足消费者的需求。品牌创新能够激发整个行业的创新活力，推动新能源汽车技术的不断进步。

（2）塑造差异化优势。品牌创新有助于新能源汽车塑造差异化优势。在竞争激烈的市场中，一个具有创新精神的品牌能够打造出独具特色的新能源汽车产品，从而在市场中脱颖而出。这种差异化优势有助于提升新能源汽车的品牌价值和市场竞争力。

4. 结论

品牌对新能源汽车的发展具有不可替代的作用。品牌认知能够提升新能源汽车的市场竞争力和消费者选择意愿；品牌信任能够增强消费者的信心并降低市场风险；品牌创新能够推动技术进步和塑造差异化优势。因此，新能源汽车企业应该高度重视品牌建设，加强品牌管理和创新投入，为新能源汽车的可持续发展奠定坚实基础。

思考题

1. 新能源汽车的发展现状如何？它在全球汽车产业中的地位和影响力是怎样的？

2. 目前新能源汽车市场的竞争格局如何？各品牌的竞争策略和市场地位分别是怎样的？

3. 新能源汽车的产业链结构是怎样的？哪些环节是产业链中的关键环节？

4. 如何评估新能源汽车的能源利用效率？它与传统燃油汽车相比，在能效上有何提升？

5. 请列举几个新能源汽车的成功案例，并分析这些案例成功的关键因素和启示。

6. 新能源汽车在推广过程中面临哪些挑战？如何制定相应的对策来应对这些挑战？

【在线答题】

第**3**章
揭秘新能源汽车工程技术

 思维导图

揭秘新能源汽车工程技术

- 纯电动汽车
  - 纯电动汽车的定义、组成、原理、优缺点
  - 纯电动汽车的关键技术、设计要求
- 混合动力汽车
  - 混合动力汽车的定义、分类、组成、原理、优缺点
  - 混合动力汽车的关键技术、设计要求
- 燃料电池电动汽车
  - 燃料电池电动汽车的定义、组成、原理、优缺点
  - 燃料电池电动汽车的关键技术、设计要求
- 新能源汽车动力电池技术
  - 动力电池的类型、性能指标、结构类型
  - 锂离子蓄电池、电池管理系统、动力电池梯次利用
- 新能源汽车电驱动技术
  - 驱动电动机的类型与工作原理
  - 电动机控制器、电驱动系统
- 新能源汽车整车设计与制造
  - 新能源汽车整车设计流程与方法、整车性能分析与优化
  - 新能源汽车整车安全性与可靠性设计、整车制造工艺
- 新能源汽车零部件设计与制造
  - 新能源汽车零部件设计原则与要求、零部件制造工艺选择
  - 新能源汽车零部件制造设备选择、零部件质量控制与检测
- 新能源汽车整车测试与验证
  - 新能源汽车整车测试与验证的意义
  - 新能源汽车整车测试内容、验证的内容与方法
- 新能源汽车用户体验设计
  - 用户体验设计的定义与原则
  - 新能源汽车驾驶体验设计、充电体验设计、智能互联体验设计
  - 新能源汽车用户体验设计的趋势

【拓展视频】

教学目标

本章旨在使学生全面了解新能源汽车的基本概念、关键技术和工程应用，通过分析新能源汽车工程案例，培养学生将理论知识应用于实际工程问题的能力。学生应掌握纯电动汽车、混合动力汽车、燃料电池电动汽车的基本原理；熟悉新能源汽车动力电池技术和电驱动技术的最新发展；理解新能源汽车整车设计与制造、零部件设计与制造的流程与要点；熟悉整车测试与验证及用户体验设计。

导入案例

随着对新能源汽车行业的了解逐渐深入，我开始对新能源汽车的工程技术产生浓厚的兴趣。纯电动汽车、混合动力汽车、燃料电池电动汽车分别有什么特点？它们的工作原理和关键技术分别是什么？动力电池、电驱动技术处于什么水平？如何对新能源汽车整车、零部件进行设计和测试？用户体验设计是怎样的？希望在本章的学习中，我能够了解这些技术的奥秘与魅力，同时感受新能源汽车工程技术带来的挑战和机遇。

3.1　纯电动汽车

3.1.1　纯电动汽车的定义

纯电动汽车是指驱动能量完全由动力车载电源提供、由驱动电动机驱动、符合《中华人民共和国道路交通安全法》的汽车，如图 3-1 所示。

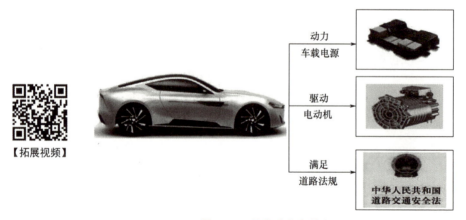

【拓展视频】

图 3-1　纯电动汽车的定义

在定义纯电动汽车时，需要注意以下几个关键事项，以确保定义的准确性和完整性。

1. 能源来源

纯电动汽车的核心是电力驱动，因此在定义时首先要明确其能源来源是电能。这意味着纯电动汽车必须完全依赖电池组来储存和提供电能，以驱动电动机工作。与传统燃油汽车相比，纯电动汽车不搭载发动机，因此不消耗燃油。

2. 动力系统

纯电动汽车的动力系统包括电池组、电动机、电控系统等关键部件。在定义时要强调这些部件的作用和重要性。电池组负责储存电能，是纯电动汽车的"心脏"；电动机将电能转化为机械能，驱动汽车行驶；电控系统负责控制电动机的运行，确保汽车安全、稳定运行。

3. 零排放特性

纯电动汽车在行驶过程中不产生尾气和噪声污染，这是其最大的优点。在定义纯电动汽车时，要强调其零排放的特性，以凸显其环保优势；还要注意避免与混合动力汽车混淆，因为混合动力汽车虽然也使用电能，但其还配备了发动机，会产生一定的尾气排放。

4. 续驶里程与充电设施

纯电动汽车的续驶里程和充电设施是消费者关注的重点问题。在定义时要客观描述纯电动汽车的续驶能力和充电设施的建设情况。虽然纯电动汽车的续驶里程较短，但随着技术的进步和电池容量的增大，其续驶里程逐步提高。同时，充电设施不断完善，将有更多的充电站和充电桩投入使用。

5. 技术发展与市场趋势

纯电动汽车作为新能源汽车的代表之一，其技术发展和市场趋势备受关注。在定义时要关注纯电动汽车的技术进步和市场变化。例如，电池技术的创新将进一步提高纯电动汽车的续驶里程和安全性，自动驾驶技术的发展将提升纯电动汽车的智能化水平，政策的支持将推动纯电动汽车市场的快速发展，等等。

3.1.2　纯电动汽车的组成

纯电动汽车主要由动力电池系统、电驱动系统、整车控制器、充电系统和辅助系统等组成，如图 3-2 所示。

1. 动力电池系统

动力电池系统是纯电动汽车的核心部件，主要包括动力蓄电池和电池管理系统。该系统承担着向驱动电动机提供电能的重要职责，确保纯电动汽车稳定运行；同时，电池管理系统可以实时监测动力蓄电池的使用情况（包括电量、温度、电压等关键参数），保证动力蓄电池的安全和使用寿命。此外，该系统还控制充电设备向动力蓄电池充电的过程，确保充电过程安全、高效。

2. 电驱动系统

电驱动系统也是纯电动汽车的核心部件，由驱动电动机、电动机控制器和变速器组

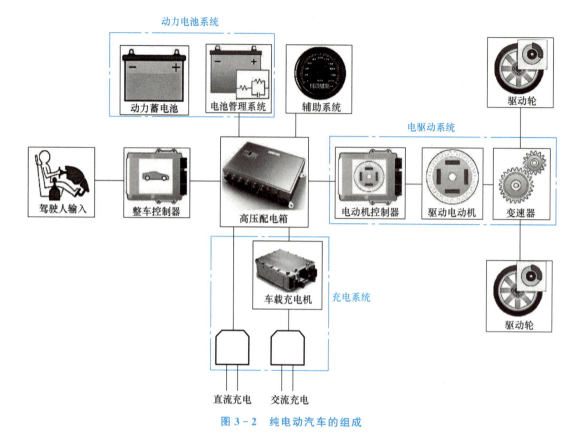

图 3 - 2　纯电动汽车的组成

成。其主要功能是向驱动轮提供必要的转矩，使汽车行驶。电驱动系统不仅是纯电动汽车唯一的动力来源，还通过电动机控制器精确控制驱动电动机，确保汽车在各种行驶状态下的稳定性和安全性。该系统的高效运作是实现纯电动汽车良好行驶性能的关键。

3. 整车控制器

整车控制器是纯电动汽车的中枢，它根据驾驶人输入的加速踏板和制动踏板的信号，向电动机控制器发出相应的控制指令，对驱动电动机进行起动、加速、减速、制动控制。在纯电动汽车减速和下坡滑行时，整车控制器配合电池管理系统进行发电回馈，使动力蓄电池反向充电。整车控制器还对动力蓄电池充放电过程进行控制；将与汽车行驶状况有关的速度、功率、电压、电流及有关故障诊断等信息传输到车载信息显示系统，进行相应的数字或模拟显示。

4. 充电系统

充电系统是纯电动汽车的重要组成部分，包含车载充电机、充电接口及地面充电设备。该系统的主要功能是为纯电动汽车的动力蓄电池提供充电服务，确保汽车续驶。车载充电机负责将外部电源的交流电转换为直流电，充电接口确保电源与汽车之间的安全连接，地面充电设备提供稳定、高效的充电环境。整个充电系统协同工作，确保电动汽车的充电效率和安全。

5．辅助系统

纯电动汽车的辅助系统日益完善，涵盖车载信息显示系统和多种电气设备。当前车载信息显示系统以仪表为主，未来将趋向智能座舱。辅助电气设备包括电动转向、导航、空调和照明等，随着自动驾驶级别的提升，线控底盘技术（如线控转向、制动和驱动等）将广泛应用，使辅助用电设备更加丰富。这些发展不仅可提升驾驶体验，还将推动纯电动汽车的智能化和网络化进程。

3.1.3　纯电动汽车的原理

图 3-3 所示为某纯电动汽车的工作原理。纯电动汽车的电能由动力蓄电池提供，并通过电网对动力蓄电池进行充电。纯电动汽车工作时，驾驶人控制加速踏板和制动踏板的行程，传感器将加速踏板、制动踏板机械位移的行程量转换为电信号，并将其输入整车控制器，整车控制器处理后向电动机控制器发出驱动信号，对驱动电动机进行起动、加速、减速、制动控制。当纯电动汽车行驶时，动力蓄电池输出的直流电经 DC/DC 变换器、电动机控制器转变为交流电后输送给驱动电动机，驱动电动机将电能高效地转换为驱动轮的动能，使车轮转动。当汽车制动减速或下坡滑行时，车轮带动驱动电动机转动，通过电动机控制器使驱动电动机成为交流发电机产生电流，再将交流电转变为直流电向动力蓄电池充电，回收制动能量。

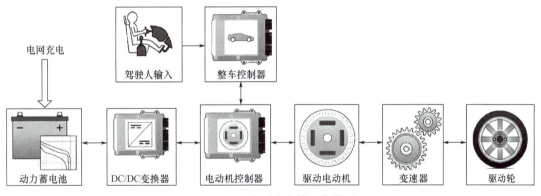

图 3-3　纯电动汽车的工作原理

纯电动汽车功能示意如图 3-4 所示，包含怠速停机、纯电驱动、回收制动能量和停车充电等。

1．怠速停机

纯电动汽车在停车等待或交通拥堵时，自动进入怠速停机状态，停止动力输出，有效节省电能。该功能通过先进的电子控制系统实现，不仅提升了能源利用效率，还减少了不必要的能耗和排放量。

2．纯电驱动

纯电驱动是纯电动汽车的基本功能，通过动力蓄电池提供电能，驱动电动机工作，从而推动汽车行驶。纯电驱动具有高效、环保、低噪声等优点，为驾乘人员提供舒适、安静

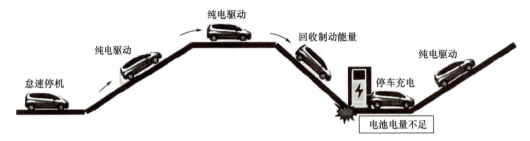

图 3 - 4　纯电动汽车功能示意

的驾乘环境。

3. 回收制动能量

纯电动汽车在减速或制动时，能够通过驱动电动机反转将制动能量转换为电能并储存到动力蓄电池中，实现能量回收。这一功能不仅提高了能源利用效率，还延长了汽车的续驶里程。

4. 停车充电

纯电动汽车支持停车充电，即在汽车停放时通过外接电源对动力蓄电池充电。该功能使得纯电动汽车的充电方式更加灵活多样，以满足不同用户的需求。同时，随着充电基础设施的完善，停车充电将越来越便捷。

综上所述，纯电动汽车具备怠速停机、纯电驱动、回收制动能量和停车充电等功能，这些功能的协同作用使纯电动汽车在环保、节能和高效方面表现卓越。

3.1.4　纯电动汽车的优缺点

1. 纯电动汽车的优点

（1）环保无污染。纯电动汽车在行驶过程中不产生尾气和噪声污染，对环境友好。传统燃油汽车在燃烧燃油时会产生大量的有害气体和温室气体，对空气质量和全球气候变暖产生严重影响。而纯电动汽车使用电能作为动力源，不排放有害气体和温室气体，有助于提高城市空气质量，减少环境污染。

（2）能源利用效率高。纯电动汽车的能源利用效率远高于传统燃油汽车。在电能转换为机械能的过程中，纯电动汽车的能量损失较小，因此能源利用效率更高。同时，纯电动汽车可以通过回收制动能量、优化行驶策略等进一步提高能源利用效率，降低能耗成本。

（3）节能成本低。纯电动汽车的节能成本较低。虽然纯电动汽车的购车成本较高，但考虑燃油价格的持续上涨和电力成本的稳定性，纯电动汽车在长期使用中的节能成本优势逐渐凸显。此外，随着电池技术的不断进步和充电设施的日益完善，纯电动汽车的购车成本和运营成本将进一步降低。

（4）动力性优越。纯电动汽车的动力性优越，加速响应迅速，驾驶体验更佳。驱动电动机的转矩大，能够提供出色的加速性能和爬坡能力。同时，纯电动汽车在行驶过程中噪声较小，乘坐舒适性更好。这些优点使得纯电动汽车在城市道路和高速公路等场景下提供出色的驾驶体验。

（5）智能化水平高。纯电动汽车通常配备先进的智能化系统（如自动驾驶辅助系统、智能互联系统等），不仅提高了驾驶的安全性和便利性，还为用户带来了更智能化、更个性化的出行体验。随着科技的不断进步和智能化水平的不断提高，纯电动汽车将成为未来主流出行形式。

（6）政策支持力度大。为了推动新能源汽车的发展和普及，各国政府纷纷出台了针对纯电动汽车的优惠政策，包括购车补贴、免费停车、免费充电等福利，使纯电动汽车在购车和使用过程中更具竞争力。此外，政府不断完善充电设施建设和电网基础设施建设，为纯电动汽车的普及提供了有力支持。

综上所述，纯电动汽车具有环保无污染、能源利用效率高、节能成本低、动力性优越、智能化水平高及政策支持力度大等优点，使纯电动汽车在新能源汽车市场中占据重要地位，并将在未来继续推动新能源汽车的发展和普及。

2. 纯电动汽车的缺点

（1）续驶里程限制。纯电动汽车的续驶里程比传统燃油汽车较短，这是其最大的缺点。虽然随着电池技术的进步，纯电动汽车的续驶里程逐步提高，但仍然难以满足长途旅行或持续高负荷运行的需求，使纯电动汽车在长途旅行或需要持续运行的场合下显得力不从心。

（2）充电设施不完善。纯电动汽车的充电设施不够完善，特别是在一些偏远地区或充电设施建设滞后的地区，充电站的数量和分布都难以满足用户需求。充电时间长且充电设施不便利，给用户使用带来了不便。此外，充电设施的建设和维护成本较高，给纯电动汽车的普及带来了一定的障碍。

（3）购车成本较高。纯电动汽车的购车成本普遍较高，这主要是因为电池技术的研发和制造成本较高。与传统燃油汽车相比，纯电动汽车在购车时需要支付更多费用。虽然政府为鼓励新能源汽车的推广提供了购车补贴等，但纯电动汽车的购车成本仍然较高，对一些消费者来说是一个不小的负担。

（4）电池寿命与回收问题。纯电动汽车的电池寿命较短，一般在数年之后就需要更换。而电池的回收和处理问题是一个亟待解决的难题。废旧电池的回收和处理不仅涉及环境保护问题，还涉及资源利用和经济效益等方面。目前，电池回收与处理技术和设施不够完善，给纯电动汽车的可持续发展带来了一定的挑战。

（5）维修与保养成本高。纯电动汽车的维修成本和保养成本较高。虽然电动机和电控系统的维护成本较低，但电池组的维修和更换成本很高。一旦电池组出现故障或损坏，就需要专业的技术和设备进行维修及更换，给车主带来不小的经济负担。此外，纯电动汽车的维修与保养需要专业的技术人员及设备支持，增加了维修与保养的难度和成本。

（6）充电速度和充电便捷性问题。尽管充电设施逐步完善，但纯电动汽车的充电速度和充电便捷性仍然不及传统燃油汽车的加油速度和加油站点的普及性。虽然快速充电能在一定程度上缩短充电时间，但与加油站的加油速度仍有差距。此外，快速充电设施的建设成本和维护成本较高，给充电便捷性的提升带来了一定的挑战。

综上所述，纯电动汽车在续驶里程、充电设施、购车成本、电池寿命与回收、维修与保养成本、充电速度和充电便捷性等方面存在不足。需要在推广和应用纯电动汽车时重视和解决这些问题，以促进新能源汽车产业的可持续发展。

3.1.5　纯电动汽车的关键技术

1. 电池技术

电池技术是纯电动汽车的核心，其性能直接决定了汽车的续驶里程、充电速度、安全性及使用寿命。目前，锂离子蓄电池以高能量密度、长使用寿命和较低的自放电率等优点，成为纯电动汽车的首选电池类型。未来的电池技术发展将聚焦于提高能量密度、降低成本、提高充电速度及提升安全性等方面。

2. 电动机与电控技术

电动机和电控系统是纯电动汽车的动力源和控制器，对汽车的动力性、经济性、舒适性及安全性有重要影响。高效、可靠的电动机能够提升汽车的加速性能及爬坡能力；而先进的电控系统能确保电动机在不同工况下高效、稳定运行。此外，电动机与电控技术的轻量化、智能化也是未来发展的重要方向。

3. 充电技术

充电技术是影响纯电动汽车使用便利性的关键因素。目前，快速充电和无线充电是两大热点技术。快速充电技术能够大幅度缩短充电时间，提高充电效率；而无线充电技术能实现汽车随停随充，提升使用便利性。此外，充电设施的完善和优化也是推动纯电动汽车普及的关键因素。

4. 轻量化技术

轻量化技术对提升纯电动汽车的性能和降低能耗有重要意义。采用轻质材料、优化结构设计等，可以降低汽车的整备质量，从而提升汽车的加速性能、减少能耗并延长续驶里程。目前，碳纤维、铝合金等轻质材料及模块化、集成化等设计理念在纯电动汽车的轻量化设计中得到了广泛应用。

5. 智能网联技术

智能网联技术是实现纯电动汽车智能化、自动化的基础。通过车载传感器、通信模块等，汽车可以实时获取周围环境信息、交通信息及用户需求等，从而实现智能决策、自动驾驶及远程控制等功能。智能网联技术还可以提高汽车的安全性和使用便利性，为用户提供更舒适、更便捷的出行体验。

6. 热管理技术

纯电动汽车在行驶过程中会产生大量热，如果不能及时有效地进行散热处理，就会影响电池、电动机等关键部件的性能和使用寿命。因此，热管理技术对确保纯电动汽车的稳定运行至关重要。设计合理的散热系统、采用先进的热管理技术（如液冷技术）等，可以确保汽车在高负荷行驶工况下的稳定性和可靠性。

总之，纯电动汽车的关键技术涵盖电池技术、电动机与电控技术、充电技术、轻量化技术、智能网联技术及热管理技术等方面。随着技术的不断进步和成本的降低，纯电动汽车的性能将不断提升，未来有望成为主流交通工具。

3.1.6　纯电动汽车的设计要求

1. 能源利用效率要求

纯电动汽车的核心在于电能驱动的能源系统，因此设计时要特别关注能源利用效率，具体要求包括以下内容。

（1）电池系统设计。应设计高能量密度的电池组，确保车辆在保持轻量化的同时拥有更长的续驶里程。此外，电池系统的充电速度和循环寿命也需达到一定标准，以提升用户的使用便利性。

（2）电动机系统设计。电动机应具有高效率和低能耗的特点，确保在提供足够动力的同时降低电能消耗。此外，还需充分考虑电动机系统的散热，以保证其持续、稳定运行。

2. 安全性要求

纯电动汽车的安全性至关重要，设计要求如下。

（1）碰撞安全性。车身结构设计需考虑碰撞安全性，采用高强度材料以提升汽车的整体结构强度。同时，需完善碰撞安全保护系统（如安全气囊、制动辅助等）。

（2）电池安全。电池系统应具备防火、防爆、防漏液等安全措施，确保在极端情况下不会对驾乘人员和汽车造成损害。此外，还需要充分考虑电池系统的热管理，以避免过热或由过热引起的事故。

（3）电气安全。电动汽车的电气系统较复杂，应设计合理的电气隔离和防护措施，避免电气故障对驾乘人员和汽车造成损害。

3. 舒适性要求

纯电动汽车的舒适性设计应关注以下几个方面。

（1）噪声控制。应有效控制电动机和电池系统的运行噪声，以提升驾乘人员的驾乘体验。

（2）悬架系统。设计合理的悬架系统，以提供平稳的行驶感受和良好的操控性。

（3）座椅和内饰。座椅和内饰材料应选用舒适、环保的材料，为驾乘人员提供舒适的驾乘环境。

4. 环保性要求

纯电动汽车的环保性是其区别于传统燃油汽车的重要特点，设计时应满足以下要求。

（1）零排放。汽车在行驶过程中不产生有害气体和温室气体，以实现真正的环保目标。

（2）废旧材料处理。设计时，应充分考虑汽车废弃后的材料处理和回收利用问题，以减少环境污染和资源浪费。

（3）生产过程中的环保要求。在汽车生产过程中应遵循环保原则，采用环保材料和环

保工艺，降低生产过程中的污染。

5. 智能化和网联化要求

随着智能化和网联化技术的不断发展，纯电动汽车应具备相应的智能化和网联化功能，具体要求包括以下内容。

（1）自动驾驶技术。汽车应具备一定的自动驾驶能力，以提高行驶安全性和操纵便利性。

（2）智能互联功能。汽车应具备与智能手机、智能家居等设备互联的能力，以提供更丰富的智能化服务。

（3）数据分析和远程控制。汽车应具备数据采集和分析功能，为驾驶人提供车辆状态监控、故障预警等服务；同时支持远程控制功能，如远程起动、关闭汽车等。

总之，纯电动汽车的设计要求涵盖能源利用效率、安全性、舒适性、环保性、智能化和网联化等方面。在设计过程中，需要充分考虑这些因素以满足用户的需求并顺应市场的发展趋势。

应用案例 3-1

纯电动汽车设计的典型案例

在全球汽车产业向绿色、低碳的方向发展之际，纯电动汽车凭借零排放、低噪声、高效能等优点逐渐成为市场中的佼佼者。下面以某款纯电动汽车的设计为例，围绕其设计理念、核心部分设计（电池系统和电驱动系统设计）、车身与底盘设计、智能化与网联化等方面展开介绍。

1. 车型概述

本款纯电动汽车设计定位是高性能的中型 SUV，旨在为消费者提供绿色、环保且富有驾驶乐趣的出行选择。由于采用创新的电池技术和高效的电驱动系统，以及先进的智能驾驶辅助系统，因此本款汽车在续驶里程、动力性、安全性等方面均达到了行业领先水平。

2. 电池系统设计

电池系统是纯电动汽车的核心组成部分，直接决定汽车的续驶里程和性能表现。本款汽车采用先进的锂离子蓄电池技术，通过优化电池组的结构设计、提高能量密度并引入智能热管理技术，实现了更高的续驶里程和更稳定的性能输出。

此外，电池系统还配备了智能充电技术，支持快速充电和无线充电等充电方式，大大提升了充电的便捷性和效率。

3. 电驱动系统设计

电驱动系统是纯电动汽车的动力来源，其性能直接决定汽车的加速性能和最高车速。本款汽车采用了高性能的电动机和先进的电控系统，通过精确控制电动机的输出转矩和转速，实现了快速响应和平稳的驾驶感受。

同时，电驱动系统具备能量回收功能，在汽车制动和减速过程中，将制动能量转换为电能并储存在电池组中，提高了能量利用效率和续驶里程。

4. 车身与底盘设计

车身与底盘设计也是纯电动汽车设计的重要方面。本款汽车采用了轻量化材料和优化设计，减轻了整车质量，提高了能效和操控性。车身结构经过优化设计，提高了碰撞安全性和乘坐舒适性。

在底盘设计方面，本款汽车采用了先进的悬架系统和制动系统，确保汽车在各种路况下稳定、安全行驶。同时，通过优化底盘布局和降低重心，进一步提升了汽车的操控性和稳定性。

5. 智能化与网联化

随着汽车智能化和网联化的发展，纯电动汽车需要具备相应的智能化和网联化功能。本款汽车配备了智能驾驶辅助系统，采用了车联网技术，具有远程服务等功能，为驾驶人提供更便捷、更安全和更智能的驾驶体验。

智能驾驶辅助系统通过高精度地图、雷达、摄像头等，实现自动泊车、自动巡航、行人检测等辅助功能，有效提高了驾驶的安全性和舒适性。车联网技术可以实现汽车与基础设施、其他汽车、行人的互联互通，为驾驶人提供更智能、更便捷的出行服务。

6. 结论

本案例是一款纯电动汽车的设计案例，详细说明了其电池系统设计、电驱动系统设计、车身与底盘设计、智能化与网联化等方面的特点。本款汽车通过采用先进的电池技术、电驱动系统和智能化技术等，为驾驶人提供高效、环保、安全的出行体验。随着技术的不断发展和完善，纯电动汽车在未来汽车市场中将占据更加重要的地位。

3.2 混合动力汽车

3.2.1 混合动力汽车的定义

混合动力汽车是指能够从至少两类车载储存的能量（可消耗的燃料、可再充电能/能量储存装置）中获得动力的汽车。混合动力汽车是内燃机汽车向纯电动汽车发展过程中的过渡车型，目前技术相对成熟。

混合动力系统的组成如图3-5所示，主要包括发动机、驱动电动机、动力耦合器和动力蓄电池。

在有发动机和驱动电动机两种动力的情况下，混合动力汽车的混合动力系统能够产生以下工作模式。

（1）发动机单独向驱动轮提供动力。该模式是发动机单独驱动模式，可应用于动力蓄电池几乎完全放电，而发动机没有剩余功率给动力蓄电池充电的情况；或动力蓄电池已经完全放电，而发动机能提供足够的动力满足汽车动力需求的情况。

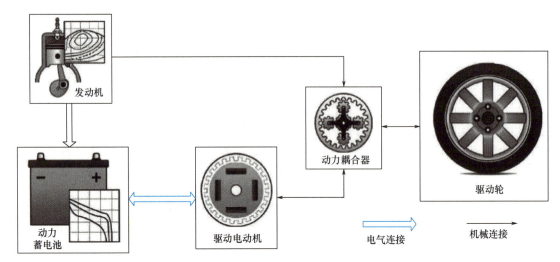

图 3 - 5　混合动力系统的组成

（2）驱动电动机单独向驱动轮提供动力。该模式是纯电驱动模式，此时发动机关闭，可应用于发动机不能有效运行的情况，如极低速状态或在严禁排放的区域内行驶。

（3）发动机和驱动电动机同时向驱动轮提供动力。该模式是混合驱动模式，可用于需要较大动力供给的场合，如急剧加速或爬陡坡。

（4）发动机向驱动轮提供动力，同时向动力蓄电池补充能量。该模式是发动机驱动汽车和向动力蓄电池充电同时存在的模式。

（5）发动机向驱动轮提供动力，同时驱动轮向动力蓄电池补充能量。该模式是发动机驱动汽车，同时借助汽车的质量给动力蓄电池充电的模式。

（6）发动机向动力蓄电池提供能量，同时驱动电动机向驱动轮提供动力。该模式是发动机向动力蓄电池充电，同时驱动电动机向驱动轮提供动力的模式。

（7）动力蓄电池从驱动轮获取能量（再生制动）。该模式是再生制动模式，借助电动机运行在发电机状态，汽车的动能或势能得以回收。回收的能量储存于动力蓄电池中，并在以后重复利用。

（8）动力蓄电池从发动机获取能量。该模式是发动机向动力蓄电池充电的模式，此时汽车处于停止、惯性滑行或小坡度下坡运行状态，没有动力应用于驱动轮或来自驱动轮。

（9）动力蓄电池同时从发动机和驱动轮获取能量。该模式是同时存在再生制动和发动机向动力蓄电池充电的模式。

混合动力汽车采用的工作模式取决于驱动系统的实际结构、动力系统的效率特性、驱动轮的负载特性等因素。不同厂家的混合动力汽车，其工作模式是有差别的。

3.2.2　混合动力汽车的分类

混合动力汽车可以按动力系统结构形式、油电混合度、外接充电能力分类。

1. 按动力系统结构形式分类

按动力系统结构形式，混合动力汽车可分为串联式混合动力汽车、并联式混合动力汽车及混联式混合动力汽车。

（1）串联式混合动力汽车。串联式混合动力汽车是指汽车行驶系统的驱动力只来源于驱动电动机的电动汽车，如图3-6所示。其典型结构特点是发动机带动发电机发电，动力耦合器（包括功率变换器）控制从动力蓄电池和发电机到驱动电动机的功率流，或反向控制从驱动电动机到动力蓄电池的功率流。发动机通过发电机产生的电能由控制器输送给驱动电动机或动力蓄电池，由驱动电动机驱动汽车，发动机不直接参与驱动汽车。

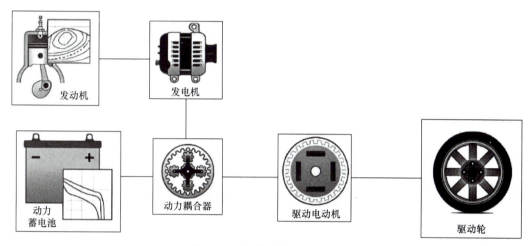

图3-6　串联式混合动力汽车

例如，广汽传祺GA5作为国内典型的串联式混合动力汽车，结构独特。其1.0L发动机仅充当增程器，并不直接参与驱动车辆，永磁同步电动机才是动力输出的核心。这种设计使汽车可在纯电驱动模式与混合驱动模式之间切换，既享纯电驱动的静谧，又无续驶之忧，有效提升能源利用效率，兼具出色的动力性与经济性。

（2）并联式混合动力汽车。并联式混合动力汽车是指汽车行驶系统的驱动力由驱动电动机及发动机同时或单独提供的电动汽车，如图3-7所示。其典型结构特点是并联式驱动系统可以单独使用发动机或驱动电动机作为动力源，也可以同时使用发动机和驱动电动机作为动力源驱动汽车行驶。电动机驱动时，动力蓄电池的电压经过DC/DC变换器转换，供给驱动电动机合适的电压。

例如，广汽传祺GA3S PHEV是国内一款知名的并联式混合动力汽车。它采用了先进的并联混合动力技术，将电动机和发动机共同连接至变速器，两者既可独立驱动又可共同输出动力。这一技术使汽车在保证强劲动力的同时，实现了更低的油耗和排放量。传祺GA3S PHEV不仅性能卓越，还具备智能化配置，为驾驶人带来舒适、便捷的驾驶体验。

（3）混联式混合动力汽车。混联式混合动力汽车具备串联式和并联式两种混合动力系统结构，如图3-8所示。其典型结构特点是既可以在串联模式下工作又可以在并联模式下工作，兼顾串联式混合动力汽车和并联式混合动力汽车的特点。

例如，比亚迪唐DM是国产混联式混合动力汽车的杰出代表。它融合了串联式与并联式混合动力系统的优点，通过智能控制系统实现发动机、电动机和电池组的高效协同。唐

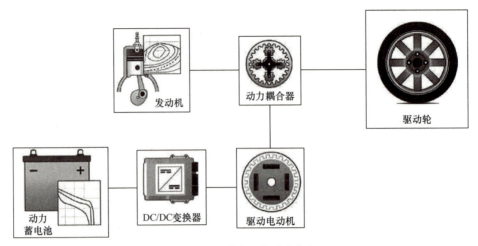

图 3 - 7 并联式混合动力汽车

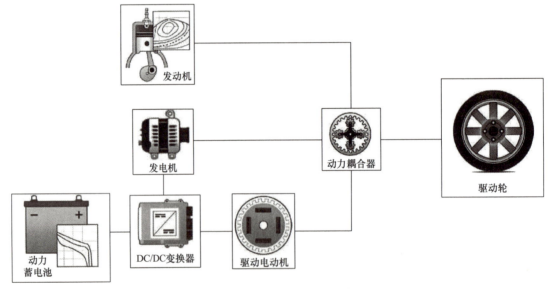

图 3 - 8 混联式混合动力汽车

DM 不仅动力充沛、加速迅猛，还具备出色的燃料经济性和低排放特性。其先进的混合动力技术彰显了国产新能源汽车的技术实力和创新力量。

三种形式混合动力汽车的动力耦合器结构不同。

2. 按油电混合度分类

混合度是指混合动力汽车中的电动机峰值功率占动力源总功率（电动机峰值功率＋发动机峰值功率）的百分比。

按混合度，混合动力汽车可以分为微混合型混合动力汽车、轻度混合型混合动力汽车和重度混合型混合动力汽车。

（1）微混合型混合动力汽车。微混合型混合动力汽车是以发动机为主要动力源、以电动机为辅助动力,具备制动能量回收功能的混合动力汽车。微混合型混合动力汽车的混合度小于10%,仅具有停车怠速停机功能的汽车也可称为微混合型混合动力汽车。

微混合型混合动力汽车功能如图3-9所示,它在传统燃油汽车的基础上增加了怠速停机功能。

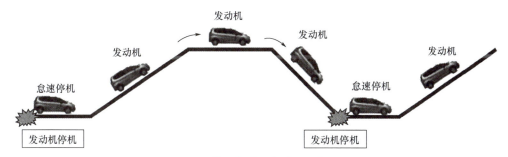

图3-9 微混合型混合动力汽车功能

微混合型混合动力系统通过改造传统发动机起动机,引入带驱动式起动机/发电机(belt-driven starter generator,BSG)。此系统利用BSG控制发动机快速起停,有效减少怠速,降低油耗和排放量。尽管BSG功率较小,无法单独驱动汽车起步,但作为一种初级的混合动力技术,它在城市循环工况下可实现5%~10%的节油效果。该系统BSG电压通常为12V或42V,后者多见于柴油混合动力系统。

例如,长安逸动ET是一款备受瞩目的国产微混合型混合动力汽车。它采用了先进的混合动力技术,将发动机和电动机有机结合,实现了更加高效的能源利用和动力输出。逸动ET的电动机在汽车起步和加速时能够迅速提供强大的动力支持,而在高速行驶时发动机能够发挥更加稳定的性能。这种动力系统的搭配使逸动ET在动力性和燃料经济性之间取得了平衡,为用户提供了更舒适和更经济的驾驶体验。此外,逸动ET还具备智能充电、智能互联等先进技术,进一步提升了汽车的实用性和便利性。

(2)轻度混合型混合动力汽车。轻度混合型混合动力汽车是以发动机为主要动力源、以电动机为辅助动力,在汽车加速和爬坡时,电动机可向汽车行驶系统提供辅助驱动力矩的混合动力汽车。轻度混合型混合动力汽车的混合度大于10%,最高可以达到30%。

轻度混合型混合动力汽车功能如图3-10所示,它在传统燃油汽车的基础上增加了怠速停机、加速助力、制动能量回收和行驶(巡航)充电功能。

轻度混合型混合动力系统利用集成式起动发电一体式电机(integrated starter generator,ISG),不仅控制发动机起停,还能在制动和下坡时回收能量。在行驶中,发动机动力可灵活调节,满足驱动和发电需求。当混合度达20%~30%时,采用高压电动机,加速或高负荷时辅助发动机,提升性能。此类系统常被称为中度混合动力系统,是常见的混合动力系统,可有效提升整车能效与性能。

例如,比亚迪秦Pro DM-i是国产轻度混合型混合动力汽车的典范。该车搭载了比亚迪先进的DM-i混合动力系统,该系统通过高效的发动机和电动机的协同工作,实现了低油耗和高性能的平衡。秦Pro DM-i在纯电驱动模式下,可以实现零排放的城市通勤;

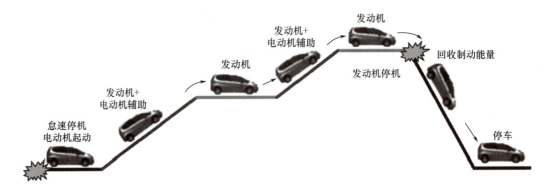

图 3-10　轻度混合型混合动力汽车功能

在混合驱动模式下，其高效的动力系统能够提供充足的驾驶乐趣。此外，该车还配备了比亚迪的 DiLink 智能网联系统，为用户提供丰富的智能化驾驶体验。

（3）重度混合型混合动力汽车。重度混合型混合动力汽车是以发动机或电动机为动力源，且电动机可以独立驱动汽车正常行驶的混合动力汽车。重度混合动力系统可以采用高达 600V 以上的高压电动机，混合度大于 30%，最高超过 50%。在城市循环工况下，重度混合型混合动力汽车的节油率为 30%~50%。

重度混合型混合动力汽车的功能如图 3-11 所示，它在传统燃油汽车的基础上增加了怠速停机、加速助力、制动能量回收、行驶（巡航）充电和低速纯电动行驶功能。

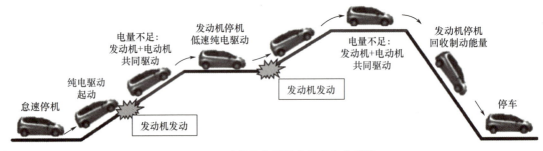

图 3-11　重度混合型混合动力汽车功能

重度混合型混合动力汽车的特点是动力系统以发动机为基础动力、以动力蓄电池为辅助动力。其采用的电动机功率更大，可以满足汽车在起步和低速行驶时的动力要求。因此，重度混合车型无论是在起步还是在低速行驶状态下都不需要起动发动机，依靠电动机即可，在低速行驶时就像一款纯电动汽车。在急加速和爬坡运行工况汽车需要较大的驱动力时，电动机和发动机同时为汽车提供动力。随着电动机、电池技术的进步，电动机参与驱动的工况逐渐增加，重度混合动力系统逐渐成为混合动力技术的主要发展方向。

例如，丰田普锐斯 Prime 是一款典型的重度混合型混合动力汽车。这款车配备了高性能的混合动力系统，集成了先进的发动机与电动机技术。普锐斯 Prime 在纯电驱动模式下能够实现长距离的零排放行驶；在混合驱动模式下，发动机与电动机协同工作，为汽车提供强大的动力输出。这款汽车凭借卓越的节油性能和环保特性，在全球范围内赢得了广泛的认可。

3. 按外接充电能力分类

按外接充电能力，混合动力汽车可分为外接充电型混合动力汽车和非外接充电型混合动力汽车。

（1）外接充电型混合动力汽车。外接充电型混合动力汽车是一种在正常使用情况下从非车载装置中获取电能的混合动力汽车，如插电式混合动力汽车。

插电式混合动力汽车（图3-12）可以利用电网为动力蓄电池充电，也可以在加油站给汽车加油。它可以使用纯电驱动模式驱动汽车行驶，且纯电动续驶里程较长，当电能不足时，汽车可以在重度混合驱动模式下行驶。插电式混合动力系统的电动机功率比纯电动汽车的稍小，动力蓄电池的容量介于重度混合动力系统与纯电动汽车之间。

图3-12 插电式混合动力汽车

（2）非外接充电型混合动力汽车。非外接充电型混合动力汽车是一种在正常使用情况下从车载燃料中获取全部能量的混合动力汽车，如油电混合动力汽车。

油电混合动力汽车是非插电的混合动力汽车，其动力来源主要是发动机，电动机只是一个辅助动力源，纯电动续驶能力差。图3-13所示为凯美瑞油电混合动力汽车。

1—发动机；2—AC/DC变换器；3—永磁同步电动机；4—镍氢蓄电池。

图3-13 凯美瑞油电混合动力汽车

油电混合动力汽车的电池容量很小，仅在起/停、加/减速时供应/回收能量，不能外部充电，不能单独驱动汽车行驶，故属于节能汽车；插电式混合动力汽车的电池容量较

大，可以外部充电，可以在纯电驱动模式下行驶，电池电量耗尽后，可在混合驱动模式下行驶，属于新能源汽车。

3.2.3 混合动力汽车的组成

混合动力汽车一般由发动机、驱动电动机、变速器、动力蓄电池、动力控制单元、充电单元及充电接口等组成，如图 3-14 所示。

图 3-14　混合动力汽车的组成

1. 发动机

发动机是混合动力汽车的重要动力来源，主要用于在高速行驶或需要高转矩输出时提供动力。发动机通常为汽油机或柴油机，其设计和性能会根据具体车型及用途进行优化。

2. 驱动电动机

驱动电动机是混合动力汽车的另一重要动力来源，主要用于在汽车起步、加速或低速行驶时提供辅助动力。驱动电动机通常采用高效、低噪声的设计，具备快速响应和精确控制的特点，以确保汽车在不同工况下都能获得最佳动力输出。

3. 变速器

变速器是混合动力汽车传动系统的重要组成部分，负责将发动机和（或）电动机产生的动力传递到车轮，以实现汽车行驶。变速器通过调整传动比改变汽车的转速和转矩，以适应不同的行驶工况和驾驶需求。在混合动力汽车中，变速器需要支持发动机和电动机的动力输出，实现高效的能量转换和能量传递。

4. 动力蓄电池

动力蓄电池是混合动力汽车的能量储存装置，用于为驱动电动机提供电能。动力蓄电池通常由多个单体电池组成，具备高能量密度和安全性、长使用寿命等特点。电池组的性能直接影响混合动力汽车的续驶里程和性能。

5．动力控制单元

动力控制单元是混合动力汽车的核心控制系统，负责协调和管理发动机、驱动电动机和动力蓄电池的工作。它根据车速、负载、驾驶模式等智能地调整动力分配和动力输出，以确保汽车在不同工况下都能获得最佳的动力性和燃料经济性。

6．充电单元及充电接口

充电单元及充电接口是混合动力汽车进行电能补给的关键组成部分。充电单元负责将外部电源提供的电能转换为适合动力蓄电池充电的电能；充电接口用于连接外部电源和汽车，实现电能的传输。充电单元及充电接口的性能和兼容性直接影响混合动力汽车的充电效率与用户体验。

3.2.4　混合动力汽车的原理

混合动力汽车的结构不同，故工作原理略有差别。下面以常见的并联式混合动力汽车为例，说明混合动力汽车的原理。

并联式混合动力汽车的工作模式主要有纯电驱动模式、纯发动机驱动模式、混合驱动模式、行车充电模式、再生制动模式和停车充电模式，如图3-15所示。

1．纯电驱动模式

当混合动力汽车处于起步、低速行驶等轻载工况且动力蓄电池的电量充足时，若以发动机为动力源，则发动机的燃料经济性较低，并且排放性能较差，此时关闭发动机，动力蓄电池提供能量并以电动机驱动汽车行驶。纯电驱动模式如图3-15（a）所示。但当动力蓄电池电量较低时，为保护动力蓄电池，应该切换到行车充电模式。

2．纯发动机驱动模式

当混合动力汽车高速平稳运行或行驶在城市郊区等对排放性能要求不高的地方时，发动机单独工作驱动汽车行驶。在这种工作模式下，发动机工作于高效区，燃料经济性和传动效率较高。纯发动机驱动模式如图3-15（b）所示。

3．混合驱动模式

当混合动力汽车急加速或爬坡时，发动机和驱动电动机均处于工作状态，驱动电动机作为辅助动力源协助发动机，提供汽车急加速或爬坡时所需的功率。在这种情况下，汽车的动力性能处于最佳状态。混合驱动模式如图3-15（c）所示。

4．行车充电模式

当混合动力汽车正常行驶时，若动力蓄电池的荷电状态未达到最高限值，则发动机除提供驱动汽车所需的动力外，多余能量用于带动驱动电动机给动力蓄电池充电。行车充电模式如图3-15（d）所示。

5．再生制动模式

当混合动力汽车减速或者制动时，发动机不工作，利用驱动电动机的反拖作用不仅可

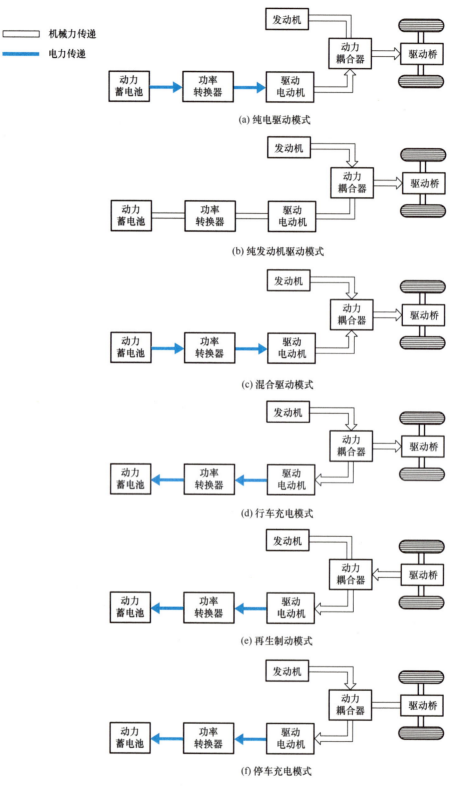

图 3-15 并联式混合动力汽车的工作模式

以有效地辅助制动，将回收的制动能量储存在动力蓄电池中，还可以使驱动电动机以发电机模式工作发电，然后给动力蓄电池充电，在必要时释放以驱动汽车行驶，使能量利用率提高，提高整车燃料经济性，降低排放。再生制动模式如图 3 - 15（e）所示。

6. 停车充电模式

在停车充电模式，通常会关闭发动机和驱动电动机。但当动力蓄电池剩余电量不足时，可以起动发动机和驱动电动机，控制发动机工作于高效区并拖动驱动电动机为动力蓄电池充电。停车充电模式如图 3 - 15（f）所示。

3.2.5　混合动力汽车的优缺点

1. 混合动力汽车的优点

（1）节能环保。混合动力汽车的优点之一是节能环保。其结合了发动机和电动机的技术，能够在不同驾驶条件下智能地切换动力源，减少尾气排放量，降低对环境的污染。尤其是在城市拥堵工况下，电动机能够提供足够的动力，减少发动机的使用，从而降低碳排放量。

（2）动力性优越。混合动力汽车的动力性也是其优势之一。发动机和电动机的结合使汽车能够在不同工况下获得强劲的动力。在需要高转矩的起步和加速阶段，电动机可以迅速响应，提供额外的动力支持。在高速行驶工况下，发动机能够发挥高效能，确保汽车的动力需求。

（3）燃料经济性高。混合动力汽车在燃料经济性方面有很大优势。通过回收制动能量、优化动力分配等方式，混合动力汽车能够高效利用能量，降低油耗。在相同行驶条件下，混合动力汽车的油耗明显低于传统燃油汽车。

（4）驾驶舒适性好。混合动力汽车的驾驶舒适性很好。其动力系统能够提供平稳的动力输出，减少了汽车在行驶过程中的抖动和噪声。此外，混合动力汽车通常还配备先进的驾驶辅助系统（如智能泊车辅助系统、自适应巡航控制系统等），进一步提升了驾驶的舒适性和安全性。

2. 混合动力汽车的缺点

（1）技术复杂。混合动力汽车结合了发动机技术和电池驱动技术，其系统结构相对复杂，不仅增加了制造成本，还提高了维修难度。一旦汽车出现故障，就要专业的技术人员进行诊断和修复，可能导致维修成本增加和维修周期延长。

（2）成本较高。混合动力汽车的制造成本较高，这主要是因为其集成了发动机和电动机两套动力系统。因此，混合动力汽车的售价通常高于传统燃油汽车和纯电动汽车。然而，随着技术的进步和市场规模的扩大，混合动力汽车的成本有望逐渐降低。

（3）维护复杂度高。由于混合动力汽车集成了发动机和电动机两套动力系统，因此其维护复杂度较高。在维修和保养过程中，需要同时考虑两套动力系统的运行情况和维护要求，要求维修人员具备更高的技术水平和更专业的知识背景，同时增加了维修和保养的成本及时间。

随着科技的不断进步和政策的持续推动，相信混合动力汽车将不断改进和完善，以更

好地满足人们的出行需求。

3.2.6　混合动力汽车的关键技术

1. 电池技术

电池技术是混合动力汽车的核心技术，其性能直接影响汽车的续驶里程、动力性和充电速度。目前，锂离子蓄电池是混合动力汽车中的常用电池，具有能量密度高、循环寿命长等优点。随着固态电池等新型电池技术的不断发展和成熟，混合动力汽车的电池性能将进一步提升。

2. 电动机技术

电动机是混合动力汽车中的动力输出部件，负责将电能转换为机械能。高效、稳定的电动机技术对提高混合动力汽车的动力性和节能效果至关重要。目前，永磁同步电动机和交流异步电动机是混合动力汽车的常用电动机，它们具有高效率、高转矩密度和宽调速范围等优点。此外，随着新材料和新技术的不断应用，电动机的性能将进一步提升。

3. 动力耦合技术

动力耦合技术是混合动力汽车中的关键技术，它对发动机、驱动电动机和动力蓄电池等动力源进行有效的耦合和协调，以实现最佳的能量利用和动力输出。常见的动力耦合方式包括串联式、并联式和混联式等。不同的动力耦合方式具有不同的优缺点，需要根据具体的应用场景和需求选择。

4. 能量管理技术

能量管理技术也是混合动力汽车中的关键技术，它负责监控和管理汽车中的各个能源系统，以确保能量的高效利用和合理分配。能量管理技术包括电池管理系统、电动机控制系统和整车控制系统等。这些系统协同工作，以实现对汽车状态的实时监测和预测，并根据实际需求进行能量的优化分配。

5. 智能化控制技术

智能化控制技术是混合动力汽车的发展方向之一。采用先进的传感器、控制器和算法等技术手段，可以实现对汽车动力系统、制动系统、转向系统等的智能化控制，以提高汽车的安全性、舒适性和节能性。智能化控制技术还可以与智能交通系统、车联网等技术融合，实现更智能、更高效的交通出行。

混合动力汽车的关键技术包括电池技术、电动机技术、动力耦合技术、能量管理技术和智能化控制技术等。这些技术的发展和应用将不断提升混合动力汽车的性能及效率，为人们的出行带来更环保、更高效和更智能的选择。随着科技的不断进步和政策的持续推动，混合动力汽车将得到更广泛的应用和发展。

3.2.7　混合动力汽车的设计要求

混合动力汽车结合了传统燃油汽车的稳定性与纯电动汽车的环保性，旨在提供更节能、更高效的出行方式。其设计过程需考虑多个方面，包括动力性、能效、环保性、安全性、舒适性及用户友好性。

1. 动力性设计要求

（1）动力输出。混合动力汽车应提供足够的动力输出，以满足不同驾驶场景下的需求，包括城市道路、高速公路和爬坡等。

（2）加速性能。混合动力汽车应具有优异的加速性能，以保证驾驶的流畅性和安全性。

（3）最高车速。混合动力汽车应达到或超过国家及地区法规规定的最高车速限制。

2. 能效设计要求

（1）燃料经济性。混合动力汽车应具有较高的燃料经济性，以降低运行成本并减少对环境的影响。

（2）能量回收。在制动或减速过程中，混合动力汽车应有效地回收能量并将其转换为电能，以提高能量利用效率。

（3）轻量化设计。混合动力汽车可采用轻质材料和优化结构设计，降低整备质量，以提高能效。

3. 环保性设计要求

（1）尾气排放。混合动力汽车的尾气排放应满足国家及地区环保法规的要求，尽可能减少对环境的影响。

（2）噪声控制。混合动力汽车在运行过程中产生的噪声应在可接受范围内，避免对居民造成噪声污染。

（3）可再生材料使用。在混合动力汽车制造过程中，应尽可能使用可再生材料和可回收材料，以减少资源消耗和废弃物。

4. 安全性设计要求

（1）碰撞安全。混合动力汽车应具有优异的碰撞安全性，包括车身结构、安全气囊和制动系统等关键部件的设计。

（2）电池安全。混合动力汽车的电池系统应具有足够的安全保护措施，以避免在极端情况下发生爆炸、起火等安全事故。

（3）行驶稳定性。混合动力汽车应具有良好的行驶稳定性，包括在高速行驶、紧急制动和紧急转向等情况下仍保持稳定。

5. 舒适性设计要求

（1）乘坐空间。混合动力汽车应具有宽敞、舒适的乘坐空间，以满足乘员的需求。

（2）减振降噪。混合动力汽车应具有良好的减振降噪性能，以减少路面不平对乘坐舒适性的影响。

（3）气候控制。混合动力汽车应配备高效的空调系统，以在不同气候条件下提供舒适的驾乘环境。

6. 用户友好性设计要求

（1）操控性。混合动力汽车应具有简单、易学的操控系统，使驾驶人轻松驾驶并享受

驾驶乐趣。

（2）智能化。混合动力汽车应配备先进的智能化系统（如导航系统、语音控制系统等），以提高驾驶的便捷性和安全性。

（3）维修便利性。混合动力汽车应具有良好的可维修性和可维护性，以降低维修成本并延长汽车的使用寿命。

混合动力汽车的设计要求涉及多个方面，包括动力性、能效、环保性、安全性、舒适性和用户友好性等。这些要求共同构成了混合动力汽车设计的核心，以确保汽车满足市场需求并具有良好的竞争力。随着技术的不断进步和市场的不断发展，混合动力汽车的设计要求将不断更新和完善。

应用案例 3-2

混合动力汽车设计的典型案例

随着环保意识的增强和汽车技术的进步，混合动力汽车逐渐成为市场上的主流选择。混合动力汽车结合了传统燃油汽车和纯电动汽车的优点，成为实现绿色出行的有效途径。下面用一个混合动力汽车设计的典型案例，详细介绍其关键技术和设计特点。

1. 车型概述

这款混合动力汽车是一款中型轿车，旨在为消费者提供舒适、安全、环保的出行体验。它采用了先进的混合动力系统（结合了发动机和电动机），同时配备了高性能的动力蓄电池和智能能量管理系统。

2. 混合动力系统设计

混合动力汽车的核心在于混合动力系统。这款汽车采用了并联式混合动力系统，即发动机和电动机同时工作，共同驱动汽车。当汽车起动和低速行驶时，电动机作为主要动力源，提供平稳的驾驶感受；当需要加速或高速行驶时，发动机介入工作，提供更强的动力支持。

在发动机方面，这款汽车采用了高效、低排放量的涡轮增压发动机，通过先进的燃烧技术和排放控制系统，实现了低油耗和低排放量。电动机采用了高性能的永磁同步电动机，具有高效率、高转矩输出和快速响应的特点。

动力蓄电池是混合动力汽车的重要组成部分。这款汽车采用了先进的锂离子蓄电池，具有高能量密度、长使用寿命和安全可靠的特点。动力蓄电池通过智能充电和放电管理系统，实现了高效的能量转换和储存，同时保证了电池的安全性和可靠性。

3. 智能能量管理系统设计

能量管理技术是混合动力汽车的关键技术。这款汽车采用了智能能量管理系统，利用先进的能量管理算法和控制策略，通过实时监测汽车的行驶状态、驾驶模式和外部环境等，智能地分配发动机和电动机的动力输出，实现了最佳的能量利用和排放控制。

智能能量管理系统还具备能量回收功能。在汽车制动和减速过程中，电动机可以作为发电机工作，将制动能量转换为电能储存到动力蓄电池中，提高了能量利用效率和续驶里程。

4. 车身与底盘设计

车身与底盘设计是混合动力汽车的重要方面。这款汽车采用了轻量化材料和优化设计，减轻了整车质量，提高了能效和操控性。车身结构经过优化设计，提高了碰撞安全性和乘坐舒适性。底盘设计注重操控性和稳定性，采用了先进的悬架系统和制动系统，确保汽车在各种路况下的稳定性和安全性。

5. 智能化与网联化设计

随着汽车智能化和网联化的发展，混合动力汽车需要具备相应的智能化和网联化功能。这款汽车配备了智能驾驶辅助系统、车联网技术和远程服务等功能，提高了驾驶的安全性、舒适性和便捷性。智能驾驶辅助系统可以帮助驾驶人更好地控制汽车，避免潜在的危险；车联网技术可以实现汽车与基础设施、其他汽车、行人的互联互通，提高道路交通安全性和通行效率；远程服务可以为车主提供便捷的维修、保养和救援服务。

6. 结论

本案例介绍了某款混合动力汽车的设计，详细说明了其混合动力系统设计、智能能量管理系统设计、车身与底盘设计、智能化与网联化设计等方面的特点。这款混合动力汽车采用了先进的混合动力系统和智能能量管理系统，实现了高效、低排放量的动力性；同时，应用轻量化设计、智能化与网联化技术，提高了驾驶的安全性和舒适性。随着技术的不断发展和完善，混合动力汽车将在汽车市场中占据越来越重要的地位。

3.3 燃料电池电动汽车

3.3.1 燃料电池电动汽车的定义

燃料电池电动汽车（图 3-16）是以燃料电池为动力源或主动力源的汽车，通过氢气和氧气的化学作用产生的电能驱动汽车行驶。与传统燃油汽车相比，燃料电池电动汽车增加了燃料电池和储氢罐，其电能来自氢气燃烧，工作时只要加氢气就可以，不需要外部充电。与纯电动汽车相比，燃料电池电动汽车的电力来自车载燃料电池，纯电动汽车的电力来自由电网充电的动力蓄电池。因此，燃料电池电动汽车的关键是燃料电池。

图 3-17 所示为现代 NEXO 氢燃料电池电动汽车。

3.3.2 燃料电池电动汽车的组成

典型燃料电池电动汽车主要由燃料电池、高压储氢罐、辅助动力源、DC/DC 变换器、驱动电动机和整车控制器等组成，如图 3-18 所示。

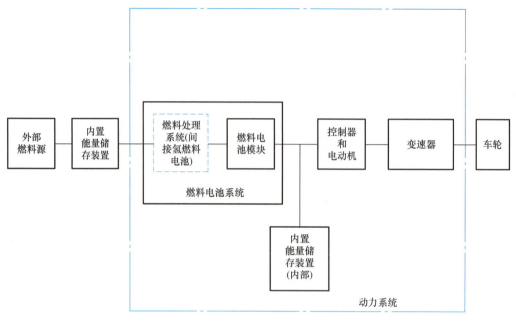

图 3-16　燃料电池电动汽车

图 3-17　现代 NEXO 氢燃料电池电动汽车

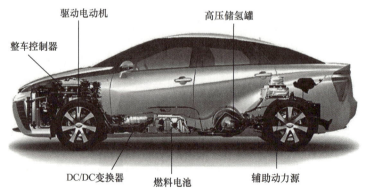

图 3-18　典型燃料电池电动汽车的组成

（1）燃料电池。燃料电池是燃料电池电动汽车的主要动力源，它是一种不燃烧燃料而直接以电化学反应方式将燃料的化学能转换为电能的高效发电装置。

（2）高压储氢罐。高压储氢罐是气态氢的储存装置，用于给燃料电池供应氢气。为保证燃料电池电动汽车一次充气有足够的续驶里程，需要多个高压储氢罐储存气态氢气。一般轿车需要 2～4 个高压储气罐，客车需要 5～10 个高压储氢罐。

（3）辅助动力源。根据设计方案不同，燃料电池电动汽车采用的辅助动力源有所不同，可以用蓄电池组、飞轮储能器或超大容量电容器等与燃料电池组成双电源系统。蓄电池可采用镍氢蓄电池或锂离子蓄电池。

（4）DC/DC 变换器。燃料电池电动汽车的燃料电池需要安装单向 DC/DC 变换器，蓄电池和超级电容器需要安装双向 DC/DC 变换器。DC/DC 变换器的主要功能有调节燃料电池的输出电压，能够升压到 650V；调节整车能量分配；稳定整车直流母线电压。

（5）驱动电动机。燃料电池电动汽车的驱动电动机主要有直流电动机、交流电动机、永磁同步电动机和开关磁阻电动机等，必须结合整车开发目标，综合考虑电动机的特点选择，其中以永磁同步电动机为主。

（6）整车控制器。整车控制器是燃料电池电动汽车的"大脑"，由燃料电池管理系统、电池管理系统、驱动电动机控制器等组成。它一方面接收来自驾驶人的需求信息（如点火开关、加速踏板、制动踏板、挡位信息等）实现整车工况控制；另一方面基于反馈的实际工况（如车速、制动、电动机转速等）及动力系统的状况（燃料电池及蓄电池组的电压、电流等），根据预先匹配的多能源控制策略进行能量分配调节控制。

3.3.3　燃料电池电动汽车的原理

燃料电池电动汽车的工作原理如图 3-19 所示，高压储氢罐中的氢气（H_2）和空气中的氧气（O_2）在汽车搭载的燃料电池中发生氧化还原反应，产生电能使驱动电动机工作，驱动电动机产生的机械能经变速传动装置传递给驱动轮，驱动汽车行驶。

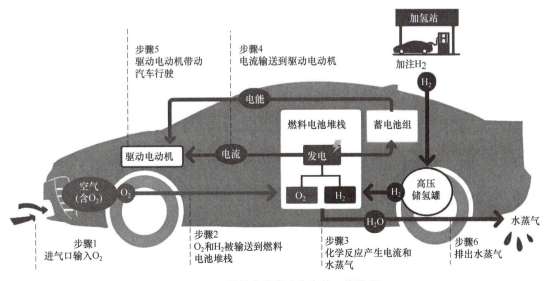

图 3-19　燃料电池电动汽车的工作原理

3.3.4 燃料电池电动汽车的优缺点

1. 燃料电池电动汽车的优点

（1）高能效和环保。燃料电池电动汽车利用氢气和氧气在燃料电池中产生电能，在这个过程中产生的唯一副产品是水蒸气，几乎不产生有害尾气，极大地减少了环境污染。此外，燃料电池的能量转换效率高达60％～80％，远高于发动机效率，从而实现了更高的能效。

（2）快速加氢与长续驶里程。相比纯电动汽车需要长时间的充电过程，燃料电池电动汽车的加氢过程非常短，一般只需几分钟。同时，由于氢气的能量密度远高于电池，因此燃料电池电动汽车的续驶里程更长，能够满足长途驾驶需求。

（3）低噪声与舒适。燃料电池电动汽车在行驶过程中产生的噪声远低于传统燃油汽车，为驾乘人员提供了更加静谧的驾乘环境。此外，燃料电池电动汽车的动力系统更加平稳，减少了汽车的振动和颠簸，提高了乘坐舒适性。

（4）可再生与可持续性。氢气作为一种可再生能源，可以通过多种方式制备，如电解水、天然气重整等。这意味着燃料电池电动汽车使用的能源具有可再生性，有助于实现能源的可持续发展。

2. 燃料电池电动汽车的缺点

（1）高昂的成本。燃料电池电动汽车的制造成本远高于传统燃油汽车和纯电动汽车，主要是因为燃料电池本身的技术复杂和使用稀有材料。目前，燃料电池的制造成本仍然较高，直接影响了燃料电池电动汽车的市场售价。因此，高昂的成本是燃料电池电动汽车推广面临的主要障碍。

（2）加氢设施不足。燃料电池电动汽车的运行依赖氢气供应，而当前加氢设施的建设相对滞后。加氢站远远少于加油站和充电站，导致燃料电池电动汽车在行驶过程中可能面临加氢不便的问题。此外，加氢站的建设和运营成本也较高，限制了加氢设施的快速扩展。

（3）氢气的储存和运输问题。氢气作为一种易燃易爆气体，其储存和运输存在一定的安全隐患。目前，氢气的储存主要依赖高压储氢罐和液态氢技术，但这些方法都存在安全风险，如泄漏、爆炸等。此外，氢气运输需要特殊的设备和安全措施，增加了运营成本。

（4）技术成熟度不够。燃料电池电动汽车的技术较新，尚未完全成熟，在燃料电池的使用寿命、耐久性、可靠性和安全性等方面仍需进一步提高。此外，燃料电池电动汽车的整车集成技术面临挑战，如电动机、蓄电池、电控系统等的匹配和优化问题。这些技术上的不足可能影响燃料电池电动汽车的性能和用户体验。

（5）市场竞争激烈。新能源汽车市场竞争激烈，燃料电池电动汽车需要与传统燃油汽车、纯电动汽车及其他类型的新能源汽车竞争。在这种环境下，燃料电池电动汽车需要不断提升自身的竞争力，如降低成本、提高性能、扩大市场份额等。然而，由于燃料电池电动汽车存在上述缺点，因此其在竞争中可能面临一定的挑战。

3.3.5　**燃料电池电动汽车的关键技术**

燃料电池电动汽车以零排放、高效能等优点，被视为未来可持续交通的重要解决方案。然而，要实现燃料电池电动汽车的广泛应用，需要突破一系列关键技术难题。

1. 燃料电池技术

燃料电池是燃料电池电动汽车的核心部件，其性能直接影响汽车的续驶里程、动力性和排放。质子交换膜燃料电池是燃料电池电动汽车常用的电池。其关键技术包括以下内容。

（1）催化剂技术。提高催化剂的活性、稳定性和耐久性，以降低燃料电池的成本并提高其性能。

（2）电解质膜技术。研发具有更高质子传导率和更低气体渗透性的电解质膜，以提高燃料电池的效率和使用寿命。

（3）双极板技术。优化双极板的结构和材料，以提高燃料电池的导电性和机械强度，同时降低质量和成本。

2. 氢气储存与供应技术

由于氢气是燃料电池电动汽车的主要燃料，因此氢气的储存与供应技术是燃料电池电动汽车需要突破的关键技术。具体包括以下内容。

（1）高压储氢技术。提高高压储氢罐的储氢密度和安全性，以降低储氢成本并提高便利性。

（2）液态储氢技术。研发低温液态储氢技术，以提高储氢密度并减小体积。

（3）氢气加注技术。提高氢气加注的速度和安全性，以满足燃料电池电动汽车快速加氢的需求。

3. 电力驱动与控制系统

燃料电池电动汽车的电力驱动与控制系统负责将燃料电池产生的电能转换为机械能，并控制汽车的行驶状态。其关键技术包括以下内容。

（1）电动机技术。研发高性能、高效率、低噪声的电动机，以提高燃料电池电动汽车的动力性和舒适性。

（2）电池管理技术。优化电池管理系统，确保电池安全、可靠、高效运行。

（3）整车控制技术。实现整车各系统之间的协调与优化，提高燃料电池电动汽车的整车性能。

4. 整车设计与集成技术

燃料电池电动汽车的整车设计与集成技术是实现汽车高效、安全、舒适运行的关键。其关键技术包括以下内容。

（1）轻量化设计。采用轻质材料和优化结构设计，降低汽车整备质量，提高能效和动力性。

（2）安全性设计。确保汽车在各种行驶状态下的安全性，如碰撞安全、电池安全等。

（3）舒适性与智能化设计。提供舒适、便捷的驾乘体验，并配备先进的智能化系统，提高汽车的智能化水平。

燃料电池电动汽车的关键技术涵盖燃料电池、氢气储存与供应、电力驱动与控制系统、整车设计与集成等方面。要实现燃料电池电动汽车的广泛应用，需要不断突破这些关键技术难题，提高汽车的性能和竞争力。同时，政府、企业和科研机构应加强合作，共同推动燃料电池电动汽车的技术研发和应用推广。

3.3.6　燃料电池电动汽车的设计要求

1. 环保与能效

（1）零排放。燃料电池电动汽车应实现零排放，即在行驶过程中不产生有害气体和颗粒物，对环境友好。

（2）高能效。燃料电池系统应具备高能效，确保能源的有效利用，减少能源消耗。

2. 动力性

（1）动力强劲。燃料电池电动汽车应提供足够的动力，以满足各种行驶条件的需求，包括加速、爬坡等。

（2）续驶里程长。燃料电池电动汽车应具备较长的续驶里程，以满足日常行驶和长途旅行的需求。

3. 安全性

（1）氢气储存安全。高压储氢罐应具备高的安全性和可靠性，防止氢气泄漏和爆炸等危险情况发生。

（2）电池管理安全。电池管理系统应实时监控电池状态，防止过充电、过放电、短路等安全隐患。

（3）整车安全。燃料电池电动汽车应具备与传统燃油汽车相当的安全性，包括碰撞安全、制动安全等。

4. 舒适性与智能化

（1）舒适性。燃料电池电动汽车应提供舒适、安静的乘坐环境，减少噪声和振动对驾乘人员的影响。

（2）智能化。燃料电池电动汽车应配备先进的智能化系统，如自动驾驶辅助系统、智能交通系统等，提高行驶的安全性和便利性。

5. 轻量化与集成化

（1）轻量化设计。采用轻质材料和优化结构设计，降低汽车整备质量，提高能效和动力性。

（2）集成化设计。对多个系统或部件进行集成设计，减少冗余和浪费，提高整车的紧凑性和可靠性。

6. 可持续性与成本

（1）可持续性。燃料电池电动汽车的设计应考虑可持续性，包括能源的可持续利用、零部件的可回收性等。

（2）成本控制。在保证性能和安全的前提下，尽量降低燃料电池电动汽车的制造成本，推动其市场普及。

7. 可维护性与服务

（1）可维护性。燃料电池电动汽车应具备良好的可维护性，便于维修和保养，降低运营成本。

（2）服务网络。建立完善的服务网络，提供及时的售后服务和技术支持，保证用户正常使用。

燃料电池电动汽车的设计要求涵盖环保与能效、动力性、安全性、舒适性与智能化、轻量化与集成化、可持续性与成本、可维护性与服务等方面。在设计过程中，需要综合考虑这些要求，以实现燃料电池电动汽车的高效、安全、舒适、可持续发展。同时，政府、企业和科研机构应加强合作，共同推动燃料电池电动汽车的技术研发和市场应用。

 应用案例 3－3

燃料电池电动汽车设计的典型案例

随着全球对环境保护意识的不断提高和对传统燃油汽车污染的担忧，燃料电池电动汽车作为一种清洁、高效的交通工具，越来越受到人们的关注。燃料电池电动汽车利用氢气和氧气在燃料电池中的化学反应产生电能，具有零排放、能量转换效率高、加氢快等优点。下面以一款燃料电池电动汽车设计为典型案例，详细介绍其关键技术和设计特点。

1. 燃料电池系统设计

燃料电池系统是燃料电池电动汽车的核心部分，负责将氢气和氧气转换为电能。在本例中，燃料电池系统采用质子交换膜燃料电池，具有高效率、长使用寿命、低排放等特点。

（1）燃料电池堆设计。燃料电池堆由多个单体燃料电池串联而成，通过优化单体燃料电池的设计和制造工艺，提高了燃料电池堆的整体性能和可靠性。

（2）氢气供应系统。氢气供应系统负责向燃料电池堆提供氢气。该系统采用高压储氢罐，通过减压阀和流量控制阀精确控制氢气的供应压力及流量。

（3）氧气供应系统。氧气供应系统通过空气滤清器、压缩机和增湿器等部件，将空气送入燃料电池堆的阴极，与阳极的氢气在燃料电池内部发生化学反应。

2. 动力系统设计

燃料电池电动汽车的动力系统由燃料电池系统、电动机、变速器和电池组等组成，负责为汽车提供动力。

（1）电动机设计。电动机作为汽车的驱动部件，其性能直接影响汽车的加速性能和最高车速。本例中的电动机采用了高功率密度、高效率的设计，确保汽车具有优异的动力性。

（2）变速器设计。变速器通过调整电动机的转速和转矩输出，以适应不同工况下的行驶需求。本例中的变速器采用了先进的控制策略，实现了电动机与汽车行驶状态的精确匹配。

（3）电池组设计。电池组作为燃料电池电动汽车的辅助电源，负责在汽车起动、加速和制动等过程中提供额外的电能。本例中的电池组采用了高能量密度、长使用寿命的锂离子蓄电池，确保了汽车的稳定运行和续驶里程。

3. 车身与底盘设计

车身与底盘设计是燃料电池电动汽车的重要组成部分，其设计质量直接影响汽车的舒适性和安全性。

（1）车身设计。车身设计需要考虑汽车的空气动力学性能、乘坐舒适性和安全性等因素。本例中的车身采用了轻量化材料，减小了整备质量，提高了能耗经济性。同时，车身结构经过优化设计，提高了碰撞安全性。

（2）底盘设计。底盘设计需要考虑汽车的操控性、稳定性和舒适性等因素。本例中的底盘采用了先进的悬架系统和制动系统，确保了汽车在各种路况下稳定行驶且乘坐舒适。

4. 智能化与网联化设计

随着汽车智能化和网联化的发展，燃料电池电动汽车需要具备相应的智能化和网联化功能。

（1）智能化设计。通过集成先进的传感器、控制器和算法，实现汽车自动驾驶、智能交通等功能。本例中的燃料电池电动汽车配备了智能驾驶辅助系统，提高了汽车的驾驶安全性和舒适性。

（2）网联化设计。通过车载通信模块和车联网技术，实现汽车与基础设施、其他汽车和行人的互联互通。本例中的燃料电池电动汽车支持 V2X 通信，提高了道路交通安全性和通行效率。

5. 结论

本案例是一款燃料电池电动汽车设计的典型案例，详细说明了其燃料电池系统设计、动力系统设计、车身与底盘设计、智能化与网联化设计等方面的特点。该燃料电池电动汽车采用了先进的燃料电池技术和动力系统，具有零排放、高效率、长续驶里程等优点；同时，通过智能化和网联化设计，提高了汽车的驾驶安全性和舒适性。随着燃料电池技术的不断发展和完善，燃料电池电动汽车将在交通运输领域发挥越来越重要的作用。

3.4　新能源汽车动力电池技术

3.4.1　动力电池的类型

动力电池是指为新能源汽车或其他电动车辆动力系统提供能量的电池，主要有蓄电池和燃料电池。

1. 蓄电池

蓄电池是指电池在放电后可以通过充电的方法使活性物质复原而继续使用的电池，如铅酸蓄电池、金属氢化物镍蓄电池、锂离子蓄电池等。蓄电池在汽车上分为辅助蓄电池和动力蓄电池，其中辅助蓄电池以铅酸蓄电池为主，动力蓄电池以锂离子蓄电池为主。

（1）辅助蓄电池。辅助蓄电池在汽车上的应用原理如图 3 – 20 所示。起动发动机时，蓄电池的化学能转换为电能给予起动机强大的起动电流；发动机工作时，发电机向蓄电池充电，将部分电能转换为化学能储存起来。

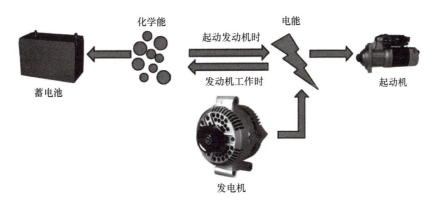

图 3 – 20　辅助蓄电池在汽车上的应用原理

（2）动力蓄电池。动力蓄电池在纯电动汽车中的应用原理如图 3 – 21 所示。动力蓄电池系统主要包括动力蓄电池和电池管理系统，其功用是向驱动电动机提供电能、检测动力蓄电池使用情况及控制充电设备向动力蓄电池充电。纯电动汽车工作时，驾驶人控制加速踏板和制动踏板的行程，传感器将加速踏板、制动踏板机械位移的行程量转换为电信号，并将其输入整车控制器，经处理后向电动机控制器发出驱动信号，对驱动电动机进行起动、加速、减速、制动等控制。

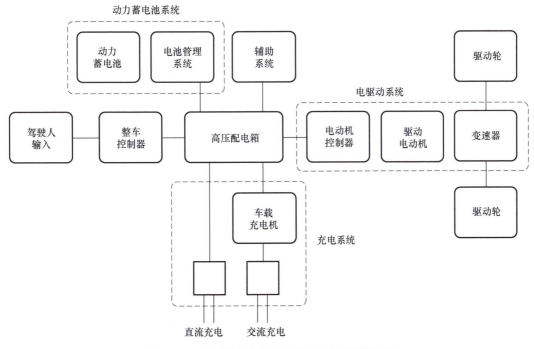

图 3 – 21　动力蓄电池在纯电动汽车中的应用原理

动力蓄电池一般安装在电动汽车底部，某纯电动汽车的动力蓄电池如图 3 - 22 所示。该动力蓄电池采用三元聚合物锂电池（简称三元锂电池），动力蓄电池的能量为 100kW·h，动力蓄电池的总质量为 555kg；NEDC 综合工况下的续驶里程为 580km。

图 3 - 22　某纯电动汽车的动力蓄电池

2. 燃料电池

燃料电池是指参加反应的活性物质从电池外部连续输入电池，电池连续工作而提供电能，如质子交换膜燃料电池、碱性燃料电池、磷酸燃料电池、熔融碳酸盐燃料电池、固体氧化物燃料电池等。

燃料电池在燃料电池电动汽车中的应用原理如图 3 - 23 所示。在该动力系统结构中，燃料电池和动力蓄电池共同为驱动电动机提供能量，驱动电动机将电能转换为机械能并传递给变速器，从而驱动燃料电池电动汽车行驶；燃料电池电动汽车制动时，驱动电动机变成发电机，动力蓄电池储存回馈的能量。燃料电池和动力蓄电池联合供能时，燃料电池的能量输出变化较平缓，随时间变化波动较小，而能量需求变化的高频部分由动力蓄电池分担。

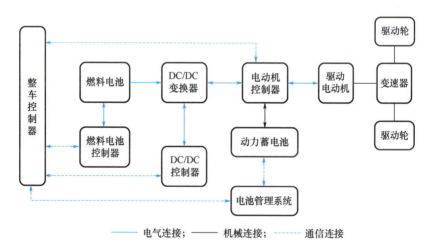

—— 电气连接；—— 机械连接；------ 通信连接

图 3 - 23　燃料电池在燃料电池电动汽车中的应用原理

3.4.2　动力电池的性能指标

动力电池是新能源汽车的储能装置，要评定动力电池的实际效应，主要看其性能指标，如电压、容量、能量、功率、内阻、放电电流、荷电状态、自放电率、输出效率、使用寿命等，根据动力电池种类不同，其性能指标有所差异。

1. 电压

电池电压主要有电动势、开路电压、工作电压、标称电压、放电终止电压和充电终止电压。

（1）电动势。电池电动势是指电池正极和负极平衡电势（平衡电位）的差值。电动势是电池在理论上输出能量的表征。电池电动势与极板上的活性物质的电化学性质和电解液的浓度有关，与极板的面积无关。当极板活性物质固定时，电池电动势主要由电解液的浓度决定。此外，电动势也受温度影响，一般温度升高，电动势也升高；反之，电动势降低。如果其他条件相同，则电动势越高，该电池理论上输出的能量越大。实际上，电池两个电极一般并非处于热力学的可逆状态，因此电池在开路状态下的开路电压不等于电池电动势。

（2）开路电压。开路电压是指外电路中没有电流流过时，电池正极与负极的电位差。开路电压主要由电池活性物质、电解质、电池中反应的性质和条件（如浓度、温度等）决定，与电池的形状结构和尺寸无关。开路电压是一个实测值。在一般情况下，电池的开路电压均小于其电动势。这是因为电池的两极在电解液溶液中建立的电极电位通常并非平衡电极电位，而是稳定电极电位。可以通过电池的开路电压，判断电池的荷电状态（state of charge，SOC）。

（3）工作电压。工作电压是指电池接通负载后，在工作电流下放电时两个端子的电位差，也称放电电压。电池的工作电压总是低于开路电压，也低于电动势。这是因为电流流过电池内部时，必须克服极化内阻和欧姆内阻造成的阻力。

（4）标称电压。标称电压是指电池在标准规定条件下工作时应达到的电压，也是由厂家指定的用以标识电池的适宜的电压近似值，也称额定电压，可以用来区分不同的电化学体系电池。标称电压由单体正、负极材料和内部电解液的浓度决定。铅酸蓄电池的标称电压为 2V，金属氢化物镍蓄电池的标称电压为 1.2V，磷酸铁锂电池的标称电压为 3.3V，锰酸锂蓄电池和钴酸锂蓄电池的标称电压为 3.7V，三元锂电池的标称电压为 3.7V。但随着电池材料的改进，标称电压也发生小的变化，最终以厂家给出的标称电压为准。

（5）放电终止电压。放电终止电压是指电池正常放电时允许达到的最低电压。电池的类型不同，放电条件不同，对电池的容量和使用寿命的要求也不同，因而规定的电池放电终止电压不同。一般在低温或大电流放电时，终止电压可规定得低些；在小电流长放电时，终止电压可规定得高些。

（6）充电终止电压。充电终止电压是指按规定的充电制度，电流由恒流充电转为恒压充电时的最大电压值。不同电化学体系的电池，充电终止电压不同。如铅酸蓄电池的充电终止电压一般为 2.7～2.8V，金属氢化物镍蓄电池的充电终止电压一般为 1.5V，锂离子蓄电池的充电终止电压一般为 4.25V。

放电终止电压和充电终止电压应以厂家给出的值为准。

2. 容量

电池容量是指电池储存的电量，是在一定的放电条件下可以从电池放出的电量，单位为 A·h 或 kA·h。其值等于放电电流与放电时间的乘积，1A·h 就是能在 1A 的电流下放电 1h。电池容量与电动汽车的续驶里程有关，在额定电压一定的条件下，电池容量越大，电动汽车的续驶里程越长。同种产品电池，在电压相同的情况下，可以使用容量进行比较。若两种电池产品，工作电压不一样，则不能用容量进行比较，而需用能量进行比较。

电池容量可以分为理论容量、额定容量、实际容量、比容量、剩余容量等。

（1）理论容量。理论容量是指假设活性物质全部参加电池的成流反应所给出的电量，可根据活性物质的质量按照法拉第定律计算求得。

（2）额定容量。额定容量是指设计和制造电池时，规定或保证电池在一定的放电条件（如温度、放电终止电压、放电倍率等）下应该放出的最低限度的容量，也是由制造商标明的电池容量，一般在电动汽车铭牌上标注。例如，某电动汽车铭牌上标注的动力蓄电池额定容量为 150A·h。

（3）实际容量。实际容量是指在一定的放电条件下电池实际放出的电量。实际容量的值等于放电电流与放电时间的乘积。

（4）比容量。常用比容量比较不同系列的电池。比容量是指单位体积或单位质量电池所能给出的容量，分别被称为体积比容量和质量比容量，单位分别为 A·h/L 或 A·h/kg。

（5）剩余容量。剩余容量是指在规定条件下使用（或放电、贮存）后电池中剩余的容量。剩余容量的估计和计算受电池前期使用的放电倍率、放电时间、贮存时间、自放电率、环境等因素的影响。

3. 能量

电池能量是指电池储存的能量，是指电池在一定放电条件下对外做功所能输出的电能，单位为 W·h 或 kW·h。它影响电动汽车的续驶里程，电池的能量越大，电动汽车的续驶里程越长。电池的能量与容量的关系如下：电池的能量＝电池的容量×额定电压。

电池的能量主要分为理论能量、实际能量和能量密度（比能量）。

（1）理论能量。假设电池在放电过程中始终处于平衡状态，其放电电压保持电动势的数值，并且活性物质的利用率为 100%，则放电容量为理论容量，在此条件下电池输出的能量为理论能量。理论能量的值等于电池的理论容量与电动势的乘积。

（2）实际能量。实际能量是指电池放电时实际输出的能量，其值等于电池实际放电电压、放电电流对放电时间的积分。在实际应用中，经常用电池实际容量与电池放电平均工作电压的乘积估算实际能量。因为活性物质不可能 100% 被利用，电池的工作电压永远小于电动势，所以电池的实际能量总是小于理论能量。

（3）能量密度。能量密度是指单位质量或单位体积的电池放出的能量，相应地称为质量能量密度或体积能量密度，也称质量比能量或体积比能量，单位分别为 W·h/kg 或 W·h/L。

能量密度是衡量电池质量和体积的标准，是设计电池时必须考虑的重要指标。在电动汽车应用领域，单体电池和电池组的能量密度是评价动力电池是否满足应用需要的重要指标，因为质量能量密度影响电动汽车的整车质量和续驶里程，体积能量密度影响动力电池在电动汽车上的布置空间。

4. 功率

电池功率是指在一定放电制度下，单位时间内电池输出的能量，单位为 W 或 kW。电池功率决定了电动汽车的加速性能和爬坡能力，电池的功率越大，电动汽车的加速性能和爬坡能力越强。

5. 内阻

电池内阻是指电流通过电池内部时受到的阻力，包括欧姆内阻和极化内阻。内阻是决定电池性能的重要指标，直接影响电池的工作电压、工作电流、输出的能量和功率等，希望电池的内阻越小越好。

6. 放电电流

放电电流是指电池放电时的电流。放电电流直接影响电池的各项性能指标，如放电电流直接影响电池的容量或能量。放电电流一般用放电率表示，放电率常用时率和倍率两种形式表示。

（1）时率。时率也称小时率，是以放电时间（h）表示的放电速率，或者说以一定的放电电流放完额定容量所需要的小时数。例如，若电池的额定容量为 80A·h，以 10A 电流放电，则时率为 80A·h/10A＝8h，称电池以 8h 率放电；若以 20A 电流放电，则时率为 80A·h/20A＝4h，称电池以 4h 率放电。由此可见，放电时率表示的时间越短，所用的放电电流越大；放电时率表示的时间越长，所用的放电电流越小。

（2）倍率。倍率是指在电池规定时间内放出额定容量（C）时输出的电流值，其值等于电池放电电流与额定容量的比值。放电倍率可分为低倍率（＜0.5C）、中倍率（0.5C～3.5C）、高倍率（3.5C～7.0C）、超高倍率（＞7.0C）。例如，额定容量为 10A·h 的电池，用 5h 放电，则放电倍率为 0.2C；用 0.5h 放电，放电倍率为 2C。

7. 荷电状态

荷电状态是指电池在一定放电倍率下，剩余电量与相同条件下额定容量的比值，反映电池容量变化的特性，是电池使用过程中的重要参数。荷电状态是一个相对值，一般用百分比的方式表示，0≤SOC≤100%。SOC＝100% 表示电池为充满状态；SOC＝0 表示电池为全放电状态。因为电池能放出的容量受充放电倍率、温度、自放电、老化、充放电循环次数等因素的影响，所以荷电状态也与这些因素有关。在实际应用中，经常要对电池的荷电状态进行估算。一般动力电池的放电高效率区为（50%～80%）SOC。对电池荷电状态的研究已成为电池管理的重要环节。

8. 自放电率

自放电率是指电池在存放期间容量的下降率，即电池无负荷时自身放电使容量损失的速度，它表示电池搁置后容量变化的特性。自放电率除与电池体系自身特性有关外，还与环境温度、湿度等有关。

9. 输出效率

动力电池作为能量储存器，充电时把电能转换为化学能储存起来，放电时把电能释放出来。在这个可逆的电化学转换过程中有一定的能量损耗，通常用电池的容量效率和能量效率表示。容量效率是指电池放电时输出的容量与充电时输入的容量之比；能量效率也称电能效率，是指电池放电时输出的能量与充电时输入的能量之比。

10. 使用寿命

使用寿命是指电池在规定条件下的有效寿命期限。电池发生内部短路或损坏而不能使用，以及容量达不到规范要求时电池使用失效，即电池的使用寿命终止。电池的使用寿命包括循环寿命和贮存寿命。

（1）循环寿命。循环寿命是在指定的充放电终止条件下，以特定的充放电制度充放电，动力电池在不能满足使用寿命终止标准前能进行的循环次数。循环寿命受放电深度、放电温度、充放电电流的影响比较明显，因此一般在表示电池循环寿命的同时，还要指出循环条件，如循环寿命 1000 次（在 100% 放电深度、常温、$1C$ 条件下）。

（2）贮存寿命。贮存寿命是指电池自放电的大小通过容量下降到某一规定容量经过的时间，也称搁置寿命。

3.4.3 动力电池的结构类型

这里主要介绍动力蓄电池的结构类型。动力蓄电池的结构类型主要有单体蓄电池、蓄电池模块、蓄电池包和蓄电池系统。

1. 单体蓄电池

单体蓄电池（也称电芯）是对化学能与电能进行相互转换的基本单元装置，通常包括电极、隔膜、电解质、外壳和端子，并被设计成可充电。

单体蓄电池是组成蓄电池系统的基本单元，常用的有方形单体蓄电池和圆柱形单体蓄电池。图 3 - 24 所示为某磷酸铁锂方形单体蓄电池，其电压为 3.2V，容量为 152A·h。

图 3 - 24　某磷酸铁锂方形单体蓄电池

2. 蓄电池模块

蓄电池模块（也称蓄电池模组）是将多个单体蓄电池按照串联、并联或混联方式组合，作为电源使用的组合体。

图 3 - 25 所示为方形蓄电池模块爆炸图。图 3 - 26 所示为圆柱形蓄电池模块爆炸图。

3. 蓄电池包

蓄电池包是能量的储存装置，包括若干蓄电池模块，以及蓄电池电子部件、高压电路、过电流保护装置、与其他外部系统的接口（如冷却、高压、辅助低压和通信等），一般还有维修开关和从外部获得电能并对外输出电能的单元，所有部件应该被安装在蓄电池箱内。蓄电池包的典型结构示意图如图 3 - 27 所示。

图 3 - 28 所示为某电动汽车的蓄电池包实物。

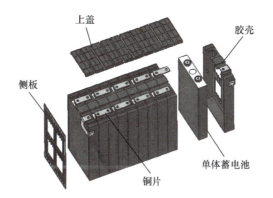

图 3-25　方形蓄电池模块爆炸图

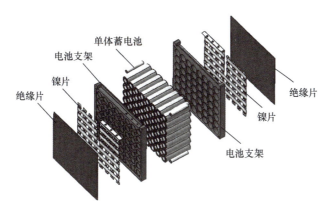

图 3-26　圆柱形蓄电池模块爆炸图

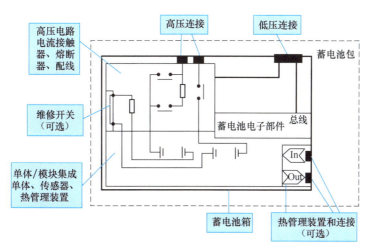

图 3-27　蓄电池包的典型结构示意图

4. 蓄电池系统

蓄电池系统是能量储存装置，包括一个或多个蓄电池包，以及电路和电控单元（如电

图 3 - 28　某电动汽车的蓄电池包实物

池控制单元、电流接触器）。蓄电池系统的典型结构有两种，分别是集成了电池控制单元的蓄电池系统和带外置电池控制单元的蓄电池系统，其典型结构示意图分别如图 3 - 29 和图 3 - 30 所示。电池控制单元是控制、管理、检测或计算蓄电池系统的电和热相关的参数，并提供给蓄电池系统和其他汽车控制器通信的电子装置，它是电池管理系统的核心部件。

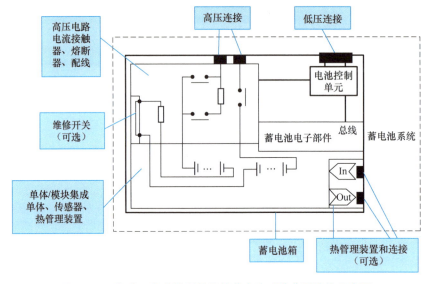

图 3 - 29　集成了电池控制单元的蓄电池系统典型结构示意图

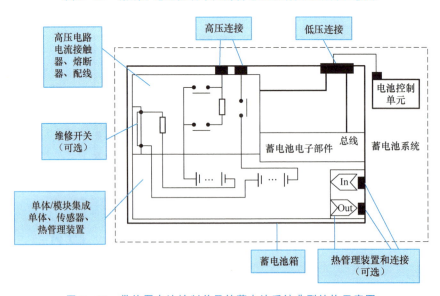

图 3 - 30　带外置电池控制单元的蓄电池系统典型结构示意图

图 3 - 31 所示为某纯电动汽车的蓄电池系统爆炸图。

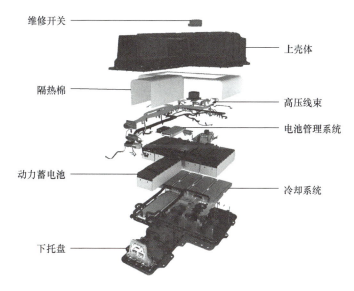

维修开关　　　　　　　　　　　　　上壳体

隔热棉　　　　　　　　　　　　　　高压线束

　　　　　　　　　　　　　　　　　电池管理系统

动力蓄电池　　　　　　　　　　　　冷却系统

下托盘

图 3 - 31　某纯电动汽车的蓄电池系统爆炸图

3.4.4　锂离子蓄电池

锂离子蓄电池是用锰酸锂、磷酸铁锂、钴酸锂或三元材料等锂的化合物做正极，用可嵌入锂离子的碳材料做负极，使用有机电解质的蓄电池。新能源汽车上应用的动力蓄电池主要是锂离子蓄电池。

1. 锂离子蓄电池的类型

锂离子蓄电池按形状，可以分为圆柱形锂离子蓄电池、方形锂离子蓄电池和软包锂离子蓄电池。

（1）圆柱形锂离子蓄电池。圆柱形锂离子蓄电池是指具有圆柱形电池外壳和连接元件（电极）的蓄电池，如图 3 - 32 所示。

（2）方形锂离子蓄电池。方形锂离子蓄电池是指具有长方形蓄电池外壳和连接元件（电极）的蓄电池，如图 3 - 33 所示。由于方形锂离子蓄电池单体连接比圆柱形蓄电池单体连接容易，因此我国纯电动汽车用动力蓄电池以方形锂离子蓄电池为主。

图 3 - 32　圆柱形锂离子蓄电池

图 3 - 33　方形锂离子蓄电池

图 3-34　软包锂离子蓄电池

（3）软包锂离子蓄电池。软包锂离子蓄电池是指具有复合薄膜制成的蓄电池外壳和连接元件（电极）的蓄电池，如图 3-34 所示。软包锂离子蓄电池采用质量更小且韧度更高的铝塑膜材料，同时单体蓄电池内部装配为叠片式结构，其规格尺寸以定制化开发为主。

锂离子蓄电池按正极材料可以分为磷酸铁锂电池、锰酸锂电池、钴酸锂电池和三元锂电池等。

（1）磷酸铁锂电池。磷酸铁锂电池是指用磷酸铁锂作为正极材料的锂离子蓄电池。磷酸铁锂具有橄榄石晶体结构。磷酸铁锂电池的理论质量容量为 $170mA \cdot h/g$，在没有掺杂改性时，其实际质量容量高达 $110mA \cdot h/g$。通过对磷酸铁锂进行表面修饰，其实际质量容量可达 $165mA \cdot h/g$，非常接近理论容量，工作电压为 $3.4V$ 左右。磷酸铁锂电池的优点是稳定性高、安全可靠、环保且价格低；缺点是电阻率较大、电极材料利用率低。

（2）锰酸锂电池。锰酸锂电池是指用锰酸锂作为正极材料的锂离子蓄电池。锰酸锂具有尖晶石结构。锰酸锂电池的理论质量容量为 $148mA \cdot h/g$，实际质量容量为 $90 \sim 120mA \cdot h/g$，工作电压为 $3 \sim 4V$。锰酸锂电池的优点是锰资源丰富，价格低，安全性高，制备比较容易；缺点是理论质量容量低，与电解质的相容性不好，在深度充放电过程中电池容量衰减快。

（3）钴酸锂电池。钴酸锂电池是指用钴酸锂作为正极材料的锂离子蓄电池。钴酸锂电池的优点是电化学性能优越，易加工，性能稳定，一致性好，质量比容量高，综合性能突出；缺点是安全性较差，成本高。钴酸锂电池主要用于小电池领域，如手机、计算机等的电池。

（4）三元锂电池。三元锂电池是指使用镍钴锰酸或镍钴铝作为正极材料、石墨作为负极材料的锂电池。与磷酸铁锂电池不同，三元锂电池的电压平台很高，三元锂电池的工作电压约为 $3.7V$，这也就意味着在相同的体积或质量下，三元锂电池的能量密度、功率密度更大。除此之外，在大倍率充电和耐低温性能等方面，三元锂电池也有很大的优势。

2. 锂离子蓄电池的基本结构（图 3-35）

锂离子蓄电池主要由正极、负极、隔膜、电解液和外壳等组成。

（1）正极。正极是锂离子蓄电池的重要组成部分，通常由含锂的化合物构成，如钴酸锂、磷酸铁锂等。正极材料需要具有高的比容量、稳定的化学性能和良好的电子导电性。正极活性物质被涂覆在集流体（如铝箔）上，形成正极片。

（2）负极。负极通常由碳材料（如石墨）构成，也有采用硅基材料的趋势。负极材料需要具有高的比容量、低的电位和良好的电子导电性。与正极类似，负极活性物质被涂覆在集流体（如铜箔）上，形成负极片。

（3）隔膜。隔膜是锂离子蓄电池的关键组成部分，其主要功能是隔离正极与负极，防止电池短路，并允许锂离子在正负极之间自由穿梭。隔膜材料一般为聚烯烃类微孔膜，如聚乙烯或聚丙烯。隔膜需要具有良好的离子传导性、电子绝缘性和机械稳定性。

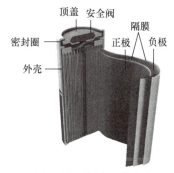
（a）圆柱形锂离子蓄电池

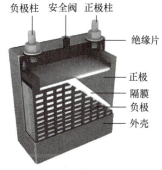
（b）方形锂离子蓄电池

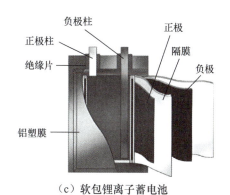
（c）软包锂离子蓄电池

图 3-35 锂离子蓄电池的基本结构

（4）电解液。电解液是锂离子蓄电池中的离子传输介质，一般为含有锂盐的有机溶剂。常用的锂盐有六氟磷酸锂、四氟硼酸锂等。电解液需要具有良好的离子传导性、化学稳定性和热稳定性。电解液的浓度、黏度和温度等会影响电池的性能。

（5）外壳。外壳是锂离子蓄电池的外部包装，主要功能是使电池内部结构不受外界环境的影响，并防止电池发生泄漏或爆炸等危险情况。外壳材料一般为金属或塑料等耐蚀性强的材料。外壳需要具有良好的密封性、机械强度和耐蚀性。

除上述基本组件外，锂离子蓄电池还包括一些组件，如电池盖、极耳、安全阀等。这些组件在电池的装配、密封和安全性等方面发挥着重要作用。

3. 锂离子蓄电池的工作原理

图 3-36 所示为锂离子蓄电池的工作原理。锂离子蓄电池充电时，正极上的锂原子电离成锂离子（脱嵌）和电子，锂离子经过电解液运动到负极，得到电子，被还原成锂原子并嵌入碳层的微孔（嵌入）；锂离子蓄电池放电时，嵌在负极碳层中的锂原子失去电子（脱嵌）而成为锂离子，通过电解液，又运动回正极（嵌入）。锂离子蓄电池的充放电过程就是锂离子在正负极间不断嵌入和脱嵌的过程，同时伴随着等当量电子的嵌入和脱嵌。锂离子越多，充放电容量就越高。

4. 锂离子蓄电池的优点

（1）高能量密度。锂离子蓄电池具有较高的能量密度，意味着在相同体积或质量下能

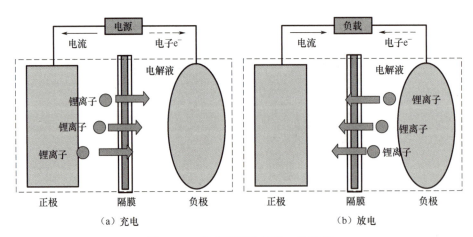

图 3-36　锂离子蓄电池的工作原理

够储存更多的电能。这一特性使锂离子蓄电池在移动设备、电动汽车及可再生能源储存等领域具有广泛应用。高能量密度不仅提高了设备的续航能力，还使电池组在设计上更加紧凑，满足了现代电子产品对轻薄、便携的需求。

（2）长循环寿命。锂离子蓄电池具有较长的循环寿命，即在充放电循环过程中能够保持较高的稳定性。这使电池在长期使用过程中仍能保持良好的性能，降低了更换电池的频率和使用成本。此外，锂离子蓄电池的充放电次数远高于其他类型电池，满足了设备长时间使用的需求。

（3）无记忆效应。锂离子蓄电池不具有记忆效应，这意味着在充电过程中无须将电池电量完全耗尽再充电。用户可以随时对电池进行充电，而不会影响电池的性能和使用寿命。这一特性大大提高了电池的易用性，为用户带来了极大的便利。

（4）低自放电率。锂离子蓄电池具有较低的自放电率，即电池在闲置状态下的电量损失较小。这使电池能够长时间保持较高的电量水平，减少了因自放电导致的电量损失。对于需要长时间存放的设备，低自放电率能够有效延长电池的使用寿命。

（5）环保无污染。锂离子蓄电池相比传统电池具有更高的环保性。其原材料和生产过程中不含有害物质，且电池在使用过程中不会产生有毒气体或有毒液体。此外，随着技术的发展，废旧锂离子蓄电池的回收和再利用逐步实现，减少了对环境的影响。

5. 锂离子蓄电池的缺点

（1）成本较高。锂离子蓄电池的生产成本较高，这主要源于其复杂的生产工艺和昂贵的原材料。例如，正极材料（如钴、镍等稀有金属）的价格波动较大，直接影响电池的制造成本。因此，锂离子蓄电池在价格上与传统蓄电池相比不具备优势，尤其在一些对成本敏感的应用领域。

（2）安全性问题。锂离子蓄电池在过充电、过放电、高温等极端条件下容易发生热失控现象，导致电池起火甚至爆炸。这种安全隐患使锂离子蓄电池在使用过程中需要严格控制充放电条件，避免发生意外。此外，废旧电池的回收和处理也需要遵循严格的环保规定，以防对环境造成污染。

（3）能量密度提升空间有限。虽然锂离子蓄电池的能量密度较高，但近年来其提升速度已逐渐放缓。随着技术的不断发展，人们对电池性能的要求不断提高，而锂离子蓄电池在能量密度方面的提升空间已经有限，从而可能限制其在一些需要更高能量密度的应用领域的进一步发展。

（4）充电速度受限。锂离子蓄电池的充电速度受到一定限制，无法实现像超级电容器一样快速充电。这主要是因为锂离子在电池内部的扩散较慢，需要较长的时间完成充电过程。因此，在使用锂离子蓄电池的设备中，用户通常需要等待较长时间充满电，这在一定程度上影响了使用体验。

（5）对环境条件敏感。锂离子蓄电池的性能和使用寿命受到环境温度的影响。在过高或过低的温度下，电池的充放电性能会下降，甚至可能导致电池损坏。这要求在使用锂离子蓄电池的设备中采取有效的温度控制措施，以确保电池正常运行。

6. 锂离子蓄电池应用案例

以某知名纯电动汽车品牌为例，其成功地将锂离子蓄电池应用于整车设计中，实现了出色的性能表现。这款纯电动汽车搭载了先进的锂离子蓄电池组，通过精确的设计和制造工艺，实现了高能量密度和稳定的放电性能。锂离子蓄电池组具备较高的能量储存能力，为汽车提供强劲的动力输出，同时保证了较长的续驶里程。这使纯电动汽车在行驶过程中无须频繁充电，大大提升了用户的出行便利性和驾驶体验。

此外，锂离子蓄电池还具备出色的充放电效率和循环寿命。通过智能的电池管理系统，该纯电动汽车能够精确控制电池的充放电过程，避免过充电和过放电对电池造成损害。同时，锂离子蓄电池的循环寿命较长，能够在多次充放电后依然保持稳定的性能，从而延长了整车的使用寿命。

除了性能方面的优势，锂离子蓄电池还具有环保特性。相比传统的铅酸蓄电池或镍氢蓄电池，锂离子蓄电池不含有害重金属，对环境的影响较小。这符合纯电动汽车作为绿色出行方式的定位，有助于推动可持续发展和环保出行。

综上所述，锂离子蓄电池具有高能量密度、长循环寿命和环保无污染等优势。随着技术的不断进步和成本的降低，锂离子蓄电池将在电动汽车领域发挥更加重要的作用，推动电动汽车产业的快速发展。

3.4.5　电池管理系统

电动汽车动力蓄电池组是由成百上千个单体蓄电池组成的，必须对这些单体蓄电池进行管理，以发挥最大的作用。电池管理系统是指监视蓄电池的状态（如电压、电流、温度、荷电状态等），可以为蓄电池提供通信、安全、单体蓄电池均衡及管理控制，并提供与应用设备通信接口的系统。电池管理系统通过控制蓄电池的充放电过程实现对蓄电池的保护，提升蓄电池的综合性能。

1. 电池管理系统的组成

电池管理系统主要由检测模块、均衡电源模块和控制模块三部分组成，如图 3-37 所示。

（1）检测模块。检测模块能够对电池模组中各单体蓄电池的电压、电流、温度等关键

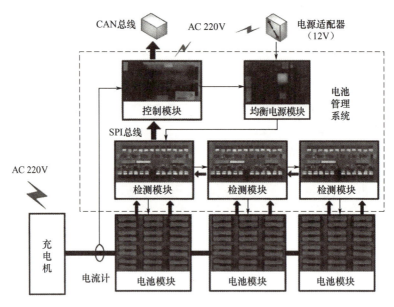

图 3-37 电池管理系统的组成

状态参数进行准确和实时的检测，并通过串行外围设备接口（serial peripheral interface，SPI）总线上报给控制模块。

（2）均衡电源模块。均衡电源模块能够平衡单体蓄电池间的电压差异，解决蓄电池组的"短板效应"。

（3）控制模块。控制模块能够根据既定策略完成控制功能，实现荷电状态估计，同时将电池状态数据通过 CAN 总线发送给整车的其他电子控制单元。

电池管理系统在电动汽车上的连接关系如图 3-38 所示。

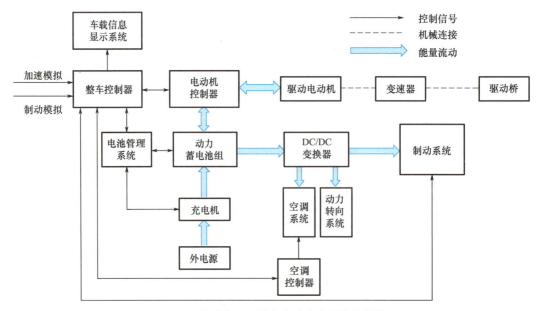

图 3-38 电池管理系统在电动汽车上的连接关系

电池管理系统和动力蓄电池组组成了电池包整体，与电池管理系统有通信关系的两个部件分别是整车控制器和充电机。电池管理系统向上通过 CAN 总线与整车控制器通信，上报电池包状态参数，接收整车控制器指令，配合整车需要，确定功率输出；向下监控整个蓄电池包的运行状态，使蓄电池包不受过放电、过热等非正常运行状态的侵害；在充电过程中，与充电机交互，管理充电参数，监控充电过程正常完成。每种电动汽车的电池管理系统的具体组成与结构会有差异。

2. 电池管理系统的功能

电池管理系统的功能有蓄电池参数检测、蓄电池状态估计、蓄电池热管理、蓄电池均衡控制、充电控制、在线故障诊断、蓄电池安全控制与报警、网络通信、信息存储、电磁兼容等。

（1）蓄电池参数检测。蓄电池参数检测包括总电压检测、总电流检测、单体蓄电池电压检测（防止出现过充电、过放电甚至反极现象）、温度检测（最好每串蓄电池、关键电缆接头等均有温度传感器）、烟雾探测（检测电解液泄漏等）、绝缘检测（检测漏电）等。其中，温度检测包括蓄电池温度检测、环境温度检测和电池箱温度检测等。

（2）蓄电池状态估计。蓄电池状态包括荷电状态或放电深度（depth of discharge，DOD）、健康状态（state of health，SOH）、功能状态（state of function，SOF）、能量状态（state of energy，SOE）、故障及安全状态（safety of status，SOS）等，其中最常见的是荷电状态估计和健康状态估计。

（3）蓄电池热管理。根据蓄电池组内的温度分布信息及充放电需求，决定主动加热/散热的强度，使蓄电池尽可能工作在最适合的温度，充分发挥蓄电池的性能。

（4）蓄电池均衡控制。蓄电池不一致分为容量不一致、电阻不一致和电压不一致。特别是容量不一致会使蓄电池组的容量小于组中最小单体蓄电池的容量。蓄电池均衡是指根据单体蓄电池信息，采用主动或被动、耗散或非耗散等均衡方式，尽可能使蓄电池组容量接近最小单体蓄电池的容量。

（5）充电控制。电池管理系统中有一个充电管理模块，它能够根据蓄电池的特性、温度及充电机的功率等级，控制充电机给蓄电池安全充电。

（6）在线故障诊断。在线故障诊断包括故障检测、故障类型判断、故障定位、故障信息输出等。故障检测是指通过采集到的传感器信号，采用诊断算法诊断故障类型，并进行早期预警。蓄电池故障是指蓄电池组、高压电回路、热管理等子系统的传感器故障，执行器故障（如接触器、风扇、泵、加热器等），以及网络故障、控制器软硬件故障等。蓄电池组本身故障是指电压（过充电）、欠电压（过放电）、过电流、超高温、内部短路故障、接头松动、电解液泄漏、绝缘能力降低等。

（7）蓄电池安全控制与报警。蓄电池安全控制包括热系统控制、高压电安全控制。电池管理系统诊断到故障后，通过网络通知整车控制器，并要求整车控制器进行有效处理（超过一定阈值时电池管理系统可以切断主回路电源），以防止高温、低温、过充电、过放电、过电流、漏电等损害蓄电池和对人身造成伤害。

（8）网络通信。电池管理系统需要与整车控制器等网络节点通信；同时，电池管理系统在车上拆卸不方便，需要在不拆壳的情况下进行在线标定、监控、自动代码生成和在线

程序下载（程序更新而不拆卸产品）等，一般的车载网络均采用CAN总线技术。

（9）信息存储。电池管理系统可用于存储关键数据，如荷电状态、健康状态、功能状态、能量状态、累积充放电安时数、故障码和一致性等。

（10）电磁兼容。由于电动汽车的使用环境恶劣，因此要求电池管理系统具有好的抗电磁干扰能力，并且对外辐射小。

电池管理系统的具体组成和功能应以实际车型的电池管理系统为准。电动汽车中的实际电池管理系统可能只具有上面提到的部分功能。

3. 电池管理系统应用案例

在电动汽车的设计中，电池管理系统的应用至关重要。以某知名品牌的电动汽车为例，其电池管理系统在整车性能提升和安全性保障方面发挥了关键作用。

该电动汽车的电池管理系统具备先进的电池监控功能，能够实时监测电池组的电压、电流、温度等关键参数，并通过算法分析确保电池工作在最佳状态。在充电过程中，电池管理系统能够智能调节充电电流和电压，避免过充电或过放电对电池造成损害，从而延长电池的使用寿命。

此外，电池管理系统还具备故障诊断和预警功能。当电池出现异常情况（如温度过高或内阻异常）时，电池管理系统立即发出警报并采取相应的保护措施，以防止故障扩大，保证整车的安全。

在实际应用中，该电动汽车的电池管理系统凭借出色的性能，赢得了用户的广泛好评。它不仅能够提供稳定的动力输出，还能够在复杂多变的行驶环境中具有优异的能效表现。电池管理系统的应用还提高了整车的安全性和可靠性，为用户提供了更安全、更舒适的驾驶体验。

综上所述，电动汽车电池管理系统在提升整车性能和保障安全等方面发挥着重要作用，是电动汽车设计中的关键组成部分。

3.4.6 动力电池梯次利用

随着纯电动汽车保有量的快速增大和动力电池的使用寿命逐渐到期，动力电池梯次利用及资源回收越来越受到重视。从纯电动汽车上退役的动力蓄电池一般具有初始容量 $60\%\sim80\%$ 的剩余容量，并且具有一定的使用寿命，目前主要有两种可行的处理方法：一是梯次利用，即将退役的动力蓄电池用在储能等其他领域作为电能的载体，从而充分发挥其剩余价值；二是拆解回收，即对退役的动力蓄电池进行放电和拆解，提炼原材料，从而实现循环利用。

1. 动力电池梯次利用的定义

动力电池梯次利用是指将纯电动汽车不能再使用的动力蓄电池（或其中的动力蓄电池包、蓄电池模块、单体蓄电池等）应用到其他领域的过程，可以一级利用，也可以多级利用，如图3-39所示。

2. 动力电池梯次利用方向

动力电池梯次利用方向很多，可以替代传统铅酸蓄电池作为通信备用电源、新能源路

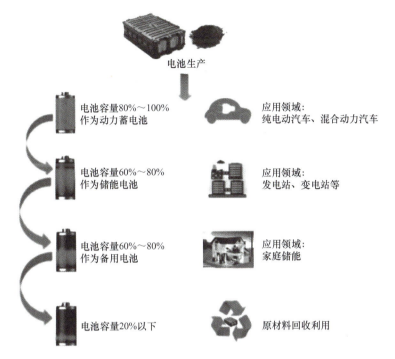

图 3 - 39　动力电池的梯次利用

灯、低速纯电动汽车、纯电动自行车等；也可以开发微电网市场，用作微电网储能系统、移动式充电车、家用微电网储能柜、电网用户侧储能系统等。图 3 - 40 所示为动力电池梯次利用方向。

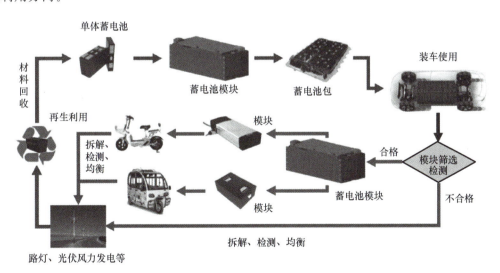

图 3 - 40　动力电池梯次利用方向

3. 动力电池梯次利用的性能分析

动力电池梯次利用要进行以下性能分析。

（1）安全性。从现有研究和使用情况来看，没有发现梯次利用电源产品在安全性方面与新电池制造的电源产品存在明显差异，与铅酸蓄电池也没有明显差异。

（2）电源整体性能。通过可梯次利用电源筛选、配组标准的控制，可以保证梯次利用电源产品的电压等级、有效容量、充放电性能等主要性能指标与新电池制造的电源产品基本一致。

（3）使用寿命。从理论上分析，如果按动力电池剩余容量80%退役，电动汽车使用五年，梯次利用场景为通信备用电源测算，磷酸铁锂电池梯次利用产品的使用寿命（五年）与铅酸蓄电池的相同，三元锂电池梯次利用产品的使用寿命（2~3年）比铅酸蓄电池的短。

（4）经济性。按现有市场价格测算，磷酸铁锂电池梯次利用电源产品的销售价格与铅酸蓄电池产品基本持平。如果二者的使用寿命相同，则两种产品的经济性持平；如果磷酸铁锂电池的使用寿命更长，则经济性更佳。

 应用案例 3-4

新能源汽车动力电池设计的典型案例

随着全球对新能源汽车的持续关注，动力电池作为新能源汽车的核心组成部分，其设计不仅直接决定了汽车的续驶里程、动力性，还影响汽车的安全性和成本。下面介绍一个典型的新能源汽车动力电池设计案例，并深入探讨其与整车的匹配设计。

1. 动力电池系统概述

本例中的动力电池系统采用了高能量密度的锂离子蓄电池，其具有高能量密度、长使用寿命、高安全性及快速充电等特点。采用先进的电池管理技术和热管理技术可以保证电池系统的高效、稳定运行。

2. 单体蓄电池设计

单体蓄电池作为动力电池系统的基本单元，其性能直接影响整个系统的性能。该动力电池系统的单体蓄电池采用了先进的材料配方和结构设计，确保了高能量密度和长使用寿命。

（1）电极材料。正极材料采用高镍三元材料，负极材料采用硅基复合材料，这两种材料均具有高能量密度和优异的循环性能。

（2）电解液配方。采用新型添加剂和电解质，提高了电解液的离子传导能力和电池的安全性。

（3）电池结构。采用方形结构，通过优化电池内部结构和材料配比，提高了电池的能量密度和安全性。

3. 电池管理系统设计

电池管理系统是动力电池系统的关键组成部分，负责监控、保护和管理单体蓄电池。本例中的电池管理系统采用先进的智能控制技术和高精度传感器，实现了对单体蓄电池电压、温度、电流等参数的实时监测和精确控制。

（1）监测功能。电池管理系统能够实时监测每个单体蓄电池的电压、温度和电流等参数，确保电池在安全范围内运行。

（2）保护功能。电池管理系统具备过充电、过放电、过热等保护功能，保证动力电池系统安全运行。

（3）能量管理功能。电池管理系统能够根据汽车行驶状态和用户需求，智能调整电池的能量输出和回收策略，实现能量的高效利用。

4. 热管理技术

热管理技术是动力电池系统设计中不可忽视的一环。本例中的动力电池系统采用了先进的热管理技术，通过优化散热结构和热管理策略，确保电池在充放电过程中保持适宜的温度范围。

（1）散热结构设计。采用高效的散热片和风扇等散热设备，提高了电池的散热效率。

（2）热管理策略。根据电池的工作状态和温度情况，智能调整散热设备的工作状态，确保电池在适宜的温度范围内运行。

5. 动力电池与整车的匹配设计

动力电池与整车的匹配设计是新能源汽车设计的重要环节，它关系到汽车的性能和成本。在本例中，动力电池与整车的匹配设计主要体现在以下几个方面。

（1）能量密度与续驶里程的匹配。根据整车的续驶里程需求，选择合适的电池能量密度，确保汽车在满足续驶里程需求的同时，不会造成能源浪费。

（2）电池尺寸与安装空间的匹配。根据整车的安装空间和结构设计，定制合适的电池尺寸和形状，确保电池顺利安装并固定在汽车内部。

（3）电池管理系统与整车控制系统的匹配。电池管理系统与整车控制系统需要无缝对接，确保两者之间的信息传输和控制指令的准确执行。

（4）电池安全性与整车安全性的匹配。动力电池系统的安全性需要符合整车安全性的要求，包括碰撞安全、防水防尘、防火等要求，确保汽车发生意外时，动力电池系统不会成为安全隐患。

6. 结论

此案例详细介绍了新能源汽车动力电池的设计特点、技术亮点及其与整车的匹配设计。该动力电池系统采用了高能量密度的锂离子蓄电池技术和先进的电池管理系统，具有长使用寿命、高安全性、快速充电等特点。通过与整车的精确匹配设计，保证了汽车的高性能、安全性和经济性。随着新能源汽车技术的不断发展，动力电池的设计和优化将继续深入，为新能源汽车的普及和推广提供有力支持。

3.5　新能源汽车电驱动技术

3.5.1　驱动电动机的类型与工作原理

驱动电动机主要有直流电动机、感应异步电动机、永磁同步电动机和开关磁阻电动机。

1. 直流电动机

直流电动机是一种以直流电为动力源的电动机。它以高效、稳定及可调速等特性，在众多领域发挥着重要作用。

直流电动机的工作原理基于电磁力。在定子中产生恒定磁场，当带有电流的转子在定子磁场中时，两者相互作用产生电磁力，驱动转子旋转。改变电流的方向，可以控制转子的旋转方向，实现正反转。同时，调整电流，可以改变电动机的转速，实现调速功能。

直流电动机具有许多优点：①起动性能和调速性能良好，可以迅速响应外部指令，实现精确控制；②具有较高的效率，能将电能高效地转换为机械能，减少能量损失；③过载能力强，能在一定范围内过载运行，保证设备稳定运行。

【拓展视频】

2. 感应异步电动机

感应异步电动机又称异步电动机，是工业生产和日常生活中广泛应用的电力驱动设备。其设计精巧、运行稳定、维护便捷，成为许多动力系统的首选。

感应异步电动机一般由定子（静止不动的部分）、转子（旋转产生动能的部分）、机座（连接定子和转子的壳体）和散热部件等构成，如图 3-41 所示。转子由导电性好的金属材料（如铝、铜等）制成，大多采用鼠笼式结构。工作时通过给定子通电，并与转子感应电流相互作用产生电磁转矩使转子转动。"异步"之意就是在运行时，转子的转速总是小于旋转磁场的转速。

定子

转子

图 3-41 感应异步电动机的结构

感应异步电动机的基本工作原理基于电磁感应与旋转磁场的相互作用。定子中的三相交流电产生旋转磁场；而转子中的导体在磁场中切割磁力线，产生感应电流。这些感应电流与旋转磁场相互作用，产生电磁转矩，从而驱动转子旋转。

感应异步电动机具有诸多优点：①结构简单，制造成本较低，在大规模生产中具有显著优势；②运行稳定，可靠性高，能适应各种恶劣环境和工作条件；③调速范围大，能满足不同应用场景的需求。

3. 永磁同步电动机

永磁同步电动机是一种利用永磁体产生磁场的同步电动机。永磁体安装在转子上，利用其实现定子磁场和转子磁场的同步旋转，从而达到驱动负载的目的。

永磁同步电动机与交流感应电动机的基本结构和外观大致相同，都由定子、转子、电动机外壳等组成；而转子的结构、用料和工作原理存在差异。图 3 - 42 所示为永磁同步电动机的结构。

定子

永磁材料的转子

图 3 - 42　永磁同步电动机的结构

在工作原理上，永磁同步电动机依靠控制器对定子绕组输入三相交流电，产生旋转磁场。这个旋转磁场与转子上的永磁体磁场相互作用，产生电磁转矩，从而驱动转子旋转。永磁体使电动机无须额外的励磁电流，因此提高了能量转换效率。

永磁同步电动机具有诸多特点：①具备高效率，由于磁场由永磁体直接提供，因此能量损耗较低；②具有高功率密度，在有限的空间内提供强大的动力输出；③调速范围大，控制精度高，适用于多种应用场景；④运行稳定、可靠，维护成本低，受到广泛青睐。

4. 开关磁阻电动机

开关磁阻电动机是一种基于磁阻最小原理工作的新型电动机。其设计独特，结构简单，依赖转子和定子间的特殊几何结构及相应的控制策略，实现电能到机械能的转换。

开关磁阻电动机的工作原理基于磁阻最小原理。当定子绕组通电时，产生的磁场会使具有最小磁阻（磁通最大）位置的转子转动到与定子对齐的位置。通过依次给各相定子绕组通电，产生旋转磁场，从而驱动转子旋转。在此过程中，控制器通过精确控制各相绕组的通断，实现对电动机转速和转矩的精确控制。

开关磁阻电动机具有结构简单、坚固、工作可靠、效率高、成本低、维护简单等特点。此外，其调速范围大、低速性能好，非常适合需要频繁启停及正反转的场合。然而，其转矩脉动大、噪声与振动水平高、控制系统复杂等问题也需关注。

在乘用车领域，目前主要使用感应异步电动机和永磁同步电动机。我国、日本及欧洲部分国家的纯电动汽车用驱动电动机主要以永磁同步电动机为主，而美国以感应异步电动机为主。永磁同步电动机具有高转矩密度、高功率密度、高效率、高可靠性等优点。我国有丰富的稀土资源，因此高性能永磁同步电动机是我国车用驱动电动机的重要发展方向。

3.5.2　电动机控制器

电动机控制器是控制动力电源与电动机之间能量传输的装置，是控制电动机驱动整车行驶的控制单元，属于纯电动汽车的核心零部件。

电动机控制器在纯电动汽车中主要连接动力蓄电池与驱动电动机。电动机控制器的连接如图3-43所示。它根据整车的需求，从动力蓄电池获得直流电，经过逆变器的调制，获得控制电动机需要的交流电，并提供给驱动电动机，使驱动电动机的转速和转矩满足整车的加速、减速、制动、停车等需求。

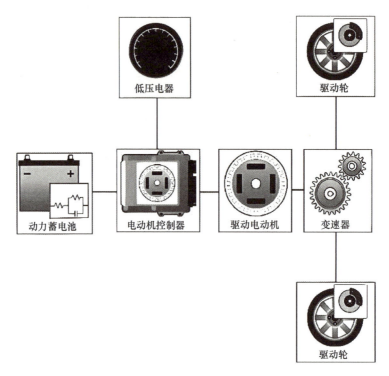

低压电器　　驱动轮

动力蓄电池　电动机控制器　驱动电动机　变速器

驱动轮

图3-43　电动机控制器的连接

电动机控制器的功能及复杂度会随电动机工况的需要而不同。纯电动汽车的电动机控制器一般应具有以下功能。

（1）把直流电转换成交流电。动力蓄电池提供的是直流电，而驱动电动机需要的是交流电，因此电动机控制器必须把动力蓄电池提供的直流电转换成驱动电动机需要的交流电。这种转换依靠电动机控制器中的逆变器。

（2）控制驱动电动机的正反向旋转。传统燃油汽车的前进和后退主要依靠变速器的前进挡和倒挡，但纯电动汽车的前进和后退主要依靠驱动电动机的正反向旋转，因此电动机控制器应该能够根据纯电动汽车的前进和后退控制驱动电动机的正向旋转和反向旋转。

（3）控制驱动电动机的输出。纯电动汽车有不同的行驶工况，这些行驶工况对驱动电动机的动力输出和转速输出的要求不同，电动机控制器应能够根据纯电动汽车的行驶工况控制驱动电动机的输出，以满足纯电动汽车行驶的需求。例如，纯电动汽车起动时需要较大的起动转矩，要求电动机控制器在低速时能控制驱动电动机输出较大的电流；纯电动汽车巡航行驶时，需要稳定的输出转矩，要求电动机控制器在巡航时能控制驱动电动机输出稳定的电流。纯电动汽车行驶过程中，驾驶人踩加速踏板时，整车控制器将加速踏板的开度转换为正转矩，通过CAN报文发送给电动机控制器，电动机控制器按照该转矩值控制驱动电动机输出以驱动纯电动汽车行驶。

（4）控制能量回收。纯电动汽车减速或制动时，电动机控制器将驱动电动机作为发电机运行产生的三相交流电，经过整流变成直流电反馈到动力蓄电池，实现能量回收，提高纯电动汽车的续驶里程。驾驶人踩制动踏板时，整车控制器根据制动踏板信号及车速信号，将负转矩通过 CAN 报文发送给电动机控制器，电动机控制器按照该转矩值控制驱动电动机发电，并将能量反馈到动力蓄电池，实现能量回收。

（5）实现 CAN 通信。电动机控制器具备高速 CAN 通信功能，能根据整车 CAN 协议内容正确地进行 CAN 报文发送、接收及解析，有效地实现各系统及整车功能策略，控制驱动电动机安全、可靠运行，确保汽车安全行驶。

（6）主动放电功能。电动机控制器中有大容量电容，考虑电容自行放电时间长，存在高压安全风险，故电动机控制器需具备主动放电功能。主动放电的含义是电动机控制器高压电源被切断后，切入专门的放电回路，电动机控制器支撑电容快速放电过程。主动放电的要求是电动机控制器进行主动放电时，支撑电容放电至 60V 所需时间应不超过 3s。

（7）安全保护功能。电动机控制器应具备故障检测、故障提醒、故障处理等安全保护功能；能有效根据故障危害程度进行故障报警、停机等分级处理，在确保产品及整车使用安全的同时，更好地满足纯电动汽车行驶需求。

3.5.3　电驱动系统

电驱动系统（图 3−44）主要由电动机、控制器和机械传动装置组成，它的结构形式直接影响电动汽车驱动系统的布置形式。

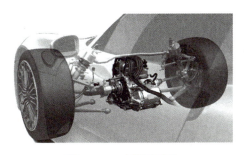

图 3−44　电驱动系统

随着电动汽车技术的不断发展，电驱动系统集成化已经成为必然趋势。通过集成化，汽车企业一方面可以简化主机厂的装配，提高产品合格率；另一方面可以大规模缩减供应商，还可以达到轻量化、节约成本等目的。

三合一电驱动系统是指将电动机、控制器和减速器集成为一体，已成为电动汽车电驱动系统的主流。

图 3−45 所示为博世的三合一电驱动系统。该系统将永磁同步电动机、电动机控制器和二级减速器集成在一起。其输出功率为 150kW，输出转矩为 3800N·m，质量为 90kg，功率密度为 1.67kW/kg，可用于总质量小于或等于 7.5t 的车型。

电动汽车的核心技术之一是电驱动系统，而集成化电驱动系统的发展已成为未来电动汽车技术进步的重要方向。

图 3 - 45　博世的三合一电驱动系统

（1）高度集成化与模块化设计。电动汽车集成化电驱动系统的发展趋势之一是高度集成化与模块化设计。对电动机、控制器、减速器等部件进行一体化设计，可以减小整个电驱动系统的体积和质量，提高系统的能量密度和功率密度。同时，模块化设计使得电驱动系统更易维修和升级，提高了系统的可靠性和灵活性。

（2）智能化与高效化控制策略。随着人工智能和控制技术的不断发展，电动汽车集成化电驱动系统的控制策略呈现智能化与高效化的趋势。采用先进的控制算法和传感器技术，可以实现对电驱动系统运行状态的实时监测和精确控制，从而提高系统的响应速度和运行效率。此外，智能化的控制策略还可以根据汽车的实际需求进行自适应调整，进一步提高系统的能效和性能。

（3）多能源协同与智能管理。电动汽车集成化电驱动系统的发展趋势还有多能源协同与智能管理。随着可再生能源技术的不断发展，电动汽车将越来越依赖多种能源形式的协同工作。采用集成化的电驱动系统，可以实现不同能源之间的智能切换和协调管理，从而提高能源利用效率和降低运行成本。同时，智能管理可以根据汽车的实际需求和运行环境进行能量优化分配，进一步提高电动汽车的续驶里程和性能。

电动汽车集成化电驱动系统的发展趋势涵盖了高度集成化与模块化设计、智能化与高效化控制策略、多能源协同与智能管理等方面。它们将进一步推动电动汽车技术的进步和应用范围的扩大，为环保出行和可持续发展作出重要贡献。随着技术的不断创新和市场的不断扩大，电动汽车集成化电驱动系统将迎来更加广阔的发展前景和更多的机遇。

 应用案例 3 - 5

新能源汽车电驱动系统设计的典型案例

随着新能源汽车技术的快速发展，电驱动系统作为其核心技术之一，其设计质量直接决定了整车的性能。一种典型的电驱动系统由电动机、控制器和减速器三大部分组成，它们协同工作，为汽车提供高效、稳定的动力输出。

1. 电动机设计

本例中的电动机采用了永磁同步电动机，其是一种广泛应用于新能源汽车的高性能电动机。该电动机具有高效率、高功率密度、宽调速范围等优点，能够满足新能源汽车在各种工况下的动力需求。

电动机设计的关键在于磁路结构和绕组布局的优化。在本例中，通过精细的磁路分析和绕组设计，电动机在轻载和重载工况下都能保持较高的效率。同时，电动机采用了轻量化设计，降低了整车质量，提高了能耗经济性。

2. 减速器设计

为了满足新能源汽车对动力性和经济性的双重要求，本例中的电驱动系统采用了单速比减速器。这种减速器结构简单、可靠性高，且能够降低系统成本。

然而，单速比减速器存在一定的局限性，即在某些工况下无法充分发挥电动机的性能。为了弥补这一缺陷，本例中的减速器采用了先进的控制策略，通过调整电动机的工作点和控制参数，实现了在不同工况下的动力性能优化。

3. 控制器设计

控制器是电驱动系统的核心部件之一，它负责接收驾驶人的指令，并根据车辆状态和环境信息，对电动机和减速器进行精确控制。在本例中，控制器采用了先进的数字信号处理器和专用控制算法，具有高性能、高精度和强稳定性等特点。

控制器的设计重点在于控制算法的优化和硬件结构的创新。在本例中，通过引入先进的控制算法，如矢量控制、模型预测控制等，提高了控制精度和动态性能。同时，控制器采用了模块化设计，将不同的功能模块集成在一个芯片上，降低了系统成本并提高了可靠性。

4. 系统集成与优化

在电驱动系统的设计中，系统集成与优化是一个关键环节。本例中的电驱动系统通过精确的参数匹配和协同控制策略，实现了电动机、控制器和减速器之间的无缝衔接和高效协同工作。

同时，为了满足不同用户的需求和工况条件，本例中的电驱动系统具备多种工作模式和控制策略。例如，在城市拥堵工况下，系统可以采用节能模式以降低能耗；在高速行驶工况下，系统可以采用运动模式以充分发挥电动机的性能。

5. 结论

本例中的新能源汽车电驱动系统设计充分考虑了电动机、控制器和减速器之间的协同工作关系，通过优化设计和控制策略，实现了高效、稳定、可靠的动力输出。这种电驱动系统设计不仅满足了新能源汽车对动力性和经济性的要求，还为用户提供了更舒适、更安全的驾驶体验。

3.6　新能源汽车整车设计与制造

3.6.1　新能源汽车整车设计流程与方法

新能源汽车整车设计是一个复杂且系统的过程，涉及多个环节与专业知识。下面对其设计流程进行简要概述。

1. 需求分析

在新能源汽车整车设计流程中，需求分析是至关重要的一步。在这一阶段，设计团队需要深入洞察市场需求，理解消费者的期望与偏好，包括续驶里程、性能等方面；还需充分考虑国家政策法规和行业标准，确保设计方案合规且具有竞争力。通过细致的市场调研和用户需求分析，设计团队能够准确把握市场脉搏，为新能源汽车整车设计奠定坚实基础，确保最终产品能够满足市场需求，获得消费者的认可。

以某款电动汽车为例，在需求分析阶段，设计团队深入调研了市场趋势和消费者偏好。他们发现，用户对续驶里程、驾驶体验及智能化功能有较高要求。基于此，团队明确了车辆应具备长续驶里程、舒适稳定的驾驶感受及先进的智能互联系统。同时，考虑环保法规，团队确定了车辆应满足低排放量、高效能的标准。这些具体需求为后续设计指明了方向。

2. 概念设计

新能源汽车整车设计流程中的概念设计环节是创新思维的集中体现。在这一阶段，设计团队将结合市场分析与用户需求，提出新颖独特的整车设计概念。他们通过绘制草图、制作三维模型等方式，不断探索和优化设计方案，力求在造型、内饰和动力布局等方面实现创新与突破。概念设计的成功将为后续详细设计提供有力指导，为新能源汽车整车设计注入新的活力与魅力。

以一款新型纯电动汽车为例，设计团队在概念设计阶段充分发挥想象力，提出了"绿色智能出行"的设计理念。他们设想汽车造型流畅、线条简洁，内饰科技感强，注重人机交互体验。在动力布局上，团队创新性地提出了高效节能的动力系统方案。这一概念设计不仅符合市场需求，还引领了新能源汽车设计的新潮流。

3. 详细设计

新能源汽车整车设计流程中的详细设计环节是确保汽车性能与质量的关键。在这一阶段，设计团队深入钻研每个细节，对车身结构、底盘系统、动力系统、电池管理系统等进行精确计算和建模。他们充分利用先进的设计工具和技术进行仿真分析和优化，确保各个部件的协调性和整车性能的最佳状态。通过详细设计，新能源汽车不仅能够满足用户的期望，还能在性能方面达到卓越水平。

以一款智能电动轿车为例。在详细设计阶段，设计师深入研究了车身结构，采用了轻质材料和先进的制造工艺，以实现更高的能效和性能；同时，对电驱动系统、电池组进行了精确计算和优化，确保汽车动力充沛且续驶里程满足用户需求。此外，车内智能化配置（包括智能导航、语音助手等）也是重点，其为用户提供了便捷、舒适的驾乘体验。通过详细设计，这款电动轿车的性能与质量均达到了市场领先水平。

4. 仿真分析与优化

新能源汽车整车设计流程中的仿真分析与优化环节至关重要。在此阶段，设计团队运用先进的仿真软件，对整车的动力性、经济性、操纵稳定性等关键性能进行了精确模拟与评估。通过反复的分析与优化，设计团队能够精准地识别潜在问题，提出有效的改进措施。这不仅有助于提高新能源汽车的性能与质量，还能为后续的样车试制与量产提供坚实的技术支撑。通过仿真分析与优化，新能源汽车的设计更精准、更高效，为市场带来更具竞争力的产品。

以某款纯电动 SUV 为例。在仿真分析与优化阶段，设计团队利用先进的仿真软件，对汽车的动力性、操纵稳定性等进行了全面评估。通过对比仿真结果与实际需求，团队发现汽车在高速行驶时存在风阻较大的问题。针对这一问题，设计团队优化了车身造型，减小了空气阻力，提高了整车的能效。这一仿真分析与优化的过程确保了汽车性能达到最佳状态，为后续量产奠定了坚实基础。

5. 样车试制与试验验证

新能源汽车整车设计流程中的样车试制与试验验证是确保产品质量的关键环节。首先，进行样车的初步设计与构建，对关键零部件进行选型验证，确保其性能稳定、可靠。其次，进行整车集成与调试，优化各系统间的配合。再次，通过性能测试与评估，全面了解样车的各项性能参数，耐久性与可靠性试验、安全性验证等环节可进一步确保样车的稳定与安全。最后，进行法规与标准符合性检查，并根据问题反馈进行改进，确保样车满足市场需求与法规要求。

以某款新型纯电动汽车为例。在详细设计与仿真分析后，设计团队开始了样车的试制工作。样车制造完成后，进行了一系列严格的试验验证，包括可靠性测试、安全性测试及耐久性测试等。这些试验验证了样车的各项性能指标均符合预期要求，且在实际使用环境中表现稳定、可靠。通过样车试制与试验验证，设计团队对整车设计进行了进一步的完善，为后续的量产工作打下了坚实基础。

6. 量产准备与改进

新能源汽车整车设计流程的最后一个阶段是量产准备与改进。在此阶段，设计团队需针对样车试制与试验验证中暴露出的问题进行细致的梳理和分析，并提出具有针对性的改进措施；同时，需制订详尽的量产计划，确保生产线布局合理、设备配置齐全、工艺流程优化。此外，设计团队还需与供应商密切协作，确保零部件供应稳定、可靠。通过充分的量产准备与改进，设计团队为新能源汽车的顺利量产奠定了坚实基础。

以某款新型纯电动汽车为例。在样车试制与试验验证后，设计团队开始量产准备工作。他们详细规划了生产线布局，确保生产效率最大化；同时，针对试制过程中发现的问题，他们进行了针对性改进，如优化生产工艺、提升零部件质量等。此外，设计团队还与供应商紧密合作，确保原材料供应稳定、可靠。通过这些量产准备与改进措施，该纯电动汽车顺利实现了从研发到量产的过渡，为市场推广奠定了坚实基础。

通过以上流程，新能源汽车整车设计得以完成。在设计过程中，设计团队需注重创新、实用与可靠性，不断优化设计方案，为市场提供高质量的新能源汽车产品。

3.6.2　新能源汽车整车性能分析与优化

随着全球能源危机的加剧和人们环保意识的日益增强，新能源汽车以低能耗、低排放量、高效率等优势，成为汽车工业发展的重要方向。然而，新能源汽车在市场推广和实际应用中仍面临诸多挑战，其中整车性能问题尤为突出。因此，对新能源汽车整车性能进行深入分析与优化，成为提高市场竞争力、推动产业持续发展的关键。

1. 新能源汽车整车性能分析

（1）动力性。新能源汽车的动力性主要受到电池、电动机、控制系统等核心部件的影响。对这些部件的性能参数进行测试与评估，可以分析出整车在加速、爬坡、最高车速等方面的表现。

（2）续驶里程。续驶里程是衡量新能源汽车性能的重要指标。它受到电池容量、能量密度、整车质量、行驶环境等因素的影响。对这些因素进行综合分析，可以评估出整车的续驶能力。

（3）安全性。安全性是新能源汽车的基本要求，包括汽车的结构安全、制动性能、稳定性等方面。对汽车在各种工况下进行性能测试，可以评估出整车的安全性。

2. 新能源汽车整车性能优化策略

（1）优化动力系统。采用改进电池技术、提高电动机效率、优化控制策略等手段，可以有效提升新能源汽车的动力性能。例如，采用高性能锂电池替代传统的铅酸蓄电池，可以提高电池的能量密度和循环寿命；采用先进的矢量控制策略，可以提高电动机的响应速度和输出转矩。

（2）提升续驶里程。提升续驶里程需要从多个方面入手。首先，提高电池的能量密度和降低汽车自重，可以直接提升续驶里程。其次，优化汽车的动力系统和热管理系统，降低能量损耗，也可以提升续驶里程。此外，采用能量回收技术，将制动过程中产生的能量回收并储存到电池中，也能提升续驶里程。

（3）加强安全设计。在安全性方面，新能源汽车应注重汽车结构的安全设计，提高碰撞安全性。同时，优化制动系统和稳定控制系统，提高汽车的制动性能和行驶稳定性。此外，加强汽车的故障诊断和预警，及时发现并解决潜在的安全隐患，也可以提高汽车的安全性。

新能源汽车整车性能分析与优化是一项复杂、重要的工作。通过对动力性、续驶里程和安全性等方面的深入分析，可以找出影响整车性能的关键因素。在此基础上，通过优化动力系统、提升续驶里程和加强安全设计等手段，可以有效提升新能源汽车的整车性能，推动其在市场上的广泛应用和持续发展。

3. 应用案例

例如，对某款新能源汽车进行整车性能分析，发现其在动力性和续驶里程方面表现优异，但驾驶体验及舒适性方面仍有提升空间。针对这些问题，进行以下优化。

首先，在动力系统方面，通过升级电动机控制算法，提高了动力响应速度和输出稳定性，使驾驶更顺畅。其次，优化电池管理系统，提升能量利用效率，有效提升了续驶里程。此外，还加强了汽车隔音设计，减少了噪声和振动，提高了乘坐舒适性。

经过优化，这款新能源汽车的整车性能有了显著提升，不仅满足了消费者对动力性和续驶里程的基本需求，还提供了更加舒适的驾驶体验。这一实例充分展示了新能源汽车整车性能分析与优化的重要性，为行业的持续改进提供了有益的参考。

　新能源汽车整车安全性与可靠性设计

随着新能源汽车市场的快速发展，消费者对汽车安全性与可靠性的要求不断提高。因此，新能源汽车的整车安全性与可靠性设计成为汽车制造商必须面对的重要课题。

1. 新能源汽车整车安全性设计

（1）车身结构安全设计。车身结构安全设计是新能源汽车整车安全性设计的基础。通过采用高强度材料和先进的结构设计，确保汽车在碰撞时有效地吸收和分散冲击力，降低乘员受伤的可能性。此外，新能源汽车还需要对电池等关键部件进行特殊保护设计，以防止电池在碰撞过程中发生泄漏、起火等危险情况。

（2）主动安全技术。主动安全技术是新能源汽车提高整车安全性的重要手段。通过配备智能驾驶辅助系统、碰撞预警系统、自适应巡航系统等先进的主动安全技术，实现对汽车行驶状态的实时监控和预警，帮助驾驶人及时发现并避免潜在的安全隐患。

（3）电池安全设计。电池作为新能源汽车的核心部件，其安全性直接关系到整车的安全性。因此，电池安全设计是新能源汽车整车安全性设计的重点。在蓄电池包的设计中，应采用多层结构和热隔离等安全措施，防止电池因过热、过充电、过放电等发生爆炸或起火。另外，还需要对电池管理系统进行优化，确保电池在正常工作范围内工作，避免出现过充电、过放电等异常情况。

（4）电磁兼容性设计。新能源汽车的电磁兼容性设计是整车安全性设计的重要环节。由于新能源汽车采用了大量的电子设备和传感器，这些设备在工作过程中可能会产生电磁干扰，影响其他设备的正常运行。因此，在整车设计中，需要充分考虑电磁兼容性问题，采取有效的电磁屏蔽和滤波措施，确保各设备之间正常运行、互不干扰。

（5）安全性测试与验证。新能源汽车的整车安全性设计需要经过严格的安全性能测试与验证。通过模拟实际行驶中的各种工况和潜在危险情况，对汽车进行碰撞测试、电池安全测试、电磁兼容性测试等，确保汽车在各种极端条件下的安全性达到要求。

2. 新能源汽车整车可靠性设计

（1）关键零部件的可靠性设计。在新能源汽车整车可靠性设计中，关键零部件的可靠性设计至关重要。这些零部件包括电池、电动机、电控系统等核心部件，它们的性能稳定性和可靠性直接决定了整车的可靠性和安全性。

以电池为例，作为新能源汽车的动力源，电池的可靠性对汽车的整体性能有重要影响。在电池设计中，需要关注电池的容量、能量密度、循环寿命等关键指标，并采用高质量的电池材料和先进的生产工艺，确保电池性能稳定、可靠性高。同时，需要加强电池的热管理和安全防护设计，防止电池在工作过程中出现过热、过充电、过放电等危险情况，确保电池的可靠性和安全性。

（2）整车结构的可靠性设计。除关键零部件外，新能源汽车整车结构的可靠性设计也是提升整车可靠性的重要手段。在整车结构设计中，需要充分考虑汽车在各种工况下的受力情况和振动情况，采用合理的结构和材料，提高车身的刚性和强度，减少由振动和冲击导致的零部件失效及性能下降情况。

此外，还需要关注整车的连接和固定方式，采用高强度、耐久的紧固件和连接工艺，确保各部件之间连接牢固、可靠，防止由连接失效导致的安全隐患和性能问题。

（3）热管理与防护设计。热管理与防护设计也是新能源汽车整车可靠性设计的重要方面。新能源汽车在工作过程中会产生大量的热，如果不能有效地进行热管理，就会导致零部件过热、性能下降甚至损坏。因此，在整车设计中，需要采用先进的热管理技术和材料，建立有效的散热通道和散热结构，确保汽车在高温环境下稳定工作。

同时，防护设计是必不可少的。新能源汽车的整车防护设计包括防水、防尘、防腐蚀等方面，采用密封性良好的零部件和材料，优化汽车的密封结构，可防止水分、灰尘等有害物质进入汽车，保护汽车内部电子元件和线束等关键部件免受损害。

3. 应用案例

下面以某知名新能源汽车为例详细阐述其安全性与可靠性的设计。

在整车安全性设计方面，这款新能源汽车采用了先进的主动安全技术和被动安全结构。在主动安全技术方面，汽车配备了自动紧急制动系统、车道保持辅助系统、碰撞预警系统等，这些系统能够实时监测道路状况，及时提醒驾驶人采取相应措施，从而有效减少交通事故。在被动安全结构方面，汽车采用了高强度车身材料和经优化的碰撞吸能设计，能够在碰撞发生时最大限度地保护乘员安全。

在整车可靠性设计方面，这款新能源汽车同样表现出色。其电池系统采用了高质量的锂电池，并配备了先进的电池管理系统，能够实时监测电池状态，确保电池安全、稳定和高效运行。同时，汽车的动力系统、电控系统等关键部件经过了严格的耐久性测试和优化设计，以确保在各种恶劣环境下保持稳定的性能。

这款新能源汽车还注重电磁兼容性设计，通过采用有效的电磁屏蔽和滤波措施，降低了电磁干扰对汽车正常运行的影响，提高了整车的可靠性。

综上所述，这款新能源汽车通过采用先进的主动安全技术、优化被动安全结构、选用高品质电池及关键部件、进行严格的耐久性测试等措施，提升了整车安全性与可靠性。这一实例充分展示了新能源汽车在整车安全性与可靠性设计方面的成果和潜力，为行业的持续发展提供了有益的借鉴和参考。

3.6.4　新能源汽车整车制造工艺

在新能源汽车整车制造中，冲压、焊装、涂装和总装四大工艺构成了核心制造环节。

1. 冲压工艺

【拓展视频】

冲压作为新能源汽车制造的首道工序，其重要性不言而喻。通过冲压机与模具的精准配合，将金属材料冲压成各种形状和尺寸的零件，这些零件是构成汽车车身、底盘等关键部件的基础。冲压工艺的效率和精度直接决定了后续工艺能否顺利进行，同时影响整车的质量与安全。因此，不断优化冲压工艺，提高零件制造精度是新能源汽车制造领域的重要课题。图3-46所示为汽车冲压件。

2. 焊装工艺

焊装是将冲压得到的零件通过焊接的方式组合成车身、底盘等总成的过程。新能源汽

图 3-46　汽车冲压件

车的焊装工艺与传统燃油汽车相比，更注重焊接的精度和强度，以确保车身的刚性和安全性。同时，随着焊接技术的不断进步，新能源汽车的焊装工艺向自动化、智能化方向发展。图 3-47 所示为汽车车身焊接。

图 3-47　汽车车身焊接

3. 涂装工艺

涂装工艺主要是对新能源汽车的车身进行防锈、防腐和装饰处理。涂装不仅可以提高汽车的使用寿命和美观度，还能起到节能环保的作用。在涂装工艺中，要注重对涂料的选择和涂装技术的掌握，以确保涂层的均匀性和耐久性。图 3-48 所示为汽车涂装。

图 3-48　汽车涂装

4. 总装工艺

总装是将新能源汽车的总成和零部件按照设计要求进行组装及调试的过程。总装工艺涉及电气、机械、液压等领域。在总装过程中，要确保各个部件的装配精度和可靠性，还要进行严格的测试和调试，以确保整车的性能和质量。图3-49所示为汽车总装。

图 3-49　汽车总装

综上所述，新能源汽车整车制造的四大工艺是相互关联、相互影响的。只有确保每个工艺环节都达到标准要求，才能制造出高质量、高性能的新能源汽车。

 应用案例 3-6

蔚来 ES8 的设计与制造

1. 背景与概述

蔚来是我国领先的高端智能电动汽车品牌，其以卓越的设计、先进的技术和优质的服务赢得了市场的广泛认可。蔚来 ES8（图3-50）作为蔚来的首款量产车型，自上市以来凭借独特的设计理念和领先的制造技术，成为新能源汽车市场中的佼佼者。本案例将详细解析蔚来 ES8 的整车设计与制造过程，以期为新能源汽车行业的发展提供参考和借鉴。

图 3-50　蔚来 ES8

2. 整车设计

（1）外观设计。蔚来 ES8 采用蔚来汽车家族式的设计语言，整车线条流畅，充满力量感。前脸部分采用分体式前照灯设计，搭配蔚来独特的日间行车灯，使整车更具辨识度。在车身侧面，流线型腰线设计配合大尺寸轮毂，展现了强烈的运动感。尾部造型简洁、大气，贯穿式尾灯设计提升了整车的科技感。

（2）内饰设计。蔚来ES8的内饰设计同样出色，采用环抱式中控台设计，使驾驶人能够轻松掌控各种功能。车内大量使用高质量材料，营造出豪华、舒适的乘坐体验。此外，蔚来ES8还搭载先进的智能驾驶辅助系统，具有自动驾驶、自动泊车等功能，为驾驶人提供更便捷、更安全的驾驶体验。

3. 制造技术。

（1）电池技术。蔚来ES8搭载高性能的电池组，采用先进的电池管理技术，确保电池的安全性和稳定性。同时，蔚来积极研发新型电池技术，不断提高电池的能量密度和续驶里程，以满足消费者对新能源汽车的更高需求。

（2）电动机技术。蔚来ES8采用前后双电动机四驱布局，电动机性能卓越，0～100km/h的加速时间仅为4.4s。此外，蔚来汽车还不断优化电动机控制算法，提高了电动机的效率和可靠性，确保汽车在各种工况下保持出色的性能表现。

（3）制造工艺。蔚来在制造过程中，贯彻精益求精、质量至上的原则。整车采用模块化、轻量化的设计理念，在降低整车质量的同时，提高了汽车的性能表现。此外，蔚来还引入先进的智能制造技术，实现了生产线的自动化和智能化，提高了生产效率和产品质量。

4. 结论

蔚来ES8作为一款优秀的新能源汽车，其整车设计与制造过程充分展示了蔚来在新能源汽车领域的技术实力和创新能力。蔚来始终坚持创新驱动、品质为本的发展理念，致力于为消费者提供更优质、更智能、更环保的出行解决方案。未来，蔚来将继续加大研发投入，推动新能源汽车技术的不断进步和发展。

3.7　新能源汽车零部件设计与制造

3.7.1　新能源汽车零部件设计原则与要求

随着新能源汽车技术的快速发展和市场的不断扩大，零部件设计作为新能源汽车制造过程中的关键环节，其原则与要求日益受到关注。零部件设计直接影响新能源汽车的性能、安全及生产成本等。因此，明确新能源汽车零部件设计的原则与要求，对提升新能源汽车的整体品质和市场竞争力有重要意义。

1. 新能源汽车零部件设计原则

（1）轻量化设计原则。在新能源汽车零部件设计中，应注重轻量化设计原则，因为轻量化是提高能效、优化性能的关键。在材料选择方面，需倾向使用轻质且高强度的材料，如铝合金、高强度钢及碳纤维复合材料等。这些材料不仅能有效减轻整车质量、降低能耗，还能确保零部件的强度和稳定性。此外，结构优化同样重要。通过精心设计零部件的结构，减少不必要的冗余部分，可以进一步实现轻量化目标。例如，采用空心结构设计或薄壁化设计等，可以在保证零部件强度的同时，大幅度减少材料的使用量，从而实现更高效的轻量化设计。

（2）高效性能设计原则。在新能源汽车零部件设计中还要注重高效性能设计原则。为实现功能集成化，应努力将多个功能整合到一个零部件中，从而减少零部件，简化装配过程，提升整车性能。同时，能效优化是不可忽视的一环。根据新能源汽车的特性，需要对零部件设计进行精准优化，如提升电池包热管理系统的效率，增强电池能量利用效率；优化电动机控制器的散热设计，确保电动机高效、稳定工作。这些措施将有效提升新能源汽车的能效水平，为用户带来更卓越的驾驶体验。

（3）安全性设计原则。安全性设计原则在新能源汽车零部件设计中占据着举足轻重的地位。零部件必须具备足够的强度和刚度，以抵御汽车行驶中遇到的各种复杂路况和突发情况。同时，在应对潜在的碰撞事故时，在零部件设计中需充分考虑吸能和缓冲机制，以确保在发生事故时有效保证乘员安全。严格遵循安全性设计原则，可以确保新能源汽车零部件在保证行车安全方面发挥出其应有的作用，为用户提供更安心、更可靠的出行体验。

（4）可靠性与耐久性设计原则。可靠性与耐久性设计原则在新能源汽车零部件设计中至关重要。零部件在投入使用前，必须经严格的耐久性测试，确保其在长期使用过程中保持稳定、可靠的性能。此外，可靠性分析同样重要，通过科学的方法预测零部件潜在的故障模式及影响，有助于及时制定改进措施，提升零部件的可靠性。只有确保零部件的可靠性与耐久性，才能为用户提供更安心、更持久的驾驶体验。

（5）环保与可持续发展设计原则。在新能源汽车零部件设计中，应遵循环保与可持续发展原则。应优先选择环保、可回收的材料，以减少生产和使用过程中的环境污染。同时，通过优化零部件设计，降低能耗和排放量，实现新能源汽车高效、清洁运行。这些措施不仅有助于提升新能源汽车的环保性能，还能推动整个汽车产业的可持续发展，为实现绿色、低碳出行贡献力量。

新能源汽车零部件设计原则涵盖轻量化设计原则、高效性能设计原则、安全性设计原则、可靠性与耐久性设计原则、环保与可持续发展设计原则等方面。在设计过程中，应综合考虑这些因素，确保零部件的性能达到最佳状态，为新能源汽车的发展提供有力支撑。同时，随着科技的进步和市场的变化，新能源汽车零部件设计原则将不断发展和完善，以适应新的需求和挑战。

2. 新能源汽车零部件设计要求

（1）高效能与轻量化。新能源汽车零部件设计应追求高效能与轻量化的完美平衡。高效能要求零部件在动力输出、能源利用及安全性等方面表现卓越，确保汽车性能稳定、可靠。轻量化通过采用轻质材料、优化结构设计等手段，减少零部件质量，以提高整车能效、降低能耗。两者相辅相成，共同推动新能源汽车向更高效、更环保的方向发展，满足市场与用户对高性能、低能耗的期待。

（2）可靠性与耐久性。零部件的可靠性与耐久性是新能源汽车设计的关键要素。为确保零部件的稳定性和使用寿命，在设计过程中必须进行深入的可靠性分析，预测并防范潜在故障模式。此外，零部件需经过严格的耐久性测试，包括在多种恶劣环境下的模拟运行，以确保其长期稳定工作。这些措施可以显著提升新能源汽车的可靠性，降低维修成本，延长使用寿命，为用户提供更可靠、更耐用的产品。

（3）环保与可持续性。新能源汽车零部件的设计应注重环保与可持续性，这是推进绿色出行的关键。在材料选择上，应优先使用环保、可回收的材料，降低生产过程中的环境负担。在设计过程中需注重零部件的节能与减排性能，通过结构优化和功能创新，有效降低能耗和排放量，促进新能源汽车行业的可持续发展。这样的设计理念不仅能满足现代人对绿色出行的需求，还能为地球的可持续发展贡献力量。

（4）安全性与舒适性。在新能源汽车零部件设计中，安全性与舒适性是不可或缺的因素。零部件必须具备足够的强度和刚度，确保在各种行驶状态下都稳定承受载荷和冲击，保障乘员安全。舒适性也是设计的重要考量，包括减少噪声和振动，提升乘坐体验，为用户创造宁静、舒适的驾驶环境。综合考虑安全性与舒适性，提升零部件品质，为用户的安全、舒适出行提供保障。

（5）智能化与集成化。在智能化技术飞速发展的背景下，新能源汽车零部件设计正朝着智能化与集成化方向迈进。通过集成传感器、控制算法等先进技术，实现零部件的智能控制和监测，提升整车性能。同时，功能集成化设计可减少零部件，降低复杂度、整车成本和维修难度，为用户提供更高效、更便捷的驾驶体验。这一趋势将推动新能源汽车零部件设计向更高层次发展。

综上所述，新能源汽车零部件的设计要求涵盖高效能与轻量化、可靠性与耐久性、环保与可持续性、安全性与舒适性、智能化与集成化等方面。在设计过程中，应综合考虑这些要求，确保零部件的性能和质量满足新能源汽车的发展需求，为推动新能源汽车产业的可持续发展贡献力量。

3.7.2　新能源汽车零部件制造工艺选择

1. 制造工艺的重要性

制造工艺是新能源汽车零部件生产过程中的关键环节，直接决定了零部件的性能、精度和使用寿命。优化制造工艺不仅可以提高产品质量和可靠性，还可以降低生产成本、增强企业的市场竞争力，因此对制造工艺的研究和改进有重要的现实意义。

2. 常见制造工艺

新能源汽车零部件的制造涉及多种工艺，包括但不限于铸造、锻造、冲压、焊接和热处理等。这些工艺各有特点，适用于不同材质和结构的零部件，如铸造工艺适用于生产形状复杂、内部有腔室的零部件；锻造工艺适用于提高零部件的强度和韧性。

3. 制造工艺优化策略

为了提高新能源汽车零部件的制造水平，可以从以下几个方面优化制造工艺。

（1）引入先进制造技术。采用数控机床、激光加工等高精度、高效率的制造技术，提高零部件的加工精度和表面质量。

（2）精细化加工。对加工参数进行精确控制，实现零部件的精细化加工，进一步提高产品的性能和质量。

（3）智能化控制。利用传感器、控制器等智能设备，实现制造过程的实时监控和调整，确保制造工艺的稳定性和可靠性。

（4）绿色环保制造。在制造过程中注重节能减排和废弃物处理，推动绿色制造技术的发展和应用。

4. 案例分析

以某新能源汽车企业为例，该企业通过引入先进的机器人焊接技术和自动化设备，实现了零部件焊接工艺的优化。与传统焊接工艺相比，新工艺不仅提高了焊接速度和精度，还降低了焊接过程中的缺陷率和能耗，显著提升了产品质量和生产效率。

综上所述，新能源汽车零部件的制造工艺是一个复杂、关键的过程。引入先进制造技术、精细化加工、智能化控制及绿色环保制造等，可以有效提升零部件的性能和质量，降低生产成本，推动新能源汽车产业的健康发展。随着科技的不断进步和市场需求的变化，制造工艺将继续面临新的挑战和机遇，需要不断研究和创新以适应行业的发展需求。

3.7.3　新能源汽车零部件制造设备选择

1. 设备选择的关键因素

在选择新能源汽车零部件制造设备时，需要综合考虑以下关键因素。

（1）设备性能与工艺要求匹配度。设备应能满足零部件制造的工艺要求，包括加工精度、生产效率、稳定性等。

（2）设备自动化、智能化水平。优先选择具备高度自动化和智能化功能的设备，以提高生产效率、降低人力成本。

（3）设备稳定性与可靠性。设备应具备良好的稳定性和可靠性，降低故障率和维修成本。

（4）成本效益。在考虑设备性能的同时，还需关注设备的性价比，确保设备投入与产出效益匹配。

2. 常用制造设备

新能源汽车零部件制造涉及多种设备，以下是一些常用设备。

（1）数控机床。数控机床适用于高精度零部件的加工，具有高效率、高精度、高稳定性等特点。

（2）焊接设备。焊接设备包括焊接机器人、激光焊接设备等，可实现高效、精确的焊接作业。

（3）冲压设备。冲压设备用于金属板材的冲压成型，适用于大规模生产。

（4）检测设备。检测设备包括三坐标测量仪、视觉检测系统等，用于零部件的精确检测和质量控制。

3. 设备选择策略

选择新能源汽车零部件制造设备时，建议采取以下策略。

（1）根据产品特点和工艺要求，确定设备的类型和规格。

（2）对市场上的主流设备进行比较分析，选择性能稳定、技术先进、价格合理的设备。

（3）考虑设备的售后服务和维修支持，确保在使用过程中得到及时、有效的技术支持。

（4）关注设备的发展趋势和技术创新，适时更新、升级设备，保持生产线的竞争力。

新能源汽车零部件制造设备的选择是一个综合性的过程，需要综合考虑设备性能、自动化水平、稳定性、成本效益等因素。科学合理地选择设备，可以提高生产效率、降低成本、提升产品质量，从而推动新能源汽车产业持续发展。

3.7.4　新能源汽车零部件质量控制与检测

随着新能源汽车市场的不断扩大，对零部件的质量控制与检测要求日益严格。为确保新能源汽车性能稳定，零部件质量控制与检测成为关键环节。

1. 质量控制与检测的重要性

新能源汽车零部件的质量控制与检测对保障整车性能和质量至关重要。优质的零部件能够确保新能源汽车的动力输出、能源利用和安全性等方面达到预期标准，提升用户体验。同时，严格的质量控制与检测可以及时发现并排除潜在的安全隐患，减少由零部件质量问题引发的故障和事故。

2. 主要的质量控制与检测

（1）原材料检验。对零部件材料进行严格把关，确保其符合设计要求和相关标准。

（2）加工过程控制。对零部件的加工过程进行实时监控和调整，确保加工精度和表面质量满足要求。

（3）在线检测。在生产线上设置检测点，对零部件的关键尺寸、性能等进行实时检测，确保产品质量稳定。

（4）最终检验。对完成加工的零部件进行全面检验，包括外观、尺寸、性能等方面，确保出厂产品符合质量标准。

3. 质量控制与检测的实施策略

（1）制定完善的质量控制体系。建立从原材料采购到最终检验的全程质量控制体系，确保每个环节都有明确的质量标准和操作规范。

（2）加强员工培训。提高员工对质量控制与检测重要性的认识，加强员工培训，使其掌握相关技能和知识，确保质量控制与检测工作有效执行。

（3）引入先进技术与设备。采用先进的检测技术和设备，提高检测精度和效率，降低由人为因素导致的误差。

（4）加强供应商管理。对供应商进行严格筛选和评估，确保其提供的产品质量可靠、稳定。

4. 持续改进与创新

新能源汽车零部件的质量控制与检测是一个持续改进与创新的过程。随着技术的不断进步和市场需求的变化，企业需要不断优化质量控制体系，提高检测技术和设备的水平，以适应新能源汽车行业的发展需求。同时，企业应积极探索新的质量控制与检测方法，以进一步提高产品质量和降低生产成本。

总之，新能源汽车零部件的质量控制与检测是确保整车性能和质量的关键环节。通过制定完善的质量控制体系、加强员工培训、引入先进技术与设备、持续改进与创新等措施，企业可以不断提高产品质量和市场竞争力，为新能源汽车产业的健康发展贡献力量。

 **应用案例 3 - 7**

特斯拉电池管理系统

随着全球能源结构转型和环保意识的提升，新能源汽车产业蓬勃发展。特斯拉作为新能源汽车行业的佼佼者，其成功不仅体现在整车的设计与制造上，还体现在对关键零部件的创新与优化上。电池管理系统就是其零部件设计与制造中的典型案例。图 3-51 所示为特斯拉电池管理系统。

电池管理系统在这个位置

图 3-51 特斯拉电池管理系统

1. 特斯拉电池管理系统的设计与功能

（1）设计理念。特斯拉电池管理系统采用先进的集成化设计理念，将多个单体电池组成一个电池模块，再将多个电池模块组成一个完整的电池组。这种设计不仅提高了电池的能量密度，还优化了电池的热管理，确保了电池的安全性和可靠性。

（2）功能概述。特斯拉电池管理系统主要承担以下功能。

① 电池状态监测：实时监测电池组的电压、电流、温度等状态参数，确保电池在安全范围内运行。

② 电池能量管理：通过智能算法控制电池的充放电过程，实现能量的高效利用并延长电池的使用寿命。

③ 电池热管理：利用冷却系统和加热系统，使电池保持在适宜的温度范围内，防止过热或过冷对电池性能造成影响。

④ 故障诊断与保护：实时监测电池组的工作状态，一旦发现异常情况就立即启动保护措施，确保车辆和乘员安全。

2. 特斯拉电池管理系统的制造技术

（1）精密制造。特斯拉电池管理系统采用了精密制造工艺，确保每个单体电池和电池模块的性能及质量都达到最优。在制造过程中，特斯拉采用了严格的质量控制与检验流程，确保每个零部件都符合设计要求。

（2）智能化生产。特斯拉电池管理系统生产线实现了高度的自动化和智能化。通过引入先进的生产设备和系统，特斯拉实现了对生产过程的实时监控和精确控制，提高了生产效率和产品质量。

（3）环保节能。特斯拉在电池管理系统的制造过程中注重环保和节能，通过优化生产工艺和降低能耗，减少了制造过程中的碳排放量和废弃物排放量，为环保事业作出了积极贡献。

3. 结论

特斯拉电池管理系统作为新能源汽车零部件设计与制造的典型案例，充分展示了特斯拉在新能源汽车领域的创新能力和技术实力。其独特的设计理念和先进的制造技术为新能源汽车行业的发展提供了重要的参考及借鉴。未来，特斯拉将继续加大研发投入，推动新能源汽车技术的不断进步和发展。

3.8　新能源汽车整车测试与验证

3.8.1　新能源汽车整车测试与验证的意义

随着全球对环境保护和能源可持续性的日益关注，新能源汽车作为替代传统燃油汽车的绿色出行方式，发展迅猛。然而，新能源汽车作为复杂的技术系统，其性能必须经过严格的测试和验证。

1. 保障汽车行驶安全与性能稳定

新能源汽车的整车测试与验证，首要目的在于确保汽车行驶过程中的安全性与稳定性。通过模拟各种行驶条件和极端环境，测试汽车的动力系统、制动系统、转向系统等关键部件的性能和响应，以及汽车的结构强度和抗冲击能力。这有助于发现并消除潜在的安全隐患，确保汽车在各种情况下都能安全、稳定行驶。

以某款电动汽车为例，在整车测试过程中，工程师通过模拟高温、低温、高海拔等极端环境，对汽车的电池、电动机、电控系统等核心部件进行了全面检测。同时，在复杂的道路和驾驶场景下，对汽车的制动系统、转向系统、悬架系统等的性能进行了深入验证。这些测试不仅确保了汽车在各种条件下的行驶安全，还优化了汽车的性能表现，使其在实际使用中更稳定、更可靠。

2. 提升产品质量与市场竞争力

经过严格的测试和验证，新能源汽车的整车性能和质量将得到显著提升，不仅有助于提升产品的市场竞争力，还能增强消费者对新能源汽车的信心。同时，在测试和验证过程中发现的问题和不足为产品的改进和优化提供了宝贵的数据及反馈。

以某知名新能源汽车品牌为例，其对整车进行全方位的测试与验证不仅确保了产品的性能稳定和安全、可靠，还及时发现了潜在问题并将其解决。这种严格的质量控制使得该品牌的新能源汽车在市场上赢得了良好的口碑，销量持续攀升。同时，优质的产品提升了品牌的市场竞争力，使其在激烈的市场竞争中脱颖而出。

3. 推动技术进步与创新发展

新能源汽车整车测试与验证不仅是产品质量的保障，还是技术进步和创新发展的推动力。在测试过程中，企业需要不断研发和应用新的测试技术及方法，以应对新能源汽车技术的不断更新和升级，有助于推动整个行业的技术进步和创新发展，提升新能源汽车的整体技术水平。

以某先进新能源汽车企业为例，其不断完善整车测试与验证体系，不仅提升了产品的性能与质量，还在测试过程中积累了大量数据，为技术研发与创新提供了有力支撑。该企业基于这些数据，不断优化电池管理系统、智能驾驶算法等核心技术，推动了新能源汽车领域的技术革新与发展，为行业的持续进步注入了新动力。

4. 促进产业健康与可持续发展

新能源汽车的整车测试与验证对整个产业的健康与可持续发展有重要意义。测试与验证可以确保新能源汽车产品质量和技术水平不断提升，以满足市场需求和消费者期望；同时有助于提升产业的竞争力和影响力，推动产业的持续发展和壮大。

以某新能源汽车领军企业为例，其坚持对整车进行严格的测试与验证，确保了产品的安全性和可靠性，赢得了消费者的信任。对质量的严格把控不仅提升了企业的市场竞争力，还推动了整个产业的良性发展。同时，该企业积极参与行业标准的制定，推动了新能源汽车产业的规范化与可持续发展。

综上所述，新能源汽车整车测试与验证对保障汽车行驶安全与性能稳定、提升产品质量与市场竞争力、推动技术进步与创新发展、促进产业健康与可持续发展等都有重要意义。因此，在新能源汽车的研发和生产过程中，应高度重视并加强整车测试与验证工作，以确保产品的质量和性能达到最佳状态，为新能源汽车产业的健康发展提供有力保障。

3.8.2 新能源汽车整车测试内容

随着新能源汽车产业的快速发展，整车测试作为确保产品质量和性能的重要环节，受到越来越多企业的关注。新能源汽车整车测试内容涵盖多个方面，旨在全面评估汽车的性能。

1. 动力性测试

动力性测试是新能源汽车研发中至关重要的一环。该测试主要针对汽车的加速能力、最高车速、爬坡能力及续驶里程等关键指标，通过模拟多样化的道路条件与驾驶场景，全面评估汽车在不同工况下的动力表现与响应速度。动力性测试不仅有助于确保汽车的动力性满足设计标准，还为后续的优化调整提供了宝贵的数据支持。因此，动力性测试对提升新能源汽车的性能、增强市场竞争力有举足轻重的意义。

2．安全性测试

安全性测试是新能源汽车研发中不可或缺的一环。该测试深入考察汽车的制动性能、稳定性及抗侧翻能力等重要指标，通过模拟紧急制动、高速转弯等场景，全面了解汽车在复杂环境中的动态表现，确保汽车在各种极端行驶场景下均保持出色的安全性。这种全方位的安全性测试不仅为消费者的行车安全提供了坚实保障，还为新能源汽车行业的健康发展奠定了坚实基础。

3．舒适性测试

舒适性测试是评估新能源汽车乘坐体验的关键环节。在测试中，着重考察汽车在不同路况和驾驶速度下的噪声、振动水平，以及乘坐空间和空调效果等关键指标。通过精心设计的测试流程，全面评估汽车的舒适性，以为消费者提供宁静、平稳且宽敞的乘坐环境。舒适性测试不仅关注汽车的基本性能，还致力于提升乘员的乘坐体验，让新能源汽车成为真正意义上的高品质出行选择。

4．环境适应性测试

环境适应性测试是新能源汽车研发中不可或缺的一环。它旨在检验汽车在不同气候和地理环境下的性能与可靠性，包括高温、低温、高海拔及多雨等极端条件。通过这些特殊环境下的测试，全面了解新能源汽车在不同场景中的实际表现，确保其在各种环境下安全、稳定运行。环境适应性测试不仅有助于提升产品的市场竞争力，还有助于推动新能源汽车产业的发展。

5．电磁兼容性测试

电磁兼容性测试是新能源汽车研发中至关重要的环节。它主要关注汽车电磁辐射和电磁干扰的控制，确保汽车在复杂的电磁环境下稳定行驶。通过严格的测试流程，可以验证汽车的电磁系统是否符合相关标准、是否会对周围环境造成不良影响，以及是否能够抵御外部电磁源的干扰。这项测试对保障新能源汽车的行车安全、提升汽车品质有重要意义。

6．耐久性与可靠性测试

耐久性与可靠性测试是新能源汽车研发中不可或缺的一环，对确保新能源汽车的持久稳定性能至关重要。该测试涉及长时间、高负荷行驶，以及多种复杂路况和环境条件下的连续运行，以全面评估汽车零部件的耐用程度和可靠性。通过这些严苛的测试，可以有效筛选出潜在的性能问题，还可以为汽车的优化设计和性能提升提供有力依据。

综上所述，新能源汽车整车测试涵盖动力性测试、安全性测试、舒适性测试、环境适应性测试、电磁兼容性测试、耐久性与可靠性测试等。全面、细致的测试可以确保新能源汽车在投入使用前达到预期的性能和质量要求，为新能源汽车产业的健康发展提供有力保障。

3.8.3　新能源汽车验证的内容与方法

新能源汽车作为当代交通领域的创新力量，其使用性能、安全性及可靠性等关键特性的验证尤为重要。

1. 新能源汽车验证的内容

（1）使用性能验证。使用性能验证是新能源汽车验证的核心内容。它主要关注汽车的动力性、续驶里程、充电速度及行驶稳定性等方面。通过实际测试和数据分析，验证新能源汽车在实际使用中的性能表现是否达到设计要求，为消费者提供可靠的出行选择。

（2）安全性验证。安全性验证是新能源汽车验证的重要环节，主要包括制动系统测试、碰撞安全性评估及防火性能检测等。通过模拟实际驾驶场景和极端情况，测试新能源汽车在各种工况下的安全性表现，确保汽车在行驶过程中保障乘员和行人的安全。

（3）可靠性验证。可靠性验证是评估新能源汽车长期使用性能的关键步骤。它主要通过长时间、高负荷的行驶测试，对新能源汽车各零部件的耐用程度和整车可靠性进行验证。通过测试数据分析和故障排查，及时发现潜在问题并将其解决，以提升新能源汽车的可靠性和耐久性。

（4）电磁兼容性验证。电磁兼容性验证是新能源汽车验证中不可或缺的一环。它主要关注新能源汽车的电磁辐射和电磁干扰问题。通过测试汽车在不同电磁环境下的性能表现，确保汽车不会对其他设备造成干扰，也不会受到外部电磁源的干扰，保障汽车正常行驶和使用安全。

2. 新能源汽车验证的方法

（1）实验室测试。实验室测试在新能源汽车验证中占据基础且核心的地位。在专业的实验室环境下，借助尖端设备对新能源汽车的各项性能进行精确测量与全面评估。动力性测试尤为关键。利用专业测试台架模拟真实驾驶条件，全面检测新能源汽车的动力系统，从输出功率到转矩参数，每项数据都精准反馈汽车的动力性。同时，电磁兼容性测试不可或缺。在严格控制电磁环境的测试室中，确保汽车无电磁辐射干扰，既可保障汽车安全，又可避免对其他设备造成影响。实验室测试以精准性、可重复性为新能源汽车验证提供了有力支撑。随着技术升级，实验室测试将发挥更加关键的作用，助力新能源汽车行业蓬勃发展。

（2）道路测试。道路测试是新能源汽车验证中不可或缺的环节。它模拟实际使用场景，全面评估汽车性能。经过长时间、多种路况的行驶测试，新能源汽车的真实性能得以展现。续驶里程测试精准测试汽车续驶能力，确保汽车在实际使用中无忧行驶。安全性测试同样关键，通过模拟紧急制动、避障等场景，直观测试汽车在的制动性能、稳定性等，保障行车安全。道路测试为新能源汽车验证提供实践经验和数据支持，助力深入了解汽车实际表现，为优化提供依据。这一环节确保了新能源汽车在实际使用中的性能与可靠性，以推动新能源汽车行业健康发展。

（3）模拟仿真测试。模拟仿真测试在新能源汽车验证中尤为重要。利用计算机仿真技术，建立汽车数学模型与仿真环境，模拟其在不同工况下的运行情况。系统仿真精确模拟汽车运行状态，分析性能稳定性，助力提前发现与解决问题，优化整体性能。场景仿真模拟复杂道路与驾驶场景，真实还原驾驶环境，全面评估汽车性能。模拟仿真测试为新能源汽车验证提供有力支持，助力行业发展，提升汽车性能与安全标准。

新能源汽车验证工作涉及内容广泛，方法多样。综合运用实验室测试、道路测试及模拟仿真测试等，能够全面评估新能源汽车的整体性能，为产品优化与市场推广提供有力支持。同时，随着技术的不断进步和市场的不断发展，新能源汽车验证工作将不断完善与创新，以适应行业发展的需求。

 应用案例 3-8

新能源汽车整车测试与验证的典型案例

在新能源汽车产业中，整车测试与验证是确保汽车质量、安全性和可靠性的重要环节。下面以某知名汽车厂商推出的纯电动轿车为例，详细介绍其整车测试与验证的典型流程。

1. 电池系统测试

电池系统作为新能源汽车的核心部件，其稳定性和安全性直接关系到整车的性能。因此，在整车测试与验证过程中，电池系统测试是首要环节。

在电池系统测试中，主要进行了以下几个方面的测试。

（1）充放电性能测试。验证电池在不同充电和放电条件下的性能表现。

（2）高低温性能测试。模拟极端温度环境，测试电池在低温下的启动能力和高温下的稳定性。

（3）循环寿命测试。模拟电池长时间使用的条件，评估电池的循环寿命和容量衰减情况。

2. 动力性测试

动力性是评价新能源汽车性能的重要指标。在整车测试与验证中，动力性测试包括加速性能、制动性能和最高车速等方面的测试。

通过实际道路测试和模拟测试场景，对汽车的加速性能、制动距离、最高车速进行准确测量和评估，确保汽车在实际使用中满足用户需求。

3. 续驶里程测试

续驶里程是新能源汽车用户关注的重点。在整车测试与验证中，续驶里程测试是在不同路况、不同速度和不同气候条件下进行的。

通过模拟城市、高速和乡村等不同路况，测试汽车在不同条件下的续驶里程，以确保汽车在实际使用中满足用户的日常出行需求。

4. NVH 测试

NVH（noise，vibration，harshness，噪声、振动、声振粗糙度）测试旨在评估汽车的乘坐舒适性和车内环境质量。在整车测试与验证中，NVH 测试是必不可少的环节。

通过专业的测试设备和测试方法，对汽车的噪声、振动、声振粗糙度进行测量和评估，找出存在的问题并将其解决，以提升汽车的乘坐舒适性和车内环境质量。

5. 电磁兼容性测试

电磁兼容性测试是确保新能源汽车在复杂电磁环境下稳定运行的重要手段。在整车测

试与验证中，电磁兼容性测试主要关注以下几方面。

（1）静电放电抗扰度测试。模拟静电放电对汽车的影响，测试汽车抗静电干扰的能力。

（2）辐射发射测试。评估汽车对外界的电磁辐射水平，确保不对其他设备造成干扰。

（3）传导抗扰度测试。测试汽车对电源线传导的电磁干扰的抵抗能力。

图3-52所示为新能源汽车电磁兼容性测试。

图 3-52　新能源汽车电磁兼容性测试

6. 结论

通过对该纯电动轿车的整车测试与验证，可以看出，在新能源汽车的制造过程中，整车测试与验证是保证汽车质量、安全性和可靠性的重要环节。严格的测试和验证流程可以确保新能源汽车在各方面都达到用户期望的水平，从而赢得市场的认可和信赖。

3.9　新能源汽车用户体验设计

3.9.1　用户体验设计的定义与原则

随着科技的飞速发展和市场竞争的加剧，用户体验设计逐渐成为产品成功的关键因素。优秀的用户体验设计能够提升用户满意度，增强用户黏性，为企业创造更多价值。

1. 用户体验设计的定义

用户体验设计是指在设计产品或服务的过程中深入了解用户需求、目标和行为，结合可用性、可访问性、美观性和情感因素等的考量，为用户创造愉悦、高效、满意的使用体验。用户体验设计涉及多个学科领域，包括人机交互、心理学、视觉设计、工业设计等，旨在将用户的需求和期望转化为实际的产品或服务。

2. 用户体验设计的原则

（1）以用户为中心。用户体验设计的核心原则是以用户为中心。设计师需要深入了解用户的需求、目标和行为，确保产品或服务满足用户的期望和需求。通过用户调研、用户测试等方法，设计师可以获取真实、有效的用户反馈，不断优化产品设计。

（2）可用性。可用性是指用户能够轻松地理解和使用产品或服务。设计师需要关注产品的信息架构、界面设计、操作流程等，确保用户迅速找到所需信息，轻松完成操作任务。同时，设计师需要考虑产品的容错性，降低用户在使用过程中的出错率。

（3）一致性。一致性要求产品或服务的设计风格、交互方式、操作流程等方面保持统一，有助于降低用户的学习成本，提高用户的使用效率。设计师需要在设计过程中遵循统一的设计规范，确保产品在各个方面都保持一致。

（4）美观性。美观性是用户体验设计中不可忽视的部分。美观的产品能够提升用户的审美体验，增强用户的满意度。设计师需要注重产品的色彩搭配、字体选择、排版布局等，创造出具有吸引力和个性化的设计风格。

（5）情感化设计。情感化设计强调在产品设计中融入情感因素，使产品或服务能够与用户建立情感联系。设计师需要关注用户的情感需求，通过设计细节触发用户的积极情感反应，从而增强用户对产品的依赖和忠诚度。

综上所述，用户体验设计是一个复杂、重要的领域。设计师需要遵循以用户为中心、可用性、一致性、美观性和情感化设计等原则，不断提升产品或服务的质量，为用户提供更优质的体验。同时，随着技术的不断进步和市场的不断变化，用户体验设计需要不断创新和发展，以适应新的需求和挑战。

3.9.2　新能源汽车驾驶体验设计

随着环保意识的不断提高和新能源汽车技术的飞速发展，新能源汽车逐渐走进千家万户。新能源汽车具有环保节能的优势，其驾驶体验也与传统燃油汽车有显著区别。因此，针对新能源汽车的驾驶体验设计尤为重要。

1. 新能源汽车驾驶体验设计的要点

（1）智能化与互动性。新能源汽车的驾驶体验设计应注重智能化与互动性。集成先进的智能辅助驾驶系统（如自动驾驶、智能导航等）为驾驶人提供更便捷、更安全的驾驶环境。同时，增强驾驶人与汽车的互动，通过语音识别、触控屏幕等交互方式，驾驶人能够更加轻松地控制汽车。

（2）舒适性与人性化。舒适性是驾驶体验设计的关键要素。在新能源汽车的驾驶体验设计中，应注重座椅舒适度、车内噪声控制、温度调节等方面的优化。此外，还需关注人性化设计，如合理布置控制按钮、优化仪表板布局等，以使驾驶人能够轻松掌握汽车状态和操作信息。

（3）动力性与操控性。新能源汽车的动力性和操控性直接影响驾驶体验。设计时应充分考虑电动机的响应速度、加速性能及汽车的操控稳定性。通过优化汽车的悬架系统、转向系统等，提升驾驶人在驾驶过程中对汽车的控制感和信心。

2. 新能源汽车驾驶体验设计的策略

（1）深入了解用户需求。进行新能源汽车驾驶体验设计时，首先需要深入了解用户的需求和期望。通过市场调研、用户访谈等方式，获取用户对新能源汽车驾驶体验的具体要

求，为设计提供有针对性的指导。

（2）创新设计思维。在驾驶体验设计过程中，应充分发挥创新设计思维，勇于尝试新的设计理念和技术手段。可以引入先进的科技和设计理念，为新能源汽车驾驶体验设计注入新的活力。

（3）持续优化迭代。驾驶体验设计是一个持续优化迭代的过程。在新能源汽车推出后，应密切关注用户反馈和市场变化，及时对驾驶体验设计进行调整和优化。通过持续改进和创新，不断提升新能源汽车的驾驶体验。

新能源汽车驾驶体验设计是提升产品竞争力的重要途径。在设计中，应注重智能化与互动性、舒适性与人性化、动力性与操控性等方面的设计要点，并采用深入了解用户需求、创新设计思维和持续优化迭代等策略，以为新能源汽车用户带来更愉悦、更便捷和更安全的驾驶体验。随着新能源汽车技术的不断进步和市场的不断发展，新能源汽车驾驶体验将会更加出色。

3. 应用案例

比亚迪秦 Pro EV 注重驾驶的舒适性与智能化。该车配备了智能语音控制系统，驾驶人只需使用简单口令就可控制导航、音乐等功能，大大提升了驾驶的便捷性。该车还提供了多种驾驶模式供选择，无论是日常通勤还是长途旅行，都能找到最适合的驾驶方式。

秦 Pro EV 的动力性同样出色。它具备快速响应和平稳加速的特点，使驾驶人享受畅快淋漓的驾驶感受。此外，秦 Pro EV 还具有优秀的续驶能力，减少了驾驶人对充电的担忧。

总之，秦 Pro EV 以出色的驾驶体验设计为用户带来了舒适、智能的驾驶感受，是新能源汽车市场的佼佼者。

3.9.3　新能源汽车充电体验设计

随着新能源汽车市场的快速发展，充电体验设计成为不可忽视的重要环节。良好的充电体验不仅能提高用户满意度，还能促进新能源汽车的普及和推广。

1. 新能源汽车充电体验设计的关键要素

（1）充电设施的便捷性。充电设施的便捷性是充电体验设计的核心要素，包括充电设施的布局、数量及充电接口的通用性等。设计时需充分考虑用户的需求和习惯，合理规划充电设施的位置和数量，确保用户轻松找到并使用充电设施。

（2）充电过程的智能化与高效性。充电过程的智能化与高效性能够提升用户的充电体验。通过集成先进的充电管理系统和智能支付功能，用户可以方便、快捷地完成充电操作。同时，提高充电速度、减少充电等待时间、提高充电效率是提升充电体验的重要方面。

（3）充电设施的安全性与可靠性。安全、可靠是充电设施设计的基本要求。充电设施必须具备完善的安全保护措施，如过载保护、短路保护等，保障用户在充电过程中的人身安全和财产安全。同时，需保障充电设施的稳定性和可靠性，减少由设备故障导致的充电中断等问题。

2. 新能源汽车充电体验设计的策略

（1）深入了解用户需求与习惯。进行充电体验设计时，需深入了解用户的需求和习惯。通过市场调研、用户访谈等方式，获取用户对充电设施、充电过程等方面的具体要求和期望，为设计提供有针对性的指导。

（2）创新技术应用与整合。借助先进的技术手段（如物联网、大数据等），提升充电体验设计的水平。实时监测充电设施的运行状态、用户充电行为等数据，可以实现充电设施的智能调度和优化配置。同时，整合多种支付方式，方便用户完成充电费用的支付。

（3）持续优化与改进。充电体验设计是一个持续优化和改进的过程。设计师需密切关注用户反馈和市场变化，及时对充电设施、充电过程等进行调整和优化，在设计中应，持续改进和创新，不断提升新能源汽车的充电体验。

新能源汽车充电体验设计是提升用户满意度和推广新能源汽车的关键环节。在设计中，应关注充电设施的便捷性、充电过程的智能化与高效性、充电设施的安全性与可靠性等关键因素，并采用深入了解用户需求与习惯、创新技术应用与整合、持续优化与改进等策略，以为用户提供更便捷、更舒适的充电体验。随着技术的不断进步和市场的不断发展，新能源汽车的充电体验将会更加完善。

3. 应用案例

蔚来的"一键加电"服务是新能源汽车充电体验设计的杰出范例。该服务将便捷性、智能化和个性化完美结合，为用户带来前所未有的充电体验。

通过蔚来 app，用户可轻松发起"一键加电"请求。蔚来将派遣移动充电车或指引用户至合作充电站，全程无须用户操心。这种服务简化了充电流程，节约了用户的时间。

同时，蔚来利用智能化技术实现对充电汽车的实时监控和智能调度，确保充电服务的及时性和可靠性。此外，蔚来还提供个性化充电方案，根据用户的用车习惯和充电需求，量身打造最合适的充电服务。

蔚来的"一键加电"服务不仅提升了用户的充电体验，还展示了新能源汽车行业的创新实力。这一成功案例为其他新能源汽车品牌提供了有益的参考和启示。

3.9.4 新能源汽车智能互联体验设计

随着科技的飞速发展和人们对智能化生活需求的日益增长，新能源汽车的智能互联体验设计逐渐成为行业关注的焦点。智能互联不仅提升了新能源汽车的驾驶体验，还为用户带来了更便捷、更高效的服务。

1. 新能源汽车智能互联体验设计的要点

（1）智能化驾驶辅助系统。新能源汽车的智能互联体验设计应重点关注智能化驾驶辅助系统的研发与应用。通过集成先进的传感器、算法和通信技术，实现自动驾驶、智能泊车、路况预测等功能，为用户提供更安全、更舒适的驾驶体验。

（2）车联网服务。车联网服务是新能源汽车智能互联体验设计的重要方面。通过与互联网、其他汽车及基础设施的互联互通，实现汽车信息的实时更新与共享，为用户提供导航、娱乐、支付等一站式服务。

（3）智能能源管理。智能能源管理是新能源汽车智能互联体验设计的一个关键点。通过实时监测汽车能源使用情况，为用户提供优化的充电方案、节能建议等，实现能源的合理利用。

2. 新能源汽车智能互联体验设计的策略

（1）深入了解用户需求与期望。进行新能源汽车智能互联体验设计时，需深入了解用户的需求和期望。通过市场调研、用户访谈等方式，获取用户对智能互联功能的具体要求，为设计提供有针对性的指导。

（2）创新技术应用与整合。借助先进的技术手段（如人工智能、物联网、大数据等），可以实现新能源汽车智能互联体验设计的创新。整合多种技术，可以实现智能化驾驶辅助系统、车联网服务及智能能源管理等功能的高效协同。

（3）个性化服务定制。在智能互联体验设计中，应注重个性化服务的定制。根据用户的喜好、习惯和需求提供定制化的服务内容（如个性化导航、专属娱乐推荐等），增强用户对新能源汽车的黏性和忠诚度。

（4）持续优化与迭代。智能互联体验设计是一个持续优化和迭代的过程。设计师需密切关注用户反馈和市场变化，及时调整和优化设计策略，确保新能源汽车的智能互联体验始终在行业前沿。

新能源汽车智能互联体验设计是提升产品竞争力、满足用户需求的重要途径。在设计中，应关注智能化驾驶辅助系统、车联网服务及智能能源管理等要点，并采用深入了解用户需求与期望、创新技术应用与整合、个性化服务定制、持续优化与迭代等策略，以为用户提供更智能化、更个性化的新能源汽车体验。随着科技的不断发展和市场的不断拓展，新能源汽车的智能互联体验将会更精彩、更丰富。

3. 应用案例

新能源汽车智能互联体验设计的典范之一是奥迪 e-tron。这款车型将智能化与互联化完美结合，为用户带来前所未有的驾驶体验。

奥迪 e-tron 配备了先进的智能互联系统，通过与手机等设备的无缝连接，实现远程控制、实时导航等功能。驾驶人只需轻触手机屏幕，就可远程查看汽车状态、控制充电等，极大提升了使用的便捷性。

奥迪 e-tron 内置了丰富的智能互联应用（如语音助手、在线娱乐等），使驾驶人在驾驶过程中享受更智能、更愉悦的体验。智能互联系统的应用不仅提升了汽车的功能性和娱乐性，还加强了驾驶人与汽车之间的互动和联系。

奥迪 e-tron 的智能互联体验设计不仅为用户带来了更便捷、更智能的驾驶享受，还展现了新能源汽车在智能化和互联化方面的巨大潜力。

3.9.5　新能源汽车用户体验设计的趋势

随着全球对环保和可持续发展的日益关注，新能源汽车作为未来交通的重要组成部分，其用户体验设计逐渐成为行业关注的焦点。

1. 智能化与自动化趋势

新能源汽车用户体验设计的趋势之一是智能化与自动化。随着人工智能、物联网等技术的快速发展，新能源汽车在驾驶辅助、智能导航、能源管理等方面逐步实现智能化和自动化。这不仅可以提高驾驶的便捷性和安全性，还能为用户提供更加个性化的服务体验。

2. 互联化与共享化趋势

新能源汽车用户体验设计的趋势还有互联化与共享化。通过车联网技术，新能源汽车可以实现与其他汽车、基础设施及互联网的互联互通，为用户提供实时交通信息、在线娱乐等服务。同时，随着共享经济的兴起，新能源汽车的共享模式逐渐受到用户的青睐，有助于减少汽车、缓解交通压力，并为用户带来更加便捷和经济的出行方式。

3. 舒适化与人性化趋势

新能源汽车用户体验设计还呈现出舒适化与人性化的趋势。在车内空间布局、座椅舒适度、噪声控制等方面，新能源汽车越来越注重用户的使用感受。设计师还通过人性化的设计元素（如触控屏操作界面、语音控制系统等），使新能源汽车的使用更便捷、更直观。

4. 可持续性与环保化趋势

新能源汽车用户体验设计的趋势还包括可持续性与环保化。新能源汽车本身具有节能减排的优势，而在用户体验设计方面，其更加注重环保材料的使用、能源利用效率的提升等。这不仅有助于减少汽车对环境的影响，还符合用户对环保和可持续发展的追求。

综上所述，新能源汽车用户体验设计的趋势包括智能化与自动化、互联化与共享化、舒适化与人性化、可持续性与环保化。这些趋势反映了新能源汽车行业的发展方向和用户需求的变化。随着技术的不断进步和市场的不断拓展，新能源汽车的用户体验将会更加智能化、便捷化、舒适化和环保化，为用户带来更加美好的出行体验。

 应用案例 3-9

新能源汽车用户体验设计的典型案例

在新能源汽车市场竞争日益激烈的今天，用户体验设计成为汽车企业赢得市场的重要"法宝"。良好的用户体验设计不仅能提升用户满意度，还能增强用户对品牌的忠诚度。下面以某知名新能源汽车厂商推出的电动 SUV 为例，探讨其用户体验设计。

1. 智能化交互设计

该电动 SUV 的用户体验设计首先体现在智能化交互设计上。该车配备了先进的智能驾驶辅助系统，包括自动泊车、自适应巡航、车道保持辅助等功能，大大减轻了驾驶人的操作负担。该车还配备了智能语音助手，用户可以通过语音指令实现车辆控制、信息查询、导航等，提升了驾驶的便捷性和舒适性。

2. 人性化界面设计

在界面设计上，该电动 SUV 注重人性化体验。仪表板和中控屏幕采用高清大屏设计，界面简洁明了，操作便捷。该车支持手机互联功能，用户可以将手机与汽车互联，实现远程控制、汽车状态查询、车载娱乐等功能。此外，该车还具有自动空调、座椅加热/通风等舒适配置，为用户提供了更加舒适的驾乘环境。

3. 环保理念融入设计

作为一款新能源汽车，该电动 SUV 在用户体验设计中融入了环保理念。该车采用环保材料制造内饰，降低了车内的环境污染；配备了节能驾驶模式，可以根据驾驶情况自动调整动力输出，降低了能耗和排放量。此外，该车还配备了智能充电管理系统，能够智能规划充电时间和地点，减少充电过程中的资源浪费。

4. 贴心服务体验

除产品本身的设计外，该电动 SUV 还提供了贴心的服务体验。汽车企业为用户提供了一站式购车服务，包括购车咨询、试驾体验、金融服务等。同时，汽车企业还为用户提供了全面的售后服务保障，包括维修、保养、救援等服务。汽车企业还积极与用户互动，收集用户反馈和建议，不断优化产品和服务体验。

5. 结论

通过以上分析可以看出，该电动 SUV 在用户体验设计方面做得非常出色。在智能化交互设计、人性化界面设计、环保理念融入设计、贴心服务体验等方面都充分考虑了用户的需求和体验感受。这种注重用户体验的设计理念不仅提升了产品的竞争力，还赢得了用户的信赖和好评。

 思考题

1. 请简述纯电动汽车的定义，并说明其与传统燃油汽车的主要区别。
2. 混合动力汽车有几种主要分类方法？请简述这些分类方法并解释它们的主要区别。
3. 燃料电池电动汽车的工作原理是什么？
4. 简述新能源汽车动力电池的主要类型。
5. 新能源汽车整车设计与制造的主要流程是什么？
6. 新能源汽车用户体验设计的趋势是什么？

【在线答题】

第4章
探秘新能源汽车的前沿技术

思维导图

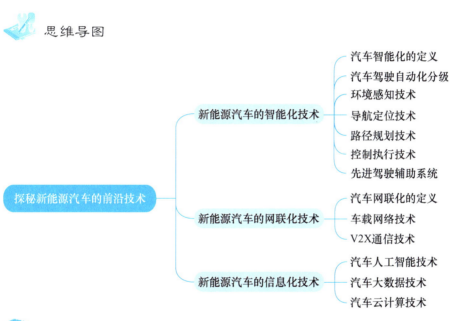

探秘新能源汽车的前沿技术

- 新能源汽车的智能化技术
  - 汽车智能化的定义
  - 汽车驾驶自动化分级
  - 环境感知技术
  - 导航定位技术
  - 路径规划技术
  - 控制执行技术
  - 先进驾驶辅助系统
- 新能源汽车的网联化技术
  - 汽车网联化的定义
  - 车载网络技术
  - V2X通信技术
- 新能源汽车的信息化技术
  - 汽车人工智能技术
  - 汽车大数据技术
  - 汽车云计算技术

教学目标

　　本章的教学目标是使学生全面了解新能源汽车的前沿技术，特别是智能化、网联化和信息化技术。通过本章的学习，学生能够了解汽车智能化的定义、驾驶自动化的分级标准，熟悉环境感知、导航定位、路径规划及控制执行等关键技术；了解汽车网联化的定义及车载网络技术、V2X通信技术的应用；了解人工智能、大数据技术及云计算技术在新能源汽车上的应用。

【拓展视频】

导入案例

在智能化的新能源汽车中，驾驶人可通过智能语音助手控制导航、音乐等，实现人机无缝交互。网联化技术的应用使车辆实时接入云端，获取最新路况信息，优化行驶路线。信息化技术的应用使车辆状态监控、远程诊断及自动驾驶成为可能，为驾驶人提供更安全、更便捷的出行体验。

随着学习的深入，我开始关注新能源汽车的前沿技术。我好奇的是无人驾驶、智能网联和人工智能技术等前沿技术将如何推动新能源汽车的发展？这些技术又将如何改变人们的出行方式？希望在本章的学习中，我能够深入了解这些前沿技术的原理和应用场景，同时了解这些技术在新能源汽车领域的最新进展。

4.1　新能源汽车的智能化技术

4.1.1　汽车智能化的定义

在当今社会，科技的飞速发展正在深刻地改变着人们的生活方式，特别是在交通出行领域。随着人工智能（artifical intelligence，AI）、物联网、大数据、云计算等技术的不断进步，汽车逐步迈向智能化。汽车智能化不仅是技术进步的体现，还是对未来交通出行的憧憬和追求。

汽车智能化是指通过先进的传感器、控制器、执行器等装置，结合 AI、物联网、大数据等技术，使汽车具备自主学习、决策、控制和执行的能力，从而提高汽车的安全性、舒适性和能效等。汽车智能化是一个涵盖多个技术领域的综合性概念，其最终目标是实现汽车的全面智能化和自主化。图 4-1 所示为智能汽车。

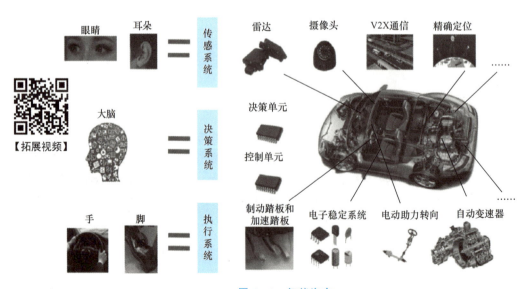

图 4-1　智能汽车

【拓展视频】

具体来说，汽车智能化可以从以下几方面定义。

（1）环境感知。汽车智能化首先要求汽车能全面、准确地感知周围环境，包括道路状况、交通信号灯、行人和其他汽车等。一般需要借助传感器（如毫米波雷达、激光雷达、摄像头等）获取环境信息，并采用智能算法进行分析和处理。

（2）自主决策。感知到环境信息后，汽车智能化还需要具备自主决策的能力。这意味着汽车需要根据实时环境信息，结合自身的状态和目标，自主决定行驶路线、速度等。这需要借助 AI 技术进行决策分析和优化。

（3）智能控制。自主决策后，汽车智能化还需要通过智能控制系统实现对汽车的控制。这包括对汽车的动力系统、制动系统、转向系统等进行实时控制，确保汽车按照决策结果安全、稳定行驶。

（4）人机交互。汽车智能化还需要实现与驾驶人和乘员的智能化交互（包括语音控制、手势识别、触摸屏操作等），使驾驶人和乘员能更加方便地与汽车进行信息交互和指令传达。

（5）智能互联。汽车智能化还需要实现车与车之间、车与基础设施之间的智能互联。这可以通过车联网技术实现，使汽车实时获取交通信息、路况信息等，从而更加高效地规划行驶路线和避免拥堵。

汽车智能化的意义在于能够提高道路交通的安全和效率。通过智能化技术，汽车可以更加准确地感知周围环境、作出自主决策、实现智能控制，从而避免或减少交通事故的发生；还能够提供更舒适、更便捷的出行体验，满足人们对出行的多元化需求。此外，汽车智能化还有助于提高道路交通的效率，减少拥堵和能源消耗。

汽车智能化是未来发展的必然趋势，它将深刻地改变人们的出行方式和交通环境。汽车智能化的定义涵盖环境感知、自主决策、智能控制、人机交互和智能互联等方面，其最终目标是实现汽车的全面智能化和自主化。

4.1.2　汽车驾驶自动化分级

GB/T 40429—2021《汽车驾驶自动化分级》把汽车驾驶自动化分为 0 级（应急辅助）、1 级（部分驾驶辅助）、2 级（组合驾驶辅助）、3 级（有条件自动驾驶）、4 级（高度自动驾驶）和 5 级（完全自动驾驶）。我国驾驶自动化等级与划分要素的关系见表 4-1。

表 4-1　我国驾驶自动化等级与划分要素的关系

等级	名称	持续的车辆横向或纵向运动控制	目标和事件探测与响应	动态驾驶任务后援	设计运行范围
0 级	应急辅助	驾驶人	驾驶人及系统	驾驶人	有限制
1 级	部分驾驶辅助	驾驶人及系统	驾驶人及系统	驾驶人	有限制
2 级	组合驾驶辅助	系统	驾驶人及系统	驾驶人	有限制
3 级	有条件自动驾驶	系统	系统	接管后为驾驶人	有限制
4 级	高度自动驾驶	系统	系统	系统	有限制
5 级	完全自动驾驶	系统	系统	系统	无限制

4.1.3 环境感知技术

1. 环境感知的对象

智能汽车的环境感知对象主要有道路、周边物体、驾驶状态和驾驶环境等，如图4-2所示。

【拓展视频】

图4-2 智能汽车环境感知的对象

（1）道路。道路分为结构化道路和非结构化道路，结构化道路识别包括道路边界和车道标线；非结构化道路识别主要是可行驶路径。例如，车道偏离预警系统和车道保持辅助系统首先识别车道标线。

（2）周边物体。周边物体主要包括车辆、行人、地面上可能影响车辆通过和安全行驶的其他移动或静止物体、交通标志和交通信号灯等。例如，前向碰撞预警系统、自动紧急制动系统、自适应巡航控制系统等都要识别前方的车辆。

（3）驾驶状态。驾驶状态主要包括驾驶人自身状态、主车行驶状态和周边车辆行驶状态。例如，车道保持辅助系统要判断驾驶人是否主动转向，使汽车偏离行驶车道；驾驶人疲劳监测系统识别驾驶人的状态。

（4）驾驶环境。驾驶环境主要包括路面状况、道路交通拥堵情况、天气状况等。

智能汽车的主要感知对象有车辆、行人、交通标志、交通信号灯和车道标线，其中车辆和行人既有运动状态又有静止状态。对于运动的对象，不仅要检测，还要追踪其轨迹（位置），并根据追踪结果预测该目标下一步的轨迹（位置）。

2. 环境感知方法

环境感知方法是智能汽车获取环境信息的方法，主要使用惯性元件、超声波雷达、毫米波雷达、激光雷达、视觉传感器、V2X通信技术、传感器融合等，并配备先进的软件算法。

（1）惯性元件。惯性元件（如陀螺仪和加速度传感器）能够测量汽车的角速度和加速度，进而推断出汽车的位置、速度和姿态。这种传感器不依赖外部信号，但在长时间使用后会存在累积误差。

（2）超声波雷达。超声波雷达通过发射超声波并接收反射信号来探测周围环境。它具有较高的探测精度和抗干扰能力，并且成本较低。超声波雷达在智能汽车的智能泊车辅助、障碍物检测等场景中得到了广泛应用。

（3）毫米波雷达。毫米波雷达利用毫米波段的电磁波探测周围环境，具有较高的探测精度和抗干扰能力。它能够在恶劣天气条件下提供稳定的探测结果，并且能够实现多目标跟踪和速度测量。毫米波雷达在智能汽车的自适应巡航、自动紧急制动等安全功能中发挥着重要作用。

（4）激光雷达。激光雷达通过发射激光束并接收反射信号来探测周围环境，能够提供高精度的三维点云数据。激光雷达具有探测距离大、抗干扰能力强、不受光照条件影响等优点，广泛应用于智能汽车的障碍物检测、道路标识识别等。

（5）视觉传感器。视觉传感器通过捕捉周围环境的图像信息，结合计算机视觉技术，实现目标检测、跟踪、识别等功能。视觉传感器具有成本低、获取信息丰富等优点，但在恶劣天气或光照条件不佳时可能受到一定影响。

（6）V2X 通信技术。V2X 通信技术主要包括 V2V（车与车）通信、V2I（车与路侧基础设施）通信、V2P（车与行人）通信和 V2N（车与网络）通信，它们采集的信息既可以用于先进驾驶辅助系统又可以用于自动驾驶系统，特别是在车路协同控制方面具有较大优势。V2X 通信技术获取的信息范围更大，可以提供 360°视觉感知，不受天气和道路环境的影响，可以给驾驶人或自动驾驶系统提供更多信息，保障汽车安全行驶。当自动驾驶达到 4 级和 5 级时，V2X 通信技术将发挥更大作用，且具有比车载智能传感器更大的优势。

（7）传感器融合。传感器融合是指运用多种传感手段获取汽车周边环境多种形式的信息，通过多信息融合技术（如视觉传感器与超声波雷达、视觉传感器与毫米波雷达、视觉传感器与激光雷达的融合等）对行驶环境进行感知。其优点是能够获取丰富的汽车周围环境信息，具有优良的环境适应能力，为安全快速辅助驾驶或自动驾驶提供可靠保障；缺点是系统复杂，成本高。

在环境感知系统中，软件算法起着至关重要的作用。它负责处理和分析传感器数据，提取有用的信息并进行决策。通过深度学习、机器视觉等先进技术，软件算法能够实现对复杂环境的理解和预测，为智能汽车提供准确的导航、避障和决策支持。

4.1.4　导航定位技术

1. 导航定位的定义

导航定位是利用电、磁、光、力学等科学原理与方法，通过测量与运动物体实时位置有关的参数，实现对运动物体的定位，并正确地从出发点沿着预定的路线，安全、准确、经济地引导到目的地。

定位是导航的第一步，导航是定位的一个连续过程，导航涉及路径规划和决策引导。所以，定位是导航的关键，其核心指标是定位精度。

智能汽车的导航定位技术是指通过全球导航卫星系统、惯性导航及激光 SLAM（simultaneous localization and mapping，同步定位与建图）、视觉 SLAM 等，获取智能网联汽车的位置和航向信息，如图 4-3 所示。

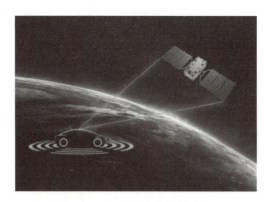

图 4 - 3　智能汽车的导航定位

2. 导航定位的方法

导航定位的方法主要有全球定位系统（global positioning system，GPS）定位、差分全球定位系统定位、北斗导航卫星系统（Beidou navigation satellite system，BDS）定位、惯性导航系统定位、航迹推算技术定位、视觉传感器定位、激光雷达定位及组合定位等。

（1）GPS定位。GPS定位作为一种绝对位姿估计方法，具备全天候连续定位与全局定位的优势。然而，它同样面临环境因素的影响，如高楼、树木、隧道等遮蔽物会阻断GPS信号。此外，GPS定位精度较低，更新周期长，还不能完全满足自动驾驶的实时高精度需求。因此，在车辆定位领域，需要不断探索新的技术与GPS结合，以提高定位精度和可靠性。

（2）差分全球定位系统定位。差分全球定位系统利用差分技术提升GPS定位精度。差分全球定位系统定位原理是在车辆行驶过程中，以GPS为基准，当GPS数据更新时，借助差分辅助技术显著减小定位误差，使车辆实现更精准的定位。差分全球定位系统在导航、无人驾驶等领域有广泛的应用前景。

（3）BDS定位。BDS作为我国自主研发的全球导航卫星系统，在智能汽车和无人驾驶领域的应用正在逐步扩大。BDS能够提供高精度、高可靠性的定位、导航和授时服务，对实现智能汽车的自主驾驶、路径规划及无人驾驶的安全运行有重要意义。我国积极推广BDS在智能出行领域的应用，以推动汽车产业的智能化发展。

（4）惯性导航系统定位。惯性导航系统通过陀螺仪和加速度传感器，实时测量汽车的角速度和加速度，结合软件算法积分运算，精确计算汽车的速度、位置和姿态。在深山隧道中，GPS信号受到阻隔，此时惯性导航系统的作用尤为突出。它不受外界环境的干扰，提供稳定、可靠的定位导航信息，确保汽车在隧道内安全、准确行驶。

（5）航迹推算技术定位。航迹推算技术定位基于无人驾驶汽车前一时刻的位置，结合行驶方向、速度等信息，实时推算当前位置，是一种自主导航方法，不依赖外部信号，抗环境干扰能力强。然而，其定位误差随时间累积，不适合长时间独立使用。因此，航迹推算技术通常作为辅助导航手段，与其他导航系统（如GPS）结合，共同为无人驾驶汽车提供准确、可靠的导航服务。

（6）视觉传感器定位。视觉传感器结合深度学习技术，通过识别车道标线、文字、停止线等，对比高精度地图来定位车辆。这种定位方法成本较低，但在环境光影响（如强光、逆光、黑夜）下表现欠佳，定位精度与稳定性不足，误差较大。因此，虽然该方法具备应用潜力，但仍需进一步优化以适应复杂多变的行车环境。

（7）激光雷达定位。激光雷达定位通过事先采集的三维点云地图与行驶中实时采集的点云数据进行对比，实现精准车辆定位。其定位精度高，探测距离大，不依赖 GPS 初值，适用于无 GPS 信号场景。然而，其成本高，且三维点云地图数据的时效性和维护成本均是挑战，需在实际应用中权衡成本与定位精度的需求。

（8）组合定位。高精度定位是无人驾驶汽车的核心技术。高精度是指定位精度要达到厘米级，上述任何一种定位方法都很难满足要求。因此，无人驾驶汽车必须使用组合定位。

图 4-4 所示为组合（GPS＋惯性测量单元＋高精度地图等）定位。采用此种定位方法，可实现高精度定位，保证无人驾驶汽车安全、可靠行驶。

图 4-4　组合定位

4.1.5　路径规划技术

1. 路径规划的定义

智能汽车路径规划是指智能汽车根据环境感知信息、汽车状态及出行目标，自主计算并确定一条安全、高效且舒适的行驶路径的过程。这一过程涉及多个学科领域（包括计算机科学、AI、交通运输工程等）的交叉融合。

在给定目标点之后，智能汽车要能够在路网中找到最经济、最快捷的路径，将乘员送到目标点。但在实际中，通常部分交通环境已知，可能有临时出现的障碍物，因此必须重新规划路径。例如，智能汽车从起点 A 到目标点 B 的最短道路被隔断后，智能汽车要重新规划路径到达目标点 B，如图 4-5 所示。

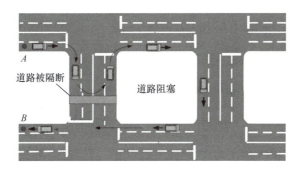

【拓展视频】

图 4-5　智能汽车重新路径规划

149

路径规划作为智能汽车决策与规划层的关键任务，旨在解决在复杂的交通环境中为汽车选择最佳行驶路径的问题。这一过程需要考虑诸多因素，如道路状况、交通流量、交通规则、障碍物分布等，以确保汽车安全、快速地到达目标点。

随着技术的不断进步，智能汽车路径规划不断发展和完善。一方面，更先进的传感器和计算设备使汽车更好地感知和理解周围环境，为路径规划提供更准确的信息支持；另一方面，AI和大数据技术的发展使路径规划算法不断优化、升级，提高了路径规划的准确性和效率。

2. 路径规划的分类

根据不同的应用场景和规划需求，智能汽车路径规划可以分为全局路径规划和局部路径规划。

（1）全局路径规划。全局路径规划是在已知地图和环境信息的基础上，为汽车规划出从起点到目标点的最佳行驶路径。它主要关注长距离、大范围的路径规划，通常应用于高速公路、城市主干道等场景。全局路径规划的关键技术包括地图构建、道路网络模型、最优路径搜索算法等。利用高精度地图和先进的搜索算法，全局路径规划能够为汽车提供一条相对固定且高效的行驶路线。

例如，当一辆智能汽车从一座城市前往另一座城市时，全局路径规划会综合考虑道路拥堵情况、道路类型（如高速公路、普通公路等）、交通规则及预计行驶时间等，选择一条最佳行驶路径。全局路径规划示意图如图4-6所示。

图4-6　全局路径规划示意图

（2）局部路径规划。局部路径规划是在汽车行驶过程中，根据实时感知的环境信息和汽车状态，动态地规划出适合当前路况的行驶路径。它主要关注短距离、小范围内的路径调整和优化，以应对复杂的交通环境和突发状况。局部路径规划的关键技术包括环境感知、避障、实时路径生成等。利用传感器实时感知周围环境，局部路径规划能够确保汽车在遇到障碍物或路况变化时作出快速且合理的反应，保持安全行驶。

例如，智能汽车在城区行驶，局部路径规划会根据实时的道路状况、行人及汽车的动态变化、交通信号灯等信息，动态调整汽车的行驶轨迹和速度，以避免碰撞和违反交通规则。局部路径规划示意图如图4-7所示。

3. 路径规划的算法

智能汽车路径规划的算法分类见表4-2。

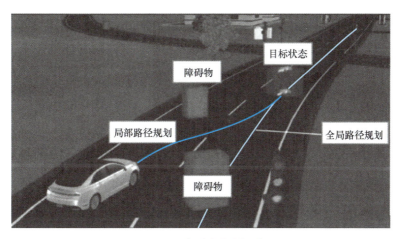

图 4 – 7　局部路径规划示意图

表 4 – 2　智能汽车路径规划的算法分类

分类	主要算法
基于图搜索的路径规划算法	Dijkstra 算法、A* 算法等
基于采样的路径规划算法	RRT 算法、PRM 算法等
基于优化的路径规划算法	蚁群算法、遗传算法、神经网络法等
基于势场的路径规划算法	人工势场法
基于曲线拟合的路径规划算法	贝塞尔曲线、B样条曲线、三次样条曲线等
基于学习的路径规划算法	深度学习、强化学习、模仿学习等

（1）基于图搜索的路径规划算法。基于图搜索的路径规划算法将环境空间抽象为图结构，并利用图搜索算法（如 Dijkstra 算法、A* 算法等）寻找从起点到目标点的最佳路径。这种算法具有直观、易理解和实现的特点。然而，它可能受限于图结构的构建和搜索算法的效率，对复杂环境或大规模情况可能面临计算复杂度较高的问题。基于图搜索的路径规划算法主要用于全局路径规划。

（2）基于采样的路径规划算法。基于采样的路径规划算法随机采样环境中的点或路径，以某种度量标准选出最优路径。这种算法能处理高维空间与复杂约束，且计算复杂度较低。但采样随机性可能导致算法不稳定、不可预测。PRM 算法适用于全局路径规划，能构建环境模型；RRT 算法适用于局部路径规划，能快速响应环境变化。具体应用时，需根据场景和需求选择适合的算法。

（3）基于优化的路径规划算法。基于优化的路径规划算法将路径规划问题转化为优化问题，利用约束条件和目标函数求解最优路径。这种算法适用于处理复杂非线性问题，但可能面临计算复杂度高、局部最优解等问题。基于优化的路径规划算法在全局路径规划和局部路径规划中都有应用价值。对于已知静态环境，全局路径规划更适合，因为基于优化的路径规划算法能全局优化路径；对于动态或不确定环境，局部路径规划更适合，因为基于优化的路径规划算法能实时响应环境变化。

（4）基于势场的路径规划算法。基于势场的路径规划算法通过构建势场模型，根据势场的大小和分布引导智能汽车规划路径。这种算法直观易行，尤其适用于连续空间，但构建势场和设置参数复杂，多障碍物环境需进行额外处理。基于势场的路径规划算法在全局路径规划和局部路径规划中都有一定的应用价值。全局路径规划适用于环境信息完整场景，以确保路径全局最优；局部路径规划适用于动态环境，以实时响应变化。选择应用该算法时需权衡应用场景和需求，确保算法的有效性和适应性。

（5）基于曲线拟合的路径规划算法。基于曲线拟合的路径规划算法利用数学模型和数据点生成平滑连续的路径，用于自主导航和控制。曲线拟合是通过一定的数学模型和算法，根据给定的数据点集合构造一条平滑曲线的过程。在路径规划中，可以将环境地图中的障碍物、起点、目标点等信息抽象为数据点，并利用曲线拟合技术生成一条绕过障碍物且连接起点和目标点的路径。基于曲线拟合的路径规划算法主要用于路径平滑，一般与其他算法配合使用。

（6）基于学习的路径规划算法。基于学习的路径规划算法通过机器学习与深度学习技术，利用大量训练数据预测或生成路径。这种算法能处理复杂非线性问题和不确定性因素，但需大量训练数据和计算资源，并可能面临过拟合、欠拟合等问题及实时性挑战。在全局路径规划与局部路径规划中，该算法都有一定的应用价值：全局路径规划适用于静态环境，可构建精确模型；局部路径规划可应对复杂多变环境。选择应用该算法时需根据具体场景进行权衡，并考虑算法复杂度、计算效率及实时性，确保算法在实际应用中的有效性与可靠性。

4.1.6　控制执行技术

自动驾驶汽车或无人驾驶汽车控制执行部分的核心任务是通过纵向控制系统和横向控制系统的配合使汽车能够按照规划的路径稳定行驶，并且能够实现避让、保持车距、超车等动作。纵向控制和横向控制的实施主要靠制动系统、节气门系统、转向系统。线控技术是汽车未来的发展趋势，主要包括线控制动、线控节气门、线控转向等。

【拓展视频】

1. 线控制动

线控制动是一种先进的汽车制动技术，其显著特点是制动踏板与制动系统不存在传统的机械刚性连接或液压连接。在这种系统中，当驾驶人踩踏制动踏板时，制动踏板位置传感器检测到踏板的位移或力，并将其转换为电信号。这些电信号由线控系统（如 ECU）处理，进而控制制动执行机构（如电动制动泵或电动制动卡钳）完成制动动作。

这种设计允许制动系统根据汽车状态、驾驶人意图和道路条件等参数进行精确控制，从而提供更高效、更安全的制动性能。此外，线控制动系统还具有响应快、控制精度高、易实现智能化控制等优点。

图 4-8 所示为线控制动系统。

【拓展视频】

2. 线控节气门

线控节气门用线束（导线）代替拉索或者拉杆，在节气门侧安装微型电动机以驱动节气门开启。一般而言，增减节气门是指通过加速踏板改变发动机节气门开度，从而控制可燃混合气的流量，改变发动机的转速和功率，以适应汽车行驶需求。线控节气门的主要功能是把驾驶人踩下加速踏板的位移（角度）转换为与其成正比的电压信号，同时把加速踏板的各种特殊位置制成接触开关，把怠速、高负荷、加减速等发动机工况转换为电脉冲信号输送给发动机 ECU，以达到供油、喷油与变速等的优化自动控制。

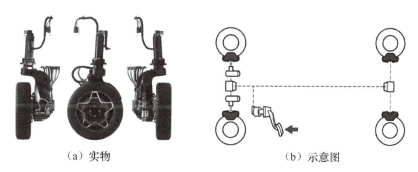

（a）实物　　　　　　　　　　（b）示意图

图 4 - 8　线控制动系统

传统燃油汽车和混合动力汽车的线控节气门系统组成如图 4 - 9 所示。

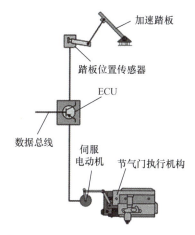

图 4 - 9　传统燃油汽车和混合动力汽车的线控节气门系统组成

传统燃油汽车和混合动力汽车的线控节气门系统主要由加速踏板、踏板位置传感器、ECU、数据总线、伺服电动机和节气门执行机构组成。

（1）加速踏板。加速踏板是驾驶人控制汽车加速的主要操作部件。驾驶人踩踏加速踏板，产生相应的位移，这个位移量被踏板位置传感器捕获并转换为电信号。

（2）踏板位置传感器。踏板位置传感器是线控节气门系统中的核心传感器。它的作用是将加速踏板的位移量转换为电信号，并将电信号传至 ECU。踏板位置传感器通常采用非接触式设计（如霍尔传感器或电容式传感器），以保证高可靠性和长使用寿命。

（3）ECU。ECU 是线控节气门系统的"大脑"，负责接收踏板位置传感器传来的电信号，并据此计算出应该输出到节气门执行机构的目标控制信号。ECU 还会根据汽车的其他状态参数（如发动机转速、车速、油温等）对目标控制信号进行修正，以实现最佳的动力性和燃料经济性。

（4）数据总线。数据总线是线控节气门系统中各个部件通信的"高速公路"。它负责将踏板位置传感器传来的电信号输送给 ECU，并将 ECU 计算出的目标控制信号输送给伺服电动机。数据总线通常采用 CAN 总线或 LIN 总线等现代通信技术，以保证数据传输的高效性和准确性。

（5）伺服电动机。伺服电动机是线控节气门系统的执行部件，它负责接收 ECU 传来的目标控制信号，并据此驱动节气门执行机构动作。伺服电动机通常采用高精度、高响应速度的电动机，如直流伺服电动机或步进电动机等。

（6）节气门执行机构。节气门执行机构是线控节气门系统的最终执行部件，它直接控制发动机的节气门开度。伺服电动机接收 ECU 的目标控制信号后，驱动节气门执行机构进行相应的动作，从而改变节气门的开度，进而控制发动机的进气量和动力输出。

3. 线控转向

线控转向把依靠转向管柱连接转向机构实现转向的传统方式，转换为通过传感器检测转向盘角度信号，并通过 ECU 控制伺服电动机实现驱动转向的转向系统。驾驶人对转向盘的操作只是在驱动一个转角传感器，由转向盘电动机提供转动阻尼和回馈，转向盘与前轴转向机构不存在任何刚性连接，如图 4-10 所示。

【拓展视频】

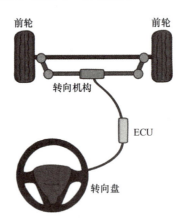

图 4-10　汽车线控转向

线控转向革新了传统机械连接方式，通过电控技术实现转向指令传递与路感反馈。其独特的传动比设计保证了转向灵敏度与车速的线性关系，简化了驾驶操作，可以避免误操作。线控转向能主动调整前轮转角，增强操纵稳定性，模拟路感反馈优化驾驶体验。同时，减少的机械结构降低了碰撞伤害风险，提升了汽车安全性。线控转向作为自动驾驶关键技术，易与其他主动安全技术结合，实现底盘一体化设计。

4.1.7　先进驾驶辅助系统

1. 先进驾驶辅助系统的定义

【拓展视频】

先进驾驶辅助系统（advanced driver assistance systems，ADAS）是利用安装在汽车上的传感器及通信、决策规划、控制执行等装置，实时监测驾驶人、汽车及其行驶环境，并通过影像、灯光、声音、触觉提示/警告或控制等方式辅助驾驶人执行驾驶任务或主动避免/减轻碰撞危害的各类系统的总称。

2. 先进驾驶辅助系统的组成

ADAS 可以根据功能分成环境感知单元、信息处理单元和控制执行单元，如图 4 - 11 所示。

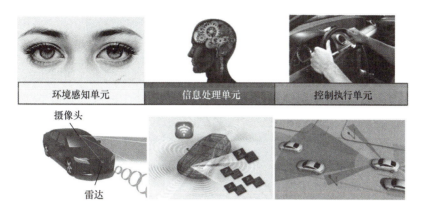

图 4 - 11 ADAS 的组成

（1）环境感知单元。环境感知单元是 ADAS 的"眼睛"和"耳朵"，负责收集汽车周围环境的信息。该单元通常包括各种传感器，如毫米波雷达、激光雷达、摄像头、超声波雷达等。这些传感器可以实时监测汽车周围的路况、其他汽车、行人、交通信号灯及车道标线等。通过这些传感器，环境感知单元可以构建出汽车周围的三维环境模型，为后续的决策提供支持。

（2）信息处理单元。信息处理单元是 ADAS 的"大脑"，负责处理和分析环境感知单元收集的信息。该单元通常由高性能计算机或专用处理器组成，具有强大的计算能力和数据处理能力。它可以对传感器收集的原始数据进行融合和解析，提取有价值的信息，如目标物体的位置、速度、加速度及道路的形状和曲率等。信息处理单元还会将这些信息与汽车的当前状态（如车速、转向盘角度等）关联，以判断当前的驾驶环境和驾驶人的意图。在信息处理单元中，通常会运用各种先进的算法和技术（如机器学习、深度学习、图像处理技术等），以提高系统对环境的感知能力和决策的准确性。此外，信息处理单元还会将处理后的信息传递给控制执行单元，以实现对汽车的控制。

（3）控制执行单元。控制执行单元是 ADAS 的"手"和"脚"，负责根据信息处理单元作出的决策控制车辆的行为。该单元通常包括电子稳定系统、电子制动系统、电动助力转向系统及 ADAS 的专用执行机构等。信息处理单元作出决策后，控制执行单元会迅速响应并调整汽车的状态（如调整车速、转向角、制动力等），以确保汽车按照驾驶人的意图和环境的需要行驶。

3. 先进驾驶辅助系统的类型

（1）前向碰撞预警系统（图 4 - 12）。前向碰撞预警系统能够实时监测汽车前方的行驶环境，并在可能发生前向碰撞危险时发出警告信息。前向碰撞预警系统使用的传感器主要有毫米波雷达和摄像头。

（2）车道偏离预警系统（图 4 - 13）。车道偏离预警系统实时监测汽车在本车道的行驶

图 4 - 12　前向碰撞预警系统

状态，并在出现或即将出现非驾驶意愿的车道偏离时发出警告信息。车道偏离预警系统使用的传感器主要是摄像头。

图 4 - 13　车道偏离预警系统

(3) 盲区监测系统（图 4 - 14）。盲区监测系统也称并线辅助系统，其实时监测驾驶人视野盲区，并在其盲区内出现其他道路使用者时发出提示或警告信息。盲区监测系统使用的传感器主要有毫米波雷达和摄像头。

图 4 - 14　盲区监测系统

(4) 自动紧急制动系统（图 4 - 15）。自动紧急制动系统实时监测汽车前方的行驶环境，并在可能发生碰撞危险时自动启动汽车制动系统使汽车减速，以避免碰撞或减轻碰撞后果。自动紧急制动系统是前向碰撞预警系统的扩展。自动紧急制动系统使用的传感器主要有毫米波雷达和摄像头。

(5) 车道保持辅助系统（图 4 - 16）。车道保持辅助系统实时监测汽车与车道边线的相对位置，持续或在必要情况下控制汽车横向运动，使汽车保持在原车道内行驶。车道保持辅助系统是车道偏离预警系统的扩展。车道保持辅助系统使用的传感器主要是摄像头。

(6) 自适应巡航控制系统（图 4 - 17）。自适应巡航控制系统能够实时监测汽车前方的

图4-15　自动紧急制动系统

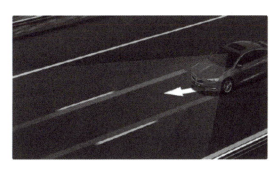

图4-16　车道保持辅助系统

行驶环境，在设定的速度范围内自动调整行驶速度，以适应前方车辆和（或）道路条件等引起的驾驶环境变化。自适应巡航控制系统使用的传感器主要有毫米波雷达和摄像头。

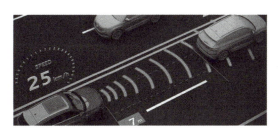

图4-17　自适应巡航控制系统

ADAS已经在新能源汽车上广泛应用。

 **应用案例4-1**

新能源汽车应用智能化技术的典型案例

随着新能源汽车技术的快速发展，智能化技术的应用已经成为提升新能源汽车性能及用户体验的重要方向。新能源汽车的智能化不仅体现在智能驾驶上，还涵盖了能源管理、充电服务、车载互联等方面。下面以一个典型的新能源汽车应用智能化技术案例，阐述智

能化技术在智能驾驶、能源管理、充电服务和车载互联等方面的应用。

1. 车型概述

本例中的新能源汽车是一款具备高度智能化水平的电动轿车，它集成了多种先进的智能化技术，为用户提供了更便捷、更安全、更智能的出行体验。这款车在智能驾驶、能源管理、充电服务和车载互联等方面均达到了行业领先水平。

2. 智能驾驶

本车型配备了先进的智能驾驶辅助系统，该系统利用高精度地图、雷达、摄像头等实现了多项智能驾驶功能，如自动泊车、自适应巡航、车道保持、行人检测等。这些功能不仅提高了驾驶的安全性和舒适性，还降低了驾驶人的操作负担。

此外，本车还具备智能决策和路径规划能力，能够根据实时交通信息、道路状况和驾驶人的目的地，自动选择最佳行驶路径和驾驶模式，从而实现更高效、更节能的出行。

3. 能源管理

能源管理是新能源汽车智能化应用的重要领域。本车通过集成先进的能源管理系统，实现了对电池组、电动机等关键部件的实时监测和精准控制。该系统能够根据驾驶人的需求和汽车的实际状态，自动调整能量分配和驾驶模式，从而在保证汽车性能的同时实现更加节能的行驶。

此外，本车还具备能量回收功能，在汽车制动和减速过程中，将制动能量转换为电能并储存到电池组中，提高了能量利用效率和续驶里程。

4. 充电服务

新能源汽车的充电服务是智能化应用的重要方面。本车通过集成先进的充电服务智能化技术，实现了对充电网络的实时监测和智能调度。驾驶人可以通过手机应用程序查询附近的充电桩位置、充电价格、充电状态等信息，并预约充电桩充电。

此外，本车还支持无线充电技术，驾驶人只需将汽车停放在指定的无线充电区域，即可实现自动充电。这种充电方式不仅方便、快捷，还提高了充电的灵活性和便利性。

5. 车载互联

车载互联是新能源汽车智能化的重要方向。本车配备了先进的车载互联系统，实现了汽车与智能手机、智能家居等设备的互联互通。驾驶人可以通过语音控制、触摸屏操作等方式与车载系统交互，实现音乐播放、导航、电话通话等功能。

此外，本车还支持远程监控和远程控制功能，驾驶人可以通过手机应用程序远程查看汽车状态，控制汽车门窗、空调等设备，提高了使用的便捷性和安全性。

6. 结论

本案例介绍了智能化技术在新能源汽车智能驾驶、能源管理、充电服务和车载互联等方面的应用。这款车通过集成多种先进的智能化技术，为用户提供了更便捷、更安全、更智能的出行体验。随着技术的不断发展和完善，新能源汽车将在智能化方面取得更加显著的进步，为人们带来更加美好的出行体验。

4.2　新能源汽车的网联化技术

4.2.1　汽车网联化的定义

汽车网联化（图4-18）是以车内网、车际网和车载移动互联网为基础，按照约定的通信协议和数据交互标准，在V2X之间进行无线通信和信息交换。其中，车内网是以车内总线通信为基础的网络，常称车载网络；车际网是以短距离无线通信为基础的网络，常称车载自组织网络；车载移动互联网是以长距离通信为基础的网络。

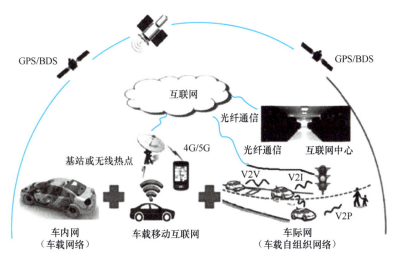

图4-18　汽车网联化

1. 车载网络

车载网络按照协议划分为CAN、LIN、FlexRay、MOST、以太网等总线技术。车载网络以高速以太网为骨干，将动力总成、底盘控制、车身控制、娱乐、ADAS五个核心域控制器连接在一起，各个域控制器在实现专用控制功能的同时，还提供强大的网关功能。

2. 车载自组织网络

车载自组织网络结构主要分为V2V通信、V2I通信、V2P通信。V2V通信是通过GPS辅助建立无线多跳连接，从而进行暂时的数据通信，提供行车信息、行车安全等服务；V2I通信通过接入互联网获得更丰富的基础设施信息与服务；V2P通信的研究刚刚起步，目前主要通过智能手机中的特种芯片提供行人和交通状况，以后会有更多通信方式。

3. 车载移动互联网

车载移动互联网是基于长距离通信技术构建的车与互联网连接的网络，实现车辆信息与服务信息在车载移动互联网上的传输，使智能网联汽车用户能够开展商务办公、信

息娱乐服务等。

4.2.2 车载网络技术

随着汽车电子技术的迅猛发展，车载网络系统已经成为现代汽车的重要组成部分。车载网络系统通过不同的通信协议和总线技术，将车内的各个 ECU 连接起来，实现信息的共享和交互，从而提高汽车性能。车载网络主要包括 CAN、LIN、FlexRay、MOST、以太网等。

1. CAN

【拓展视频】

CAN 是常用的车载网络。它采用差分信号传输方式，具有较高的数据传输速率和抗干扰能力。CAN 主要用于车内的动力、底盘和安全控制等关键系统，如发动机控制系统、制动系统、转向系统等。CAN 具有多主节点、优先级传输和错误处理等特点，确保了信息的实时性和准确性。

2. LIN

LIN 是一种成本较低、适用于简单应用的串行通信协议。它采用单线传输方式，主要用于车内的辅助系统，如车窗控制系统、车门控制系统、座椅调节系统等。LIN 具有简单的硬件结构和较低的功耗，适合连接一些对实时性要求不高的设备。

3. FlexRay

FlexRay 是一种高速、可靠的车载通信协议，专为汽车安全应用设计。它采用双通道传输方式，支持高达 10Mbit/s 的数据传输速率，并具有低延迟、高确定性和容错能力等特点。FlexRay 主要用于车内的主动安全系统，如碰撞预警系统、自动紧急制动系统等。

4. MOST

MOST 是一种专为汽车多媒体和娱乐系统设计的通信协议。它采用光纤传输方式，支持高达 25Mbit/s 的数据传输速率，并具有高质量的音频和视频传输能力。MOST 主要用于连接车内的音响系统、导航系统、车载电话等多媒体设备。

5. 以太网

随着汽车电子化的不断深入，以太网逐渐被引入车载网络。以太网具有高速、可靠、通用性强等特点，适合用于车内的信息娱乐系统、车载诊断系统和车载移动互联网连接等。以太网采用标准的网络接口和传输协议，使得车内部和外部的通信更便捷、更高效。

综上所述，车载网络技术是汽车电子化发展的重要基础。不同的车载网络具有不同的特点和适用范围，选择合适的网络对提高汽车的性能有重要意义。随着技术的不断进步和创新，车载网络系统将会更加智能化、更加集成化和更加网络化。

4.2.3 V2X 通信技术

1. V2X 的定义

V2X 是指车与外界的信息交换。V2X 通信技术是将汽车与一切事物相连的新一代信息通信技术，其中 V 代表汽车，X 代表任何与车辆交互信息的对象，当前 X 主要包含汽车、行人、路侧基础设施和网络。

V2X 交互的信息模式包括 V2V、V2I、V2P、V2N 的交互，如图 4 - 19 所示。

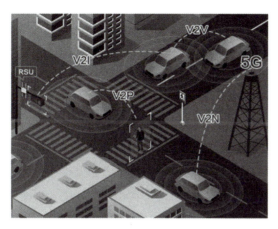

【拓展视频】

图 4 - 19 V2X 通信技术

（1）V2V 交互。V2V 交互是指车与车通过无线通信技术交换信息。这种模式主要用于提高道路安全性，例如，通过交换位置、速度、加速度等信息，汽车可以预测潜在的危险并采取相应的措施，如自动制动或避让。此外，V2V 交互还有助于优化交通流量，减少拥堵和排放。

（2）V2I 交互。路侧基础设施包括交通信号灯、道路标志、摄像头等。通过与这些设施的通信，汽车可以获得实时的交通信息，如道路状况、交通流量等。这些信息有助于汽车更好地规划行驶路径，提高行驶效率和安全性。V2I 交互还可以实现智能交通管理，如根据实时交通情况调整交通信号灯的配时。

（3）V2P 交互。在 V2P 交互模式下，汽车通过传感器检测行人的位置、速度等信息，并通过无线通信手段将相关信息发送给行人。同样，行人可以通过智能设备将自身信息发送给汽车。这种交互方式有助于提高道路安全性，减少汽车与行人之间的碰撞事故。例如，当汽车检测到有行人即将穿越道路时，可以发出警报提醒驾驶人减速或停车；行人也可以通过智能设备了解附近车辆的位置和速度信息，从而避免与车辆碰撞。

（4）V2N 交互。V2N 交互是指汽车与互联网或其他通信网络之间的信息交换。在这种模式下，汽车可以接入互联网或其他通信网络，获取丰富的交通信息和资源。例如，汽车可以获取实时的天气信息、路况信息、交通管制信息等，以便更好地规划行驶路径和应对突发情况。V2N 交互还可以实现车辆远程监控、故障诊断和升级维护等，提高车辆的管理效率和运行质量。

总结来说，V2X 通信技术通过实现汽车与外部环境的实时信息交互，为提高道路安全、优化交通流量和推动智能交通系统的发展提供了有力支持。

2. V2X 通信技术的特点

（1）实时性与高效性。V2X 通信技术的最大特点是实时性和高效性。通过无线通信网络，汽车可以实时获取周围车辆、行人、基础设施等的信息，如速度、位置、行驶意图等。这种实时信息使驾驶人能够迅速作出反应，避免潜在的危险，同时为交通管理系统提供实时数据支持，有助于优化交通流量和提高道路通行效率。

（2）安全性。V2X 通信技术通过实时信息交换，可以显著提高道路安全性。例如，在交叉口，汽车可以实时获取交通信号灯状态和其他汽车的行驶轨迹，从而避免碰撞等危险情况发生。此外，V2X 通信技术还可以实现车与行人的信息交换，帮助驾驶人及时发现行人并作出避让动作，进一步保障行人的安全。

（3）智能化。V2X 通信技术是实现智能交通系统的重要基础。通过与 AI、大数据等技术的结合，V2X 系统可以更加智能地分析路况信息、预测交通流量等，为驾驶人提供更加智能化的驾驶辅助。例如，通过 V2X 通信技术，汽车可以实时获取前方道路的拥堵情况，从而自动调整行驶路径，避开拥堵路段。

（4）灵活性。V2X 通信技术具有高度灵活性。它不仅可以应用于传统的公路交通系统，还可以应用于城市轨道交通系统、无人驾驶等领域。此外，V2X 通信技术还可以与智能设备和服务无缝连接，实现跨领域协同应用。这种灵活性使 V2X 通信技术具有广阔的应用前景和巨大的市场潜力。

（5）标准化与兼容性。V2X 通信技术的发展离不开标准化和兼容性的支持。目前，国际上已经建立了多个 V2X 通信技术的标准和规范，如 IEEE 802.11p、ETSI ITS‐G5 等。这些标准和规范为 V2X 通信技术的发展提供了统一的指导及管理，有助于推动技术的普及和应用。同时，V2X 通信技术具有良好的兼容性，可以与不同品牌和型号的汽车进行信息交换和信息共享。

3. V2X 通信技术的典型应用场景

（1）交叉口安全预警。在繁忙的交叉口，受视线受阻、驾驶人疏忽等的影响，很容易发生交通事故。V2X 通信技术可以通过实时信息交换，使汽车提前获知交叉口的车流状况、行人动态及交通信号灯状态等。例如，当有行人即将通过斑马线时，附近的车辆接收行人发出的信号，并作出减速避让的响应，从而有效避免碰撞事故的发生。基于 V2X 通信技术的交叉口安全预警如图 4‐20 所示。

图 4‐20　基于 V2X 通信技术的交叉口安全预警

（2）高速公路协同驾驶。在高速公路上，V2X 通信技术可以帮助汽车实现协同驾驶。

通过实时获取前方汽车的行驶速度、距离等信息，汽车可以实现自适应巡航控制，自动调整车速和车距，保持安全距离。此外，当遇到紧急情况时（如前方汽车突然制动或变道），V2X通信技术可以迅速将信息传递给后方汽车，使其有足够的时间作出反应，减少追尾事故的发生。图4-21所示为车路云协同驾驶。

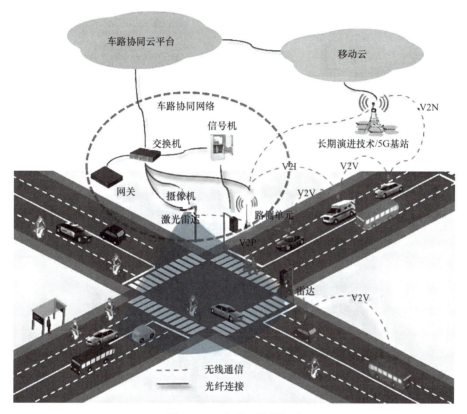

图4-21 车路云协同驾驶

（3）道路危险预警。V2X通信技术还可以用于道路危险预警。当汽车行驶到湿滑、坑洼等危险路段时，通过实时信息交换，可以将路况信息传递给其他汽车，使其提前做好避让或减速准备。此外，当有汽车发生故障或事故时，V2X通信技术可以迅速将信息传递给周围车辆和交通管理部门，以便及时采取救援措施，减少二次事故的发生。图4-22所示为基于V2X通信技术的道路危险预警。

（4）智能交通信号灯控制。V2X通信技术可以实现汽车与路侧基础设施的信息交换，从而优化交通信号灯控制。通过实时获取车辆的位置、速度等信息，交通信号灯控制系统可以更加精准地判断车流状况，并根据实际情况调整交通信号灯的配时方案，以减少交通拥堵和提高道路通行效率。此外，当汽车即将通过交叉口时，交通信号灯控制系统还可以通过V2X通信技术提前发送绿灯信号，以减少车辆等待时间，提高道路通行效率。图4-23所示为基于V2X通信技术的智能交通信号灯控制。

V2X通信技术作为智能交通系统的核心技术，在多个领域有广阔的应用前景。从交叉口安全预警、高速公路协同驾驶到道路危险预警及智能交通信号灯控制等，V2X通信

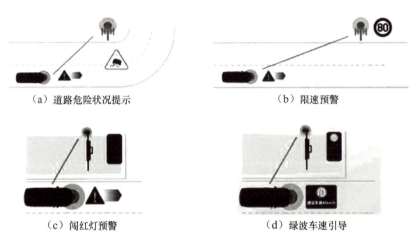

（a）道路危险状况提示　　　　　　　（b）限速预警

（c）闯红灯预警　　　　　　　　　（d）绿波车速引导

图 4-22　基于 V2X 通信技术的道路危险预警

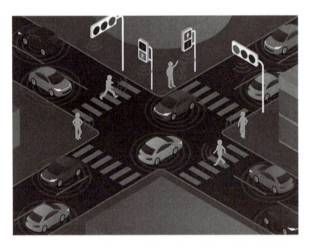

图 4-23　基于 V2X 通信技术的智能交通信号灯控制

技术在不断提升道路安全、优化交通流量和提高驾驶体验方面发挥着重要作用。随着技术的不断发展和普及，V2X 通信技术将为智能交通系统的发展提供强有力的支持。

 **应用案例 4-2**

新能源汽车应用网联化技术的典型案例

在新能源汽车快速发展的背景下，网联化技术成为提升汽车智能化水平、优化用户体验的重要支撑。网联化技术将汽车与外部信息源连接，实现了 V2V 通信、V2I 通信及 V2N 通信，为新能源汽车提供了更丰富的信息服务、更高的安全性和更便捷的出行体验。下面以一个典型的新能源汽车应用网联化技术案例，阐述网联化技术在车辆通信、智能交通系统及服务创新等方面的应用。

1. 案例概述

本案例中的新能源汽车是一款集成了先进网联化技术的电动轿车。通过 V2V 通信、

V2I通信等 V2X 通信，这款车在提升道路安全、优化交通流量及提供个性化服务等方面取得了显著成效。

2. 网联化技术在车辆通信中的应用

（1）V2V 通信。本车配备了先进的 V2V 通信系统，能够实时与周围车辆交换行驶数据、路况信息等。当检测到潜在危险时，如前方有汽车紧急制动或道路障碍物，系统能够及时向驾驶人发出警告，甚至自动采取制动措施，有效避免或减少交通事故。

（2）V2I 通信。通过与交通信号灯、路侧单元等基础设施的通信，本车能够实时获取交通信号灯变化、道路施工信息等，帮助驾驶人提前规划行驶路径，避免拥堵和延误。同时，汽车还可以将自身的行驶数据上传至交通管理系统，为智能交通系统提供数据支持。

3. 网联化技术在智能交通系统中的应用

本车作为智能交通系统的重要组成部分，通过网联化技术实现了与交通管理系统的紧密配合。交通管理系统能够根据实时交通流量、道路状况等，智能调度交通信号灯、优化交通路线，提高道路通行效率和道路安全。此外，交通管理系统还能实时向车辆发送路况信息、天气预警等，帮助驾驶人作出更加明智的驾驶决策。

4. 网联化技术在服务创新中的应用

（1）个性化服务。通过网联化技术，本车能够与服务中心实时连接，提供远程故障诊断、软件升级等个性化服务。当汽车出现故障或需要维护时，服务中心能够远程接收汽车数据并诊断，提供维修建议或预约维修服务。

（2）充电服务。网联化技术使充电服务更加便捷。驾驶人可以通过手机应用程序查询附近的充电桩位置、充电价格、充电状态等信息，并预约充电桩充电。汽车还能够自动选择最佳充电路线和充电时间，实现更加高效、节能的充电体验。

（3）共享出行。网联化技术支持共享出行模式。驾驶人可以将汽车接入共享出行平台，与其他用户共享汽车使用权，降低出行成本。共享出行平台能够根据车辆数据和用户需求进行智能调度，提高车辆使用效率和用户体验。

5. 结论

由本案例可以看出，通过网联化技术，新能源汽车的行驶安全性和通行效率得到提升，交通路线得到优化，用户得到更便捷、更个性化的出行体验。随着技术的不断发展和完善，新能源汽车将在网联化方面取得更加显著的进步，为人们带来更加美好的出行生活。

4.3 新能源汽车的信息化技术

4.3.1 汽车人工智能技术

1. 人工智能技术的定义

AI技术（图 4-24）是当代科技领域的一大突破。它深度模拟、延伸和扩展了人类智能，让机器能够识别、理解并作出决策。通过深度学习和处理海量数据，AI 实现了人机交互的新高度，极大提升了工作效率和生活质量。如今，AI 产品能像人一样思考、理解复杂问题；能听懂人类语言，实现智能对话；能看懂图像、视频，提供精准分析；还能模拟人类运动，完成复杂操作。AI 技术的发展深刻地改变着人们的世界，引领未来的科技潮流。

【拓展视频】

图 4-24 AI 技术

2. 人工智能技术在新能源汽车上的应用

随着全球对环境保护和可持续发展的日益关注，新能源汽车行业得到了迅猛发展。与此同时，AI 技术的快速发展为新能源汽车的创新和应用提供了无限可能。AI 技术在新能源汽车上的应用不仅提升了汽车性能，还为用户带来了更便捷、更智能的驾驶体验。

（1）自动驾驶技术。自动驾驶技术是 AI 技术在新能源汽车上的显著应用。通过集成先进的传感器、摄像头、雷达等设备，汽车可以实时感知周围环境，并与 AI 系统进行数据交互和决策判断。AI 系统能够根据路况、交通信号灯、行人等信息，自动规划行驶路径，控制汽车的加速、制动、转向等动作，实现高度自动化驾驶。自动驾驶技术的应用不仅提高了行车安全性、减少了人为驾驶错误导致的交通事故，还为用户带来了更轻松、更舒适的驾驶体验。

（2）智能能量管理系统。新能源汽车的续驶里程和能源使用效率一直是用户关注的焦点。应用 AI 技术，可以通过智能能量管理系统优化电池的使用效率和充电速度。AI 系统能够实时监测电池的电量、温度、电压等参数，并根据汽车行驶状态和用户需求，智能调整电池的充放电策略。同时，AI 系统可以通过学习用户的驾驶习惯和行驶路径，预测未来的能量需求，提前规划充电时间和充电地点，从而提高能源使用效率，延长汽车的续驶里程。

（3）智能交通系统。AI 在新能源汽车上的重要应用还有智能交通系统。通过与智能交通系统的连接，汽车可以实时获取路况信息、交通信号灯、天气状况等数据，并与 AI 系统进行数据交互和决策判断。AI 系统能够根据这些信息，为驾驶人提供最优行驶路径和行驶策略，避免拥堵和交通事故。同时，AI 系统可以与周围车辆进行通信和协作，实现车辆之间的协同行驶，提高道路利用率和交通效率。

（4）智能维护和故障诊断。AI 技术的应用还可以提高新能源汽车的维护和故障诊断效率。通过集成传感器和诊断系统，AI 系统能够实时监测汽车的各项参数和性能指标，并根据这些数据预测和诊断潜在的故障及问题。一旦发现异常情况，AI 系统就立即向驾驶人发出警告，并提供维修建议。此外，AI 系统还可以通过与制造商、服务商连接，实现远程维护和故障诊断，降低用户的维修成本和维修时间。

基于机器学习的环境感知如图 4-25 所示。

图 4-25 基于机器学习的环境感知

基于机器学习的路径规划与决策如图 4-26 所示。

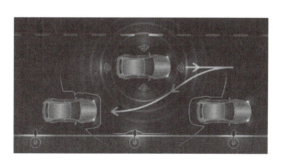

图 4-26 基于机器学习的路径规划与决策

AI 技术在新能源汽车上的应用为汽车产业带来了革命性的变革。通过自动驾驶、智能能量管理、智能交通和智能维护等方面的应用，AI 技术不仅提高了新能源汽车的性能和安全，还为用户带来了更便捷、更智能的驾驶体验。随着技术的不断发展和应用的不断拓展，AI 技术将在新能源汽车领域发挥越来越重要的作用，推动汽车产业向更绿色、更智能、更高效的方向发展。

4.3.2 汽车大数据技术

1. 大数据的定义

大数据是指无法在一定时间范围内用常规软件工具进行捕捉、管理和处理的数据集合，是需要新处理模式才能具有更强的决策力、洞察力和流程优化能力的信息资产。大数据是"未来的新石油"。

从对象角度，大数据是数据规模超出传统数据库处理能力的数据集合；从商业模式角度，大数据是企业获得商业价值的业务创新方向；从技术角度，大数据是从海量数据中快速获得有价值信息的技术；从应用角度，大数据是对特定数据集合应用相关技术获得价值的行为。

【拓展视频】

2. 大数据技术在新能源汽车上的应用

在新能源汽车领域，大数据技术的应用已经成为推动产业发展的重要力量。新能源汽车在制造、销售、运行维护等环节都涉及大量的数据，这些数据对提升汽车性能、优化用户体验、提高运营效率等方面有重要意义。

（1）汽车性能优化。新能源汽车在制造过程中会产生大量的生产数据，如零部件尺寸、材料性能、工艺参数等。对这些数据进行大数据分析，可以识别生产过程中的潜在问题，提高产品质量和生产效率。同时，在汽车使用过程中，通过收集和分析汽车运行数据（如电池状态、电动机性能等），可以实时评估汽车的健康状况，预测潜在故障，提前维修和保养，从而提升汽车的性能。

（2）用户体验提升。新能源汽车的用户体验是衡量产品成功的重要因素。大数据技术可以帮助企业更深入地了解用户的需求和行为，从而提升用户体验。例如，通过分析用户的驾驶习惯、出行路线、充电行为等数据，可以为用户提供更加个性化的服务，如智能推荐充电站、优化出行路线等。此外，通过收集和分析用户的反馈和评价，企业可以及时发现并改进产品存在的问题，提升用户的满意度和忠诚度。

（3）能源管理优化。新能源汽车的能源管理是影响汽车续航里程和使用成本的关键因素。大数据技术可以帮助企业实现对能源使用的精细化管理。通过对汽车行驶数据、充电数据、能源价格等进行分析，可以预测汽车的能源需求，制定更加合理的充电和放电策略，从而提高能源使用效率，降低使用成本。此外，大数据技术还可以帮助企业实现对能源消耗的实时监测和预警，及时发现并解决潜在问题，保障汽车正常行驶。

（4）智慧交通构建。新能源汽车是构建智慧交通系统的重要组成部分。应用大数据技术，可以实现车与道路、车与车之间的信息交互和协同工作，提高道路利用率和交通效率。例如，通过分析汽车行驶数据和交通流量数据，可以预测未来的交通状况，为驾驶人提供实时路况信息和最佳行驶路径。同时，车辆之间的信息交互可以实现车辆之间的协同行驶，避免交通拥堵和事故发生。

大数据技术在新能源汽车上的应用为汽车产业带来了革命性的变革。通过汽车性能优化、用户体验提升、能源管理优化和智慧交通构建等方面的应用，大数据技术不仅提高了新能源汽车的性能，还为用户带来了更便捷、更智能的出行体验。随着技术的不断发展和应用的不断拓展，大数据技术将在新能源汽车领域发挥更加重要的作用，推动汽车产业向更绿色、更智能、更高效的方向发展。

4.3.3 汽车云计算技术

1. 云计算的定义

云计算是一种通过网络按需提供可用的、便捷的、按需付费的网络访问，进入可配置的计算资源共享池的模式。这些资源（包括网络、服务器、存储、应用软件、服务）能够被快速提供，并且只要进行少量的管理工作或者与服务提供商的交互就能完成。云计算代表了计算资源、存储资源、软件开发和部署的一种新范式，它通过集中化的资源池向用户提供高可伸缩性、高可用性和高性能的计算服务。

2. 云计算技术在新能源汽车上的应用

随着新能源汽车技术的迅猛发展，云计算技术作为信息技术的重要分支，正在为新能源汽车行业带来革命性的变革。云计算技术的应用不仅提升了新能源汽车的制造效率、优化了用户体验，还推动了新能源汽车的智能化、网联化发展。

（1）云计算技术在新能源汽车制造过程中的应用。

① 供应链管理。新能源汽车的制造涉及众多供应商和零部件，云计算技术可以构建高效的供应链管理平台，实现零部件信息的实时共享、库存的自动调整和供应链的协同优化。通过云计算平台，企业可以更加准确地预测零部件需求，减少积压库存，提高生产效率和响应市场的速度。

② 设计仿真。在新能源汽车设计阶段，云计算平台可以提供强大的计算能力，支持复杂的设计仿真和分析。通过云计算技术，设计师可以在短时间内进行大量的模拟测试，优化车辆结构、提高性能。这不仅可以缩短产品开发周期，还可以降低产品的开发成本。

③ 质量管理。在新能源汽车生产过程中，云计算技术可以实现生产数据的实时采集和分析。通过云计算平台，企业可以实时监控生产线的运行状态，及时发现并处理生产过程中的问题。云计算平台还可以对生产数据进行深入分析，为企业改进生产工艺、提高产品质量提供有力支持。

（2）云计算技术在新能源汽车运营和维护中的应用。

① 智能充电。新能源汽车的充电是用户使用过程中的重要环节。云计算技术可以实现充电桩的智能调度和管理，为用户提供更便捷、更高效的充电服务。通过云计算平台，充电桩可以根据汽车的充电需求、电网的负载情况和用户的充电习惯，自动选择最优充电策略和充电时间，以降低充电成本、提高充电效率。

② 故障诊断。新能源汽车在使用过程中可能会出现各种故障。云计算技术可以实现对汽车运行数据的实时监控和分析，及时发现潜在的故障问题。通过云计算平台，企业可以远程接收汽车的故障信息，进行故障分析和诊断，为用户提供及时、准确的维修建议。同时，云计算平台可以实现维修资源的优化配置，提高维修效率和服务质量。

③ 能源管理。新能源汽车的能源管理是影响汽车续驶里程和使用成本的关键因素。云计算技术可以实现对汽车能源使用情况的实时监控和分析，为用户提供个性化的能源管理方案。通过云计算平台，用户可以查看自己的驾驶记录、能耗情况和充电习惯等数据，了解自己的能源使用情况，并根据需要调整自己的驾驶行为和充电习惯，提高能源使用效率，降低使用成本。

（3）云计算技术在车路云中的应用。

① 数据存储与管理。车路云系统需要处理大量的实时数据，包括汽车位置、速度、行驶轨迹等，以及道路状况、交通信号灯等基础设施信息。云计算技术提供了高可靠性、

高可扩展性的数据存储和管理服务，能够确保数据的实时性、安全性和准确性。

② 数据处理与分析。云计算平台具有强大的计算能力，可以对车路云系统产生的海量数据进行实时处理和分析。通过数据挖掘、机器学习等技术，云计算可以提取有价值的信息，为交通管理和规划提供决策支持。

③ 信息共享与服务：云计算技术支持多租户架构，能够实现车路云系统中不同参与方之间的信息共享和服务提供。例如，交通管理部门可以通过云计算平台向驾驶人提供实时路况、交通预警等信息服务；同时，驾驶人可以将汽车行驶数据上传至平台，为交通规划提供数据支持。

云计算技术在车路云中有以下应用场景。

① 智能交通监控。云计算平台可以对道路上的车辆和基础设施进行实时监控，并通过大数据分析技术预测交通拥堵、交通事故等异常情况。交通管理部门可以根据这些信息及时采取措施，保障道路畅通和安全。

② 自动驾驶支持。云计算平台可以为自动驾驶汽车提供高精度地图、实时路况、交通信号灯等信息服务。同时，借助云计算平台的数据处理能力，自动驾驶汽车可以更加准确地感知周围环境，作出更加合理的驾驶决策。

③ 智慧停车管理。云计算平台可以实现停车位的智能分配和预约服务，提高停车位的利用率和停车效率。同时，通过云计算平台的数据分析能力，可以预测停车需求变化，为停车场规划和建设提供决策支持。

④ 交通规划与优化。云计算平台可以对历史交通数据进行深度分析，提取交通流量、拥堵规律等信息，为交通规划和优化提供科学依据。同时，云计算平台可以支持多源数据的融合分析，提高交通规划和优化的准确性及有效性。

随着云计算技术的不断成熟和应用场景的不断拓展，车路云系统将会更加完善，为人们的出行提供更便捷、更安全、更高效的服务。

 **应用案例 4-3**

新能源汽车应用信息化技术的典型案例

随着信息化技术的快速发展，AI、大数据和云计算等先进技术逐渐渗透到新能源汽车领域，推动了新能源汽车向更智能化、更高效化、更安全化的方向发展。这些技术的应用不仅提升了新能源汽车的性能，还为用户带来了更便捷、更舒适的驾驶体验。下面以一个新能源汽车应用信息化技术的典型案例，阐述 AI 技术、大数据技术和云计算技术在新能源汽车设计、制造、运维和服务等方面的应用。

1. 案例概述

本案例中的新能源汽车是一款集成了先进信息化技术的电动轿车。该车在设计、制造、运维和服务等方面全面应用了 AI 技术、大数据技术和云计算技术，实现了智能化生产、精准化运维和个性化服务，为用户提供了更安全、更舒适、更高效的出行解决方案。

2. AI 技术在新能源汽车设计中的应用

（1）智能驾驶辅助系统。利用 AI 技术，该车配备了先进的智能驾驶辅助系统，如自适应巡航控制系统、智能泊车辅助系统等。这些系统通过深度学习和计算机视觉等技术，能够实时分析汽车周围环境，自动作出驾驶决策，提高了驾驶的安全性和舒适性。

（2）能量管理优化。AI技术还应用于新能源汽车的能量管理优化。通过分析汽车的历史行驶数据、驾驶人的驾驶习惯及实时路况信息，智能系统能够自动调整能量分配和驾驶模式，实现更加节能的行驶。

3. 大数据技术在新能源汽车制造和运维中的应用

（1）智能制造。大数据技术在新能源汽车制造过程中发挥着重要作用。通过对生产过程中的各个环节进行实时监控和数据采集，企业能够实时了解生产进度、设备状态和产品质量等信息，实现智能制造和精细化管理。

（2）故障预测与维护。大数据技术能够帮助企业实现故障预测和维护。通过分析汽车的运行数据和故障历史记录，企业能够提前发现潜在故障，制订针对性的维护计划，降低故障率，提高汽车的可靠性和使用寿命。

4. 云计算技术在新能源汽车服务中的应用

（1）远程监控与诊断。云计算技术使得新能源汽车的远程监控与诊断成为可能。企业可以通过云计算平台实时接收和分析汽车的运行数据，远程监控车辆状态，及时发现并诊断问题，为用户提供更及时、更高效的售后服务。

（2）个性化服务。云计算技术还支持个性化服务。企业可以根据用户的用车需求和习惯，结合大数据分析的结果，为用户提供个性化的充电服务、路径规划、娱乐内容等，提升用户体验。

5. 结论

本案例展示了新能源汽车应用信息化技术提升产品性能和服务水平。这些技术的应用不仅使新能源汽车更智能化、更高效化、更安全化，还为用户带来了更便捷、更舒适的驾驶体验。随着技术的不断发展和完善，信息化技术将在新能源汽车领域发挥更加重要的作用，推动新能源汽车产业的持续创新和发展。

思考题

1. 汽车智能化的定义是什么？
2. 汽车驾驶自动化如何分级？
3. 汽车网联化的定义是什么？
4. 请简要解释V2X通信技术。
5. AI技术在新能源汽车中有哪些应用？
6. 大数据技术在新能源汽车领域有什么作用？

【在线答题】

第5章
分析新能源汽车行业对人才的需求

 思维导图

新能源汽车行业岗位人才需求
- 新能源汽车行业岗位人才需求现状
- 新能源汽车行业岗位人才需求特点
- 新能源汽车行业岗位人才需求发展趋势

分析新能源汽车行业对人才的需求

新能源汽车行业关键岗位与专业技能要求
- 研发工程师
- 生产制造工程师
- 市场营销人员
- 管理与运营人员

【拓展视频】

新能源汽车行业对人才的新要求
- 新能源汽车行业对创新能力的要求
- 新能源汽车行业对智能化和网联化人才的要求
- 新能源汽车行业对可持续发展的要求
- 新能源汽车行业对国际化视野与跨文化交流能力的要求

 教学目标

　　本章聚焦新能源汽车行业的人才需求，旨在为学生揭示行业人才需求现状与发展趋势。新能源汽车行业的人才需求呈增长态势，特点在于其技术性强、创新能力要求高。随着新能源汽车行业的持续发展，岗位需求将更加多样化。关键岗位人员（如研发工程师、生产制造工程师、市场营销人员及管理与运营人员等）均要求具备专业知识与技能。新能源汽车行业对人才的创新能力、智能化与网联化技能、可持续发展理念及国际化视野等也提出了新要求。学生应关注行业趋势，提升自身综合素质，以适应行业发展的挑战。

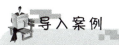

导入案例

　　新能源汽车企业的发展与人才密不可分。优秀的人才是推动企业创新和技术突破的核心力量。随着新能源汽车行业的快速发展，对高素质、专业化的技术和管理人才的需求日益增长。企业只有积极引进和培养人才，构建高效、专业的团队，才能在激烈的市场竞争中脱颖而出，实现可持续发展。因此，人才资源是新能源汽车企业发展的关键因素。

　　在了解新能源汽车行业和技术后，我开始思考自己的职业规划。我想知道：这个行业对人才的需求是怎样的？我应该如何提升自己的竞争力以适应这个行业的需求？希望在本章的学习中，我能够深入了解新能源汽车行业对人才的需求现状和发展趋势，同时了解一些成功的职业案例。这些信息可以让我更加明确自己的职业方向和目标。

5.1　新能源汽车行业岗位人才需求

5.1.1　新能源汽车行业岗位人才需求现状

　　随着全球气候变化问题和环境问题日益严峻，新能源汽车行业成为推动绿色、低碳交通的重要力量。随着技术的不断进步和市场的迅速扩张，新能源汽车行业对各类人才的需求呈现出旺盛的增长态势。

　　新能源汽车行业涵盖电池、电动机、控制系统等核心技术的研发，以及整车设计、制造、销售、售后服务等环节。因此，该行业对人才的需求呈现出多元化的特点。从技术研发到生产制造，从市场营销到售后服务，每一个环节都需要具备专业技能和素质的人才支撑。

1. 技术研发类岗位

　　新能源汽车的技术研发是推动行业发展的核心动力。因此，该行业对技术研发类人才的需求尤为迫切。这类岗位人才需要具备扎实的专业知识、丰富的研发经验和创新能力，能够持续推动新能源汽车技术的更新换代。

【拓展视频】

2. 生产制造类岗位

　　随着新能源汽车产量的不断增加，生产制造类岗位对人才的需求持续增长。这类岗位人才需要掌握先进的制造技术和设备操作技能、具备精细的工艺流程管理和质量控制能力，以确保新能源汽车的制造质量和生产效率。

3. 市场营销类岗位

　　新能源汽车市场的快速扩张，使得市场营销类岗位对人才的需求不断增长。这类岗位人才需要具备敏锐的市场洞察力和营销策划能力，能够准确把握市场需求和消费者心理，制定有效的销售策略和品牌推广方案。

4. 售后服务类岗位

随着新能源汽车的普及，售后服务类岗位对人才的需求不断增长。这类岗位人才需要掌握新能源汽车的维修技术和用户服务技能，能够为消费者提供及时、高效的售后服务，提升用户满意度和忠诚度。

5.1.2　新能源汽车行业岗位人才需求特点

新能源汽车行业作为当今汽车产业的重要分支，其发展不仅推动了环保技术的创新，还带来了对人才需求的巨大变化。随着新能源汽车市场的快速扩张和技术的不断进步，对岗位人才的需求呈现出一些独特的特点。

1. 跨学科知识融合

由于新能源汽车行业涵盖机械工程、控制工程、材料科学、电气工程等领域，因此，该行业对人才的需求表现出明显的跨学科知识融合特点。岗位人才需要具备多元化的知识背景，能够理解和应用不同领域的知识，以实现新能源汽车的研发、制造、销售和服务。

2. 高度专业化的技术要求

新能源汽车的核心技术（如电池技术、电动机技术、电控技术等）具有高度的专业性和技术性。因此，该行业对人才的需求在技术要求上表现出高度专业化的特点。岗位人才需要具备扎实的专业知识和丰富的实践经验，能够熟练掌握和应用相关技术和工艺。

3. 创新能力要求高

新能源汽车行业是一个快速发展的行业，需要不断创新和突破以应对市场的变化及满足用户的需求。因此，该行业对人才的创新能力要求非常高。岗位人才需要具备敏锐的洞察力、活跃的思维和丰富的想象力，能够不断提出新的想法和解决方案，推动新能源汽车技术的进步和发展。

4. 团队协作能力突出

新能源汽车的研发、制造和销售等环节需要多个部门和团队的协作、配合。因此，该行业对人才的团队协作能力要求很高。岗位人才需要具备良好的沟通能力和协作精神，能够与其他部门和团队进行有效的沟通、协作，共同完成工作任务。

5. 国际化视野广泛

新能源汽车行业是一个全球性的行业，其发展受到全球市场和技术的影响。因此，该行业对人才的国际化视野要求很高。岗位人才需要具备广泛的国际化视野和跨文化沟通能力，能够理解并应对不同国家和地区的市场需求、文化差异。

5.1.3　新能源汽车行业岗位人才需求发展趋势

新能源汽车行业正以独特的环保性和创新性，引领全球汽车产业的转型与发展。随着技术进步、市场需求变化和政策导向的影响，新能源汽车行业岗位人才需求呈现出一些新的发展趋势。

1. 技术深化与专业化

随着新能源汽车技术的不断进步，对岗位人才的专业化和技术要求越来越高。未来，新能源汽车行业将更加注重对电池、电动机、控制系统等核心技术的研究与开发，因此，具备深厚专业知识和实践经验的研发人员将备受青睐。同时，制造、维修等岗位的人员需要具备更精细化、更专业化的技能。

2. 跨学科复合型人才

新能源汽车行业是一个高度综合化的行业，需要融合多个领域的知识和技术。因此，未来新能源汽车行业将更加需要跨学科复合型人才。这些人才需要具备多个领域的知识背景，如机械工程、电气工程、计算机科学、材料科学等，并能够将这些知识综合运用到新能源汽车的研发、制造、销售和服务等环节中。

3. 创新能力和研发能力成为核心竞争力

新能源汽车行业技术更新换代迅速，市场竞争激烈。因此，创新能力和研发能力将成为企业核心竞争力的重要组成部分。未来，新能源汽车行业将更加注重对人才的创新能力及研发能力的培养和引进，以推动技术的不断创新和产品的持续升级。

4. 对国际化人才的需求增加

新能源汽车行业是一个全球性的行业，涉及多个国家和地区的产业链及供应链。因此，未来新能源汽车行业对国际化人才的需求将增加。这些人才需要具备跨文化沟通能力、国际化视野和全球竞争意识，能够在全球范围内寻找合作机会、拓展市场资源，为企业的发展提供有力支持。

5. 具备数字化和智能化技能

随着数字技术和人工智能技术的发展，新能源汽车行业将面临数字化转型和智能化升级。新能源汽车的研发、制造、销售、服务等环节都将逐步实现数字化和智能化。因此，未来新能源汽车行业对具备数字化和智能化技能的人才的需求逐渐增加。

 阅读材料 5-1

某省调研新能源汽车行业对人才的需求情况

随着全球对环保和可持续发展的高度关注，新能源汽车行业得到了快速发展。作为推动汽车产业转型升级的重要力量，新能源汽车行业对人才的需求日益旺盛。下面以某省为例，对该省新能源汽车行业的人才需求情况进行调研，旨在为相关求职者、高校及企业提供参考。

1. 调研背景与方法

（1）调研背景。某省作为国内经济发达、汽车产业基础雄厚的地区，其新能源汽车行业得到了快速发展。为了深入了解该省新能源汽车行业对人才的需求情况，进行了本次调研。

（2）调研方法。本次调研采用了问卷调查、实地访谈和数据分析等方法。通过向该省新能源汽车企业发放问卷，了解企业对各类人才的需求情况；同时，对部分企业进行实地访谈，深入了解企业的人才需求和招聘情况；对收集的数据进行整理和分析，得出相关结论。

2. 调研结果与分析

（1）人才需求总体情况。调研结果显示，该省新能源汽车行业对人才的需求呈现出以下几个特点：一是需求量大，尤其是研发、生产制造、市场营销与售后服务等岗位的人才需求较旺盛；二是人才结构多元化，涉及多个专业领域；三是对人才的专业素质和综合素质要求较高。

（2）研发人才需求。在研发领域，该省新能源汽车行业对人才的需求主要集中在新能源汽车整车研发、电驱动系统研发、电池系统研发、充电技术研发等方面。这些岗位人才需要具备扎实的专业知识、创新能力及良好的团队协作能力。此外，企业更加青睐具有相关工作经验和项目背景的人才。

（3）生产制造类岗位人才需求。在生产制造领域，该省新能源汽车行业对人才的需求主要集中在汽车装配、质量控制、工艺规划等方面。这些岗位人才需要具备良好的实践能力、操作技能和安全意识。同时，随着自动化和智能化技术的不断应用，对掌握先进制造技术的人才需求不断增加。

（4）市场营销与售后服务人才需求。在市场营销与售后服务领域，该省新能源汽车行业对人才的需求主要集中在汽车销售、市场推广、客户服务等方面。这些岗位人才需要具备良好的沟通能力、市场洞察力和客户服务意识。此外，随着新能源汽车市场的不断扩大，对具备跨境电商和国际贸易经验的人才需求不断增加。

（5）智能网联与智能驾驶人才需求。在智能网联与智能驾驶领域，该省新能源汽车行业对人才的需求主要集中在车联网技术和智能驾驶技术研发、大数据分析等方面。这些岗位人才需要具备计算机科学、通信工程、数据科学等领域的专业知识。同时，随着智能化、网联化技术的不断发展，对具备跨学科知识背景和创新能力的人才需求不断增加。

3. 结论与建议

（1）结论。通过本次调研，了解到该省新能源汽车行业对人才的需求呈现出多元化、专业化、高素质化的特点。在研发、生产制造、市场营销与售后服务、智能网联与智能驾驶等领域都需要大量高素质的专业人才。

（2）建议。求职者应该了解行业的人才需求情况，结合自身兴趣和专业背景选择合适的岗位，并不断提升自己的专业技能和综合素质。高校应该加强新能源汽车相关专业的建设，优化课程设置和教学方法，提高人才培养质量，同时加强与企业的合作与交流，为学生提供更多的实践机会和就业渠道。企业应该加强人才培养和引进力度，完善人才激励机制和晋升通道，同时加强与高校、科研机构的合作与交流，共同推动新能源汽车行业的技术创新和发展。

5.2　新能源汽车行业关键岗位与专业技能要求

5.2.1　研发工程师

新能源汽车研发工程师主要负责电池、电动机、控制系统等核心技术的研究与开发，以及整车性能的优化和提升。他们需要具备扎实的专业知识、丰富的实践经验及高度的创新能力，以满足新能源汽车市场不断变化的需求。

1. 专业知识储备

新能源汽车研发工程师需要掌握电池技术、电机技术、电控技术、车辆工程、材料科学等核心领域的专业知识。他们应了解新能源汽车的工作原理、设计原则及制造工艺，能够独立完成相关技术的研究与开发工作。

2. 创新能力

随着新能源汽车技术的快速发展，新能源汽车研发工程师需要具备较强的创新能力，能够不断探索新的技术路线、优化产品设计，以满足市场需求。他们应关注行业前沿技术动态，积极参与技术研发和创新活动，推动企业技术升级和产品更新。

3. 实践经验

新能源汽车研发工程师需要具备一定的实践经验，能够独立完成实验设计、数据分析和报告撰写等工作。他们应熟悉相关实验设备和工具的使用，能够针对实际问题提出有效的解决方案。同时，他们应具备团队协作和项目管理能力，能够与其他部门、团队进行有效的沟通和协作。

4. 跨学科融合能力

新能源汽车行业是一个高度综合化的行业，融合了多个领域的知识和技术。因此，新能源汽车研发工程师需要具备跨学科融合能力，能够将不同领域的知识和技术综合运用到新能源汽车的研发工作中。他们应关注相关领域的技术动态和研究成果，并将其运用到实际工作中，推动新能源汽车技术的创新和发展。

5. 国际化视野

新能源汽车行业是一个全球性的行业，涉及多个国家和地区的产业链、供应链。因此，新能源汽车研发工程师需要具备国际化视野，了解国际市场需求和竞争态势，能够与国际同行进行有效的沟通和合作；还应关注国际标准和法规的变化，确保研发工作的合规性和国际化水平。

5.2.2　生产制造工程师

生产制造工程师在新能源汽车行业中主要负责制订和执行生产制造计划，监控生产过程，解决生产问题，优化生产流程。他们需要确保产品从原材料到成品的整个生产流程符

合相关标准，满足客户需求，并达到企业设定的生产目标。

1. 专业知识储备

生产制造工程师需要掌握新能源汽车制造的基础理论知识，包括车辆工程、机械工程、材料科学等。他们还应了解新能源汽车的生产特点和技术要求，熟悉生产设备和工具的使用方法。

2. 生产管理能力

生产制造工程师需要具备优秀的生产管理能力，包括制订生产计划、控制生产进度、调配资源及协调各部门的工作。他们需要根据实际情况调整生产计划，确保产品按时交付，同时降低生产成本。

3. 解决问题能力

在生产过程中，生产制造工程师需要快速识别和解决生产问题。他们需要具备扎实的专业知识和丰富的实践经验，能够分析问题的原因，提出有效的解决方案，并监督方案的实施。

4. 持续改进能力

生产制造工程师需要关注生产流程的优化和持续改进。他们应通过引入新技术、新工艺或改进现有设备等方式，提高生产效率，降低生产成本，提升产品质量。同时，他们应积极参与质量管理活动，确保产品符合相关标准和客户要求。

5. 团队合作与沟通能力

生产制造工程师需要与研发、采购、销售等部门密切合作，共同完成产品的生产制造任务。因此，他们需要具备良好的团队合作与沟通能力，能够与其他部门建立有效的沟通机制，共同解决生产过程中的问题。

6. 安全意识与环保意识

新能源汽车行业对安全和环保的要求较高。生产制造工程师需要关注生产过程中的安全和环保问题，确保生产活动安全、环保合规。他们需要了解相关安全标准和环境保护法规，制定和执行相应的安全、环保措施。

5.2.3 市场营销人员

市场营销人员在新能源汽车行业中扮演着至关重要的角色，他们负责市场调研、产品定位、品牌推广、销售策略制定及执行等一系列工作。市场营销人员需要密切关注市场动态，分析竞争对手情况，为企业的市场决策提供有力支持。

1. 市场分析与洞察能力

市场营销人员需要具备敏锐的市场洞察力，能够深入了解新能源汽车市场的发展趋势、竞争格局和消费者需求。他们需要通过数据分析、市场调研等方式，洞察市场机会和潜在风险，为企业制定有效的市场策略提供有力支持。

2. 品牌策划与推广能力

新能源汽车品牌的塑造和传播对提升市场影响力至关重要。市场营销人员需要具备较强的品牌策划和推广能力，能够结合产品特点和市场需求，制定有效的品牌策略和推广计划。他们需要通过多种渠道和媒介提高品牌知名度及美誉度，树立企业的良好形象。

3. 销售策略制定与执行能力

市场营销人员需要负责销售策略的制定和执行。他们需要根据市场调研结果和产品定位，制定适合目标市场的销售策略和价格策略。同时，他们需要监督销售策略的执行情况，及时发现问题并提出改进意见，确保实现销售目标。

4. 客户关系管理能力

在新能源汽车行业中，客户关系管理对企业的长期发展至关重要。市场营销人员需要具备优秀的客户关系管理能力，能够与客户建立良好的合作关系，了解客户需求并及时提供解决方案。他们还需要通过定期的客户回访和满意度调查，不断提高服务质量及客户满意度和忠诚度。

5. 跨部门协作与沟通能力

市场营销人员需要与研发、生产、售后等部门密切合作，共同推动新能源汽车的销售和品牌传播。因此，他们需要具备优秀的跨部门协作和沟通能力，能够与其他部门建立有效的沟通机制，共同解决市场问题。同时，他们需要具备一定的领导力和影响力，能够推动团队协同作战，提高工作效率。

6. 创新能力与适应能力

随着新能源汽车市场的不断发展和变化，市场营销人员需要具备较强的创新能力和适应能力，能够提出新的营销策略和解决方案，以适应市场的变化。同时，他们需要不断学习和掌握新的营销理念及技巧，推动企业的持续发展。

5.2.4 管理与运营人员

管理与运营人员在新能源汽车行业中扮演着至关重要的角色，他们负责企业的战略规划、资源配置、流程优化、风险控制等核心管理活动，确保企业的高效运作和持续发展。同时，他们需密切关注市场动态，分析竞争态势，为企业的市场决策提供有力支持。

1. 战略规划与决策能力

管理与运营人员需要具备前瞻性的战略眼光和决策能力。他们应能够深入分析新能源汽车行业的市场趋势、政策环境和竞争格局，结合企业自身的资源和优势，制定切实可行的战略规划。同时，他们需具备较强的决策能力，能够在复杂的市场环境中快速作出准确的决策。

2. 资源整合与优化能力

新能源汽车行业的运营涉及多个领域和环节，管理与运营人员需要具备优秀的资源整合与优化能力。他们应能够合理调配企业内部的资源（包括人力、物力、财力等），确保

资源的充分利用和高效配置。同时，他们需要关注外部资源的整合（如供应链、销售渠道等），实现企业与外部环境的良性互动。

3. 流程管理与优化能力

为了提高企业的运营效率和降低成本，管理与运营人员需要具备流程管理与优化能力。他们应能够分析企业现有流程的瓶颈和问题，提出改进措施和优化方案。同时，他们需要关注新技术、新方法在流程管理中的应用，推动企业的数字化转型和智能化升级。

4. 风险识别与控制能力

新能源汽车行业面临诸多风险和挑战，如市场风险、技术风险、政策风险等。管理与运营人员需要具备敏锐的风险意识及识别能力，能够及时发现并评估潜在的风险因素。同时，他们需要制定有效的风险控制措施和应对方案，确保企业的稳健运营和持续发展。

5. 团队协作与沟通能力

管理与运营人员需要与多个部门、团队进行密切合作，共同推动企业的战略实施和业务发展。因此，他们需要具备优秀的团队协作和沟通能力，能够建立有效的沟通机制，协调各方资源，推动工作顺利开展。同时，他们需要关注团队成员的成长和发展，激发团队的创新力和凝聚力。

6. 学习能力与适应能力

新能源汽车行业是一个快速发展的行业，因此管理与运营人员需要具备强大的学习能力和适应能力。他们应持续关注行业的新技术、新趋势和新政策，不断更新自己的知识和技能体系。同时，他们需要具备较强的适应能力，能够在快速变化的市场环境中迅速调整战略和策略，确保企业的持续发展。

阅读材料 5-2

某新能源汽车重点企业关键岗位及专业技能要求

新能源汽车行业作为现代汽车产业的重要组成部分，正以环保、高效、智能的特点引领汽车产业的变革。其中，某新能源汽车重点企业凭借卓越的技术实力和市场表现成为行业的佼佼者。下面以该企业为例，详细介绍其关键岗位及对应的专业技能要求，以期为求职者、高校及企业提供参考。

1. 企业概述

某新能源汽车重点企业致力于新能源汽车的研发、生产和销售，拥有先进的生产工艺和严格的质量控制体系。该企业在电池、电驱动系统、智能驾驶等领域拥有多项核心技术，产品畅销国内外，赢得了广泛的用户赞誉。

2. 关键岗位及专业技能要求

（1）新能源汽车研发工程师。

① 岗位描述：负责新能源汽车整车及核心零部件的研发工作，包括方案设计、样车

试制、性能测试等。

② 专业技能要求如下。

a. 具备车辆工程、机械工程、电气工程等相关专业的本科及以上学历。

b. 熟练掌握新能源汽车的相关理论知识，如电池技术、电驱动技术、整车控制技术等。

c. 具备良好的创新能力，能够独立完成研发任务。

d. 熟练使用 CAD、CAE 等设计软件和相关测试设备。

e. 具有团队合作精神，能够与其他部门协同工作。

（2）电池系统工程师。

① 岗位描述：负责电池系统的设计、优化和生产等技术支持工作。

② 专业技能要求如下。

a. 具备电化学、材料科学、机械工程等相关专业的本科及以上学历。

b. 熟练掌握电池系统的设计和优化方法，了解电池材料的性能和应用。

c. 具备电池测试和分析能力，能够评估电池的性能和使用寿命。

d. 具备良好的解决问题能力，能够独立处理电池系统的相关技术问题。

e. 熟悉电池生产流程和工艺要求，能够提供技术支持和指导。

（3）智能驾驶算法工程师。

① 岗位描述：负责智能驾驶系统的算法研发和优化工作。

② 专业技能要求如下。

a. 具备计算机科学、控制工程、数据科学等相关专业的本科及以上学历。

b. 熟练掌握智能驾驶相关的算法和技术，如感知、决策、控制等。

c. 具备数据分析和处理能力，能够处理和分析大量的传感器数据。

d. 具备良好的编程能力，能够熟练使用 C++ 、Python 等编程语言。

e. 具有团队合作精神和创新能力，能够参与跨部门的项目开发。

（4）市场营销经理。

① 岗位描述：负责新能源汽车的市场调研、产品推广和销售工作。

② 专业技能要求如下。

a. 具备市场营销、车辆工程等相关专业的本科及以上学历。

b. 熟练掌握市场营销的相关知识和技巧，能够制定和执行市场营销策略。

c. 了解新能源汽车市场的动态和趋势，具备敏锐的市场洞察力。

d. 具备良好的沟通能力和人际交往能力，能够与客户和合作伙伴建立良好的关系。

e. 具有团队合作精神和领导能力，能够带领团队完成市场营销目标。

3. 结论

通过对某新能源汽车重点企业的关键岗位及专业技能要求的介绍可以看到，该企业在新能源汽车领域对人才的需求呈现出多元化、专业化的特点。无论是研发、生产、智能驾驶还是市场营销领域，都需要具备扎实的专业知识和良好的综合素质。因此，求职者应该结合自身的兴趣和优势，不断提升自己的专业技能和综合素质，以适应新能源汽车行业的发展需求。同时，高校和企业应该加强合作与交流，共同培养具备创新能力和实践经验的优秀人才。

5.3　新能源汽车行业对人才的新要求

5.3.1　新能源汽车行业对创新能力的要求

随着全球气候变化的严峻挑战和能源危机的不断加剧，新能源汽车作为未来汽车产业的重要发展方向，正受到越来越多国家和地区的重视。新能源汽车（包括纯电动汽车、混合动力汽车、燃料电池电动汽车等）不仅需要满足日益严格的环保标准，还需要在性能、安全、成本等方面与传统燃油汽车竞争。因此，新能源汽车行业对创新能力的要求极为严格，这也是推动新能源汽车行业持续发展的关键因素。

1. 电池技术创新

由于电池技术是决定新能源汽车的性能、续驶里程和成本的核心因素，因此对电池技术的创新要求极高，包括电池的能量密度、充电速度、使用寿命、安全性等方面的创新，以及电池管理系统的智能化和高效化。此外，还需要不断探索新型电池材料，如固态电池等，以满足新能源汽车的发展需求。

2. 驱动技术创新

由于新能源汽车的驱动系统与传统燃油汽车存在很大差异，因此新能源汽车驱动技术的创新至关重要，包括电动机、控制系统、传动系统等关键部件的优化和创新，以提高新能源汽车的动力性、经济性和舒适性；同时，需要不断探索新的驱动方式（如轮毂电动机等），以推动新能源汽车技术的不断进步。

3. 智能化与网联化

智能化和网联化是汽车发展的重要趋势，也是新能源汽车的重要发展方向。新能源汽车需要具备更高的智能化水平，包括自动驾驶、智能导航、智能语音交互等，以提高驾驶的便捷性和安全性。同时，新能源汽车需要具备更强的网联化能力，与互联网、物联网等深度融合，实现车辆之间的信息交互和资源共享。

4. 绿色制造与回收利用

新能源汽车的制造和回收过程需要创新。在制造过程中，需要采用绿色制造工艺和材料，以减少能源消耗和环境污染。在回收过程中，需要建立完善的回收体系和技术，以实现废旧电池的回收再利用，降低环境污染和资源浪费。

5.3.2　新能源汽车行业对智能化和网联化人才的要求

随着新能源汽车行业的快速发展，智能化和网联化已经成为推动新能源汽车行业创新升级的关键驱动力。这一趋势不仅要求新能源汽车行业在技术和产品上实现智能化及网联化，还对人才的素质和技能提出了新要求。

1. 新能源汽车智能化和网联化的重要性

（1）提高驾驶安全性和便利性。智能化技术可以实现自动驾驶、智能导航、智能避障等功能，降低人为错误和事故发生的概率；网联化技术可以实现车与车、车与基础设施的信息交互，提升道路使用效率和驾驶安全性。

（2）提升车辆性能。智能化技术可以优化汽车的动力系统、电池管理系统等，提高汽车能效和续驶里程；网联化技术可以实时获取汽车状态和环境信息，为汽车控制策略提供精准数据支持。

（3）促进产业创新升级。智能化和网联化是新能源汽车产业创新发展的重要方向，对提升产业整体竞争力有重要意义。

2. 新能源汽车行业对智能化和网联化人才的具体要求

（1）专业技能要求。新能源汽车智能化和网联化人才需要具备扎实的计算机、电子、通信、自动化等专业技术基础，熟悉相关领域的最新技术和发展趋势；还需要掌握新能源汽车的相关技术知识，如电池技术、电机控制技术等。

（2）创新能力要求。新能源汽车行业需要不断创新以满足市场需求和应对竞争挑战。因此，智能化和网联化人才需要具备创新意识及能力，能够独立思考、探索新技术和新应用，推动产业创新升级。

（3）跨学科整合能力。新能源汽车智能化和网联化涉及多个领域的知识和技术，需要跨学科整合和协同工作。因此，智能化和网联化人才需要具备跨学科整合能力，能够与其他领域的专家有效沟通和合作，共同解决问题。

（4）实践经验要求。新能源汽车行业非常重视实践经验。智能化和网联化人才需要具备丰富的实践经验，能够快速适应新环境和新挑战，解决实际问题和应对突发情况。

（5）持续学习能力。新能源汽车技术和市场不断变化、发展，智能化和网联化人才需要具备持续学习能力，不断更新知识和技能，适应行业发展的需要。

5.3.3　新能源汽车行业对可持续发展的要求

随着全球气候变化问题和环境问题日益严峻，可持续发展已成为全球共识。新能源汽车作为推动绿色出行、减少碳排放量的重要手段，对实现可持续发展有至关重要的作用。

1. 新能源汽车行业对可持续发展的基本要求

（1）节能减排。新能源汽车的核心优势在于节能减排特性。因此，新能源汽车应持续提高能源利用效率、降低能耗、减少温室气体排放量，以满足可持续发展的基本要求。

（2）环保材料。新能源汽车在制造过程中应使用环保材料，减少有害物质的使用，降低生产过程中的环境污染。同时，新能源汽车的报废处理应遵循环保原则，以实现资源的循环利用。

（3）智能化与信息化。新能源汽车应充分利用智能化和信息化技术，提高汽车的安全性、舒适性和便捷性。通过智能调度、信息共享等手段，降低交通拥堵和能源消耗，以实现交通系统的可持续发展。

（4）产业链协同。新能源汽车产业应实现产业链上下游的协同发展，推动产业整合，

提高整体竞争力。同时，应加强与能源、环保等相关产业的合作，共同推动可持续发展。

2. 新能源汽车行业对可持续发展的具体要求

（1）技术创新。新能源汽车行业应持续加强技术创新，提高电池能量密度、降低生产成本、延长使用寿命等。通过技术创新，推动新能源汽车行业的快速发展，满足可持续发展的需求。

（2）基础设施建设。新能源汽车的普及需要完善的基础设施支持。相关行业和政府应加大充电设施建设力度，提高充电设施的覆盖率和便利性；同时，应推进电网智能化改造，提高电网的承载能力和稳定性。

（3）政策扶持。政府应出台相关政策，扶持新能源汽车行业的发展，包括财政补贴、税收优惠、市场准入等方面的政策，降低新能源汽车的购车成本和使用成本，提高消费者购买新能源汽车的积极性。

（4）宣传教育。加强新能源汽车的宣传教育工作，提高公众对新能源汽车的认知度和接受度。通过媒体宣传、科普讲座等方式，普及新能源汽车的知识和优势，推动新能源汽车的普及和应用。

5.3.4　新能源汽车行业对国际化视野与跨文化交流能力的要求

随着全球气候变化问题和环境问题日益严峻，新能源汽车作为绿色、低碳的出行方式，逐渐成为全球汽车产业的重要发展方向。在新能源汽车的国际化进程中，国际化视野与跨文化交流能力尤为重要。

1. 新能源汽车行业对国际化视野的要求

（1）全球市场分析能力。新能源汽车产业进军国际市场时，需要具备全面、深入的全球市场分析能力，包括对各国政策、法规、市场需求、消费者偏好等的了解，以便为产品研发、市场定位、营销策略等提供有力支持。

（2）国际合作与竞争意识。新能源汽车产业在国际化进程中需要积极寻求国际合作，与全球范围内的优秀企业、研究机构等建立紧密的合作关系，共同推动新能源汽车技术的进步和产业发展；还需要具备竞争意识，积极应对国际市场的竞争挑战。

（3）跨文化思维与决策能力。在国际化经营过程中，新能源汽车企业需要具备跨文化思维与决策能力，深入了解不同文化背景下的消费者需求、市场特点等，并据此制定符合当地市场需求的经营策略。

2. 新能源汽车行业对跨文化交流能力的要求

（1）语言沟通能力。新能源汽车企业在国际化进程中需要具备良好的语言沟通能力，包括掌握英语等国际通用语言，以便与全球范围内的合作伙伴、消费者等有效沟通。

（2）跨文化沟通能力。跨文化沟通能力是新能源汽车企业在国际化经营中必须具备的素质。企业要深入了解不同文化背景下的沟通方式、礼仪习惯等，并据此调整自己的沟通策略，确保与合作伙伴、消费者等沟通顺畅。

（3）文化适应能力。新能源汽车企业在国际化经营中需要具备文化适应能力，即快速适应不同文化背景下的市场环境和消费需求，及时调整自己的产品策略、营销策略等，以便在当地市场中获得更大的竞争优势。

3. 新能源汽车行业提升国际化视野与跨文化交流能力的策略

（1）加强人才培养。新能源汽车企业应注重国际化人才的培养，包括具备全球市场分析能力、国际合作与竞争意识、跨文化思维与决策能力等的人才；还应加强员工的语言培训和跨文化沟通能力培训，提高整个团队的国际化水平。

（2）积极参与国际交流与合作。新能源汽车企业应积极参与国际交流与合作，与全球范围内的优秀企业、研究机构等建立紧密的合作关系，共同推动新能源汽车技术的进步和产业发展。通过参与国际交流与合作，企业可以深入了解国际市场的需求和趋势，提高自己的国际化视野和跨文化交流能力。

（3）深入了解当地市场和文化。新能源汽车企业进入国际市场时，需要深入了解当地市场和文化背景，包括政策、法规、市场需求、消费者偏好、沟通方式等，以制定符合当地市场需求的经营策略，提高跨文化沟通能力。

 阅读材料 5 - 3

新能源汽车行业对人才能力新要求的案例分析

新能源汽车行业作为现代汽车产业的重要分支，其快速发展的背后离不开具备创新能力、智能化和网联化技能、可持续发展理念及国际化视野与跨文化交流能力的人才支持。以下案例将详细展示这些能力在新能源汽车行业人才要求中的具体应用。

1. 案例背景

某知名新能源汽车企业凭借先进的产品设计、卓越的技术研发能力和广泛的市场影响力，在新能源汽车行业中占据重要地位。该企业注重人才培养和引进，特别是对具备创新能力、智能化和网联化技能、可持续发展理念及国际化视野与跨文化交流能力的人才有极高的要求。

2. 人才能力要求的案例分析

（1）创新能力。在该企业中，创新能力被视为人才的核心竞争力。以研发部门为例，企业需要具备创新思维的工程师，他们能够不断挑战现有技术瓶颈，推动新能源汽车技术的不断进步。例如，某工程师团队在电池管理系统方面取得了突破性进展，成功研发出具有高能量密度、长使用寿命和低成本的电池管理系统，为企业带来了显著的竞争优势。

（2）智能化和网联化技能。随着新能源汽车智能化和网联化程度的不断提高，企业迫切需求相关技能的人才。以自动驾驶技术为例，企业需要具备自动驾驶算法开发、传感器融合、车辆控制等方面专业知识的工程师，以推动自动驾驶技术的快速发展。此外，企业还需要具备车联网技术、云计算和大数据分析等技能的人才，以实现车与外部环境的高效交互和数据处理。

（3）可持续发展理念。新能源汽车行业本身与可持续发展理念紧密相连。企业需要具备深刻理解可持续发展理念、关注环境保护和能源节约的人才。例如，在产品设计阶段，企业需要工程师关注节能减排、环境保护（包括材料的选择、结构和生产工艺的确定等），以实现产品的绿色设计和可持续发展。此外，企业还需要具备环境保护管理和能源管理等专业知识的人才，以推动企业整体的可持续发展。

（4）国际化视野与跨文化交流能力。随着新能源汽车市场的不断拓展和全球化趋势的加强，企业需要具备国际化视野和跨文化交流能力的人才。以海外市场拓展为例，企业需要具备熟悉海外市场规则、了解当地文化和消费者需求的销售人员，以有效地推广和销售产品。此外，企业还需要具备跨文化交流和沟通能力的管理人员，以与全球合作伙伴建立紧密的合作关系并推动项目顺利实施。

3. 结论

通过以上案例可以看出，新能源汽车行业对人才的能力要求非常全面、具体。企业需要具备创新能力、智能化和网联化技能、可持续发展理念及国际化视野与跨文化交流能力的人才来推动企业的不断发展和创新。因此，想要进入新能源汽车行业的人才需要不断提升自身的能力和素质，以满足行业的需求。同时，企业需要加强人才培养和引进工作，以满足企业对人才的需求。

 思考题

1. 新能源汽车行业的岗位人才需求现状如何？

2. 新能源汽车行业岗位人才需求的特点是什么？

3. 预测新能源汽车行业岗位人才需求的发展趋势。

4. 在新能源汽车行业中，研发工程师应具备哪些专业技能？

5. 新能源汽车行业对市场营销人员有哪些特殊要求？

6. 新能源汽车行业对人才在可持续发展和国际化视野方面的要求是什么？

【在线答题】

第6章

规划新能源汽车工程专业的学习

 思维导图

规划新能源汽车工程专业的学习
- 大学的教学
  - 大学教学与高中教学的区别
  - 大学教学的基本特点
  - 大学教学的主要方式
  - 大学教学的主要方法
  - 大学教学的主要环节
  - 新能源汽车工程专业的主要教学环节
- 大学的学习
  - 大学学习与高中学习的区别
  - 大学学习的基本特点
  - 大学学习的主要方式
  - 大学学习的主要方法
  - 大学学习的主要环节
  - 新能源汽车工程专业的学习规划
- 新能源汽车工程专业的学生达成目标
  - 学术成就与专业知识掌握
  - 跨学科视野与综合素质提升
  - 独立思考与创新能力培养
  - 人际交往与团队协作能力锻炼
  - 身心健康与全面发展
  - 职业规划与就业准备

【拓展视频】

 教学目标

本章旨在引导新能源汽车专业的学生深入了解大学教学与学习的特点，有效规划学

习。大学学习与高中学习不同，强调自主学习、研究探索和实践应用。大学学习具有自主性和独立性强、深度和广度大、实践与理论结合、学习资源多元化、学术性和创新性强、注重团队合作与交流等特点。新能源汽车工程专业学生应规划好专业学习，包括理论学习与实验实践。其应通过自我评估设定职业目标，制订学习计划，发掘自身潜能，掌握行业动态，提升竞争力，以实现职业规划；还应持续自我评估和调整，确保全面发展并为就业做好准备。

导入案例

　　大学生活充满了无限可能，学习环境丰富多样。在这里，学生不仅要学习专业知识，还要培养独立思考和解决问题的能力。在课堂上，教师引导学生探索知识；在课余时间，图书馆成为学生的"宝藏库"。社团活动、学术讲座、实习实训等经历不仅锻炼了学生的能力，还丰富了他们的生活。大学生活既紧张又充实，让学生们在青春的道路上不断成长。

　　最后，我开始思考如何规划自己的大学学习生涯。大学的教学和学习方式与高中有什么不同？我应该如何制订学习计划和学习目标？我如何能在考试中取得优异的成绩并全面发展自己？希望在本章的学习中，我可以得到答案，并准备制订详细的学习规划和成长计划，朝着我的目标迈进。

6.1　大学的教学

6.1.1　大学教学与高中教学的区别

　　随着学生步入大学阶段，教学方式和教学内容往往会发生显著的变化。与高中教学相比，大学教学在多个方面都有不同的特点和要求。了解大学教学与高中教学的主要区别，可以帮助学生更好地适应大学学习。

【拓展视频】

1. 教学目标的差异

　　（1）高中教学。高中阶段的教学目标侧重于基础知识的传授和应试技能的培养。学生需要在高考中取得优异的成绩，以进入理想的大学。

　　（2）大学教学。大学教学更加注重培养学生的综合素质、创新能力和批判性思维。学生需要学会独立思考、自主学习，并能够将所学知识应用于解决实际问题。

2. 教学内容的深度与广度不同

　　（1）高中教学。高中教学内容较基础、固定，注重学生对基本知识的掌握和理解。

　　（2）大学教学。大学教学内容更加深入、广泛，涵盖了专业领域的各个方面。学生需要深入了解专业知识，并关注学科前沿动态和最新研究成果。

3. 教学方法的多样性

（1）高中教学。高中教学通常采用以教师讲授为主的传统教学模式，学生主要通过听讲、记忆和练习来掌握知识。

（2）大学教学。大学教学更加注重教学方法的多样性和灵活性。除传统的讲授法外，大学教学方法还包括案例分析、小组讨论、实验实训等，这些方法能够帮助学生更好地理解和掌握知识，提高学生学习的兴趣和积极性。

4. 学习方式的转变

（1）高中教学。在高中学习阶段，学生通常处于被动接受知识的状态，缺乏自主学习和独立思考的机会。

（2）大学教学。在大学学习阶段，学生需要具备更强的自主学习和独立思考能力，要自行安排学习时间和计划，选择适合自己的学习方法，并积极参与课堂讨论和实践活动。这种转变要求学生具备较强的自我管理和自我驱动能力。

大学教学与高中教学在多个方面存在显著的区别。学生需要了解这些区别，并调整自己的学习方式和策略，以更好地适应大学学习。学生还应注重培养自己的综合素质、创新能力和批判性思维，为未来的职业发展打下坚实的基础。

6.1.2　大学教学的基本特点

大学教学作为高等教育的重要组成部分，与其他教育阶段相比，具有独特的特点。这些特点不仅体现在教学内容、教学方法上，还体现在教学目标、师生关系及学习环境等方面。了解大学教学的基本特点，可以帮助学生更好地理解和适应大学教育。

1. 教学目标的多样性

大学教学的一个显著特点是教学目标具有多样性。大学不仅关注学生基础知识和专业技能的培养，还注重学生综合素质的发展，如批判性思维、创新能力、团队协作能力等。这种多样性的教学目标使大学教学更具有挑战性和灵活性。

2. 教学内容的深入性与广泛性

大学教学内容通常更加深入和广泛。随着学习的深入，学生需要掌握更多的专业知识和技能，同时需要了解学科的前沿动态和最新研究成果。此外，大学还鼓励学生跨学科学习，以培养其综合解决问题的能力。

3. 教学方法的多样性与灵活性

大学教学方法更加多样和灵活。除传统的讲授法外，大学还广泛采用讨论、案例研究、实验实训、项目研究等教学方法，有助于激发学生学习的兴趣和积极性，提高其自主学习和独立思考的能力。

4. 师生关系的平等性与互动性

大学教学中的师生关系更加平等且其互动更多。教师不再是单纯的知识传授者，而是学生学习的引导者和合作者。学生也不再是被动的知识接受者，而是主动的学习者和探究

者。这种平等和互动的师生关系有助于培养学生的自主性及创新性。

5. 学习环境的开放性与自由性

大学的学习环境通常更加开放和自由。学生可以根据自己的兴趣和需要选择课程及学习方式,自主安排学习时间和计划。大学还提供了丰富的课外活动和学术资源,如图书馆、实验室、学生组织等,为学生提供了更加广阔的学习空间和学习机会。

大学教学的基本特点是教学目标的多样性、教学内容的深入性与广泛性、教学方法的多样性与灵活性、师生关系的平等性与互动性、学习环境的开放性与自由性等。这些特点使大学教学更具有挑战性和创新性,为学生提供了更加广阔的学习和发展空间。

6.1.3 大学教学的主要方式

大学教学是培养高层次人才的重要途径,其教学方式直接关系到学生的学习效果和发展方向。随着教育理念的更新和科技的发展,大学教学的方式不断演变和创新。

1. 讲授式教学

讲授式教学是大学教学中传统、基础的教学方式,主要通过教师的口头讲解和板书(或电子课件)向学生传授专业知识及技能。讲授式教学具有系统性强、信息量大、易理解等特点,有助于学生在较短时间内掌握大量基础知识。然而,讲授式教学存在一些不足,如学生参与度不高、缺乏互动等。

2. 互动式教学

互动式教学是在讲授式教学的基础上,增加了教师与学生、学生与学生之间的互动环节。这种教学方式能够激发学生的学习兴趣和主动性,提高学习效果。互动式教学的方式多种多样,如小组讨论、案例分析、角色扮演等。通过这些互动活动,学生能够更深入地理解和应用所学知识,也能够锻炼自己的沟通能力和团队协作能力。

3. 实践教学

实践教学是将理论知识与实际操作结合的教学方式。在大学教学中,实践教学通常包括实验、课程设计、实习等环节。通过实践教学,学生能够亲身体验知识的运用过程,加深对知识的理解和掌握。实践教学不仅能够提高学生的动手能力和实践能力,还能够培养学生的创新能力和解决问题的能力。

4. 翻转课堂

翻转课堂颠覆了传统教学方式。在这种教学方式下,学生需要在课前通过观看教学视频、阅读资料等方式自主学习知识,而课堂成为师生交流、讨论和解决问题的场所。翻转课堂不仅能够提高学生的自主学习能力和解决问题的能力,还能够培养学生的批判性思维和创新能力。然而,翻转课堂对教师的要求较高,教师需要具备较高的教学设计和组织能力。

5. 混合式教学

混合式教学将传统教学方式和现代教学手段相结合。它采用线上和线下结合的方式,将讲授式教学、互动式教学、实践教学等教学方式有机结合。混合式教学能够充分利用现代信息技术的优势，提高教学效果和教学效率。通过线上资源的学习，学生能够随时随地获取知识；在线下课堂，学生能够有更多的互动和实践机会。

在大学教学中，选择和优化教学方式对提高教学效果至关重要。教师应根据课程性质和学生特点选择合适的教学方式；教师应不断创新和尝试新的教学方式，以激发学生学习的兴趣和积极性；教师应关注学生的学习反馈和需求，及时调整和优化教学方式，以满足学生的学习需求。

大学教学方式多样且不断发展。传统的讲授式教学系统性强但互动不足；互动式教学能激发学生兴趣并锻炼多种能力；实践教学结合理论与操作；翻转课堂颠覆传统，提升学生自主学习能力；混合式教学融合线上线下优势。教师需根据课程和学生特点选优、创新教学方式，关注反馈，满足学生需求。

6.1.4 大学教学的主要方法

大学教学是培养高级专门人才的核心环节，其教学方法对学生的学习效果和知识的深入理解至关重要。随着教育技术的不断发展和教育理念的更新，大学教学方法不断地演变和丰富。

1. 讲授法

讲授法是一种基础且常见的大学教学方法，主要通过教师的口头讲解，辅以板书、多媒体等手段，向学生传授专业知识和技能。这种方法适用于传授大量基础性、理论性知识，能够帮助学生构建知识框架，为后续学习打下基础。但该方法存在一定的局限性，如学生参与度不高、缺乏互动等。

2. 讨论法

讨论法是一种强调学生参与的教学方法，通过组织学生小组讨论、全班讨论等，鼓励学生发表自己的观点，进行思想交流。这种方法能够激发学生学习的兴趣，培养学生的思辨能力和表达能力，同时能够提高学生的团队合作能力和沟通能力。

3. 案例教学法

案例教学法是一种以案例为基础的教学方法，教师根据课程内容和教学目标选取具有代表性的案例，引导学生分析和讨论。这种方法能够将理论知识与实际情境结合，帮助学生更好地理解知识，提高运用知识的能力。通过案例分析，学生还能够学习解决实际问题的思路和方法。

4. 项目驱动法

项目驱动法是一种以项目为核心的教学方法，教师将学生分成小组，分配具有实际意义的项目任务，让学生在实践中学习和掌握知识。这种方法不仅能够提高学生的实践能力和创新能力，还能够培养学生的团队合作能力和解决问题的能力。项目驱动法要求学生在教师的指导下，自主完成项目的规划、实施和总结，从而全面提高学生的综合素质。

在大学教学中，教学方法的选择与应用需要根据课程性质、学生特点、教学目标等因素综合考虑。不同的课程可能适用于不同的教学方法，而同一种教学方法可能在不同的课程中有不同的应用方式。因此，教师选择和应用教学方法时需要灵活多变，根据具体情况调整和优化。同时，教学方法的应用需要与现代教育技术结合。随着信息技术的发展，多媒体、互联网等现代教育技术在大学教学中得到了广泛应用。教师可以利用这些技术，创新教学方法和手段，提高教学效果和教学质量。

大学教学方法多种多样，每种方法都具有独特的优势和适用场景。在实际教学中，教师应根据课程性质、学生特点、教学目标等因素选择合适的教学方法，并结合现代教育技术进行创新应用；通过不断探索和实践新的教学方法，能够更好地满足学生的学习需求和发展需求，为培养高素质人才作出更大的贡献。

6.1.5　大学教学的主要环节

大学教学是培养高层次人才的核心活动，其教学过程包含多个关键环节。这些环节相互衔接、相互影响，共同构成了大学教学的完整体系。

1. 教学目标设定

教学目标设定是大学教学的首要环节。明确的教学目标能够指引整个教学过程的方向，确保教学活动按照预定的目标进行。教学目标应具体、明确、可衡量，能够反映学生在知识、技能、情感态度等方面的预期成果。

2. 课程设计与规划

课程设计与规划是大学教学的基础环节。在这一环节中，教师需要根据教学目标和学生特点，设计合适的课程内容和教学方法。课程设计应体现知识的系统性和连贯性，注重理论与实践结合。同时，课程规划应合理安排教学进度和时间分配，确保教学活动高效、有序地进行。

3. 课堂教学实施

课堂教学实施是大学教学的核心环节。在这一环节中，教师需要按照课程设计和规划，采用合适的教学方法，向学生传授知识和技能。课堂教学应注重启发式教学和互动式学习，激发学生学习的兴趣和积极性。同时，教师应关注学生的学习状态和反馈，及时调整教学策略和方法，确保教学效果达到预期目标。

4. 学生作业与评估

学生作业与评估是大学教学的重要环节。作业是检验学生学习效果的重要手段，通过作业可以了解学生对知识的理解和掌握情况。评估是对学生学习成果的综合评价，包括考试、测验、作品展示等形式。评估应客观公正、科学有效，真实反映学生的学习成果和进步情况。同时，评估结果应作为改进教学和提高教学质量的依据。

5. 课外辅导与交流

课外辅导与交流是大学教学的辅助环节。在这一环节中，教师可以通过课外辅导、学术讲座、研讨会等形式，为学生提供更多的学习机会和学习资源。课外辅导应针对学生的个体差异和学习需求，进行个性化的指导和帮助。通过学术交流和研讨，学生可以拓宽学术视野和思维方式，提高学术素养和创新能力。

6. 教学反思与改进

教学反思与改进是大学教学的持续环节。在每一轮教学活动结束后，教师应进行教学反思，分析教学过程中的优缺点，找出问题的原因，提出解决方案，并据此对教学活动进行改进。通过教学反思与改进，教师可以不断优化教学设计和实施过程，提高教学效果和质量。教学反思与改进也是教师个人成长和专业发展的重要途径。

大学教学的主要环节包括教学目标设定、课程设计与规划、课堂教学实施、学生作业与评估、课外辅导与交流、教学反思与改进。教学目标设定是教学过程的起点和基础，课程设计与规划为课堂教学实施提供了依据和指导，课堂教学实施是实现教学目标的关键环节，学生作业与评估是检验学生学习效果的重要手段，课外辅导与交流为学生提供了更多的学习机会和学习资源，教学反思与改进是对整个教学过程的优化和提升。教师在大学教学过程中应注重这些环节的协调和配合，不断优化教学设计和实施过程，提高教学效果和质量；同时，应注重个人成长和专业发展，不断提高自己的教学水平。

6.1.6 新能源汽车工程专业的主要教学环节

新能源汽车工程专业是培养掌握新能源汽车技术与工程领域的基本理论、基本知识和基本技能，具备新能源汽车设计、制造、研发、测试等能力的高级工程技术人才的学科。为了达成这一培养目标，在该专业的教学过程中设置了一系列教学环节。

1. 理论教学

理论教学是新能源汽车工程专业的基础和核心环节。学生可通过课堂讲授、案例分析、专题讲座等形式学习新能源汽车技术、新能源汽车设计、电动汽车驱动与控制、动力电池技术、充电设施与电网交互等核心课程。理论教学旨在为学生打下坚实的理论基础，为后续的实践应用奠定基础。

2. 实验教学

实验教学是新能源汽车工程专业的重要教学环节。学生通过实验可以直观地了解新能源汽车的工作原理和性能特点，掌握实验方法和技能。实验教学包括基础实验、专业实验和综合性实验等，旨在培养学生的实验设计、数据分析和解决问题的能力。

3. 实习实训

实习实训是新能源汽车工程专业的重要实践教学环节。学生通过在企业或实训基地实习实训，可以深入了解新能源汽车的生产过程、工艺流程和检测技术，增强对新能源汽车工程技术的认识和理解。实习实训还能够帮助学生积累实际工作经验，提高就业竞争力。

4. 课程设计

课程设计也是新能源汽车工程专业的重要教学环节。学生通过课程设计可以将所学的理论知识和实验技能应用到实际问题中，完成具有一定复杂度的设计任务。课程设计旨在培养学生的创新思维和实践能力，提高学生的综合素质。

5. 毕业设计

毕业设计不仅是新能源汽车工程专业的重要教学环节，还是学生综合应用所学知识解决实际问题的重要体现。在毕业设计中，学生需要根据所学专业知识和工程实际背景，独立进行课题研究和设计工作，并完成设计说明书、论文和实物作品等。毕业设计旨在培养学生的科研能力和工程实践能力，为学生未来的职业发展奠定基础。

6. 课外实践活动

课外实践活动是新能源汽车工程专业的辅助教学环节。学生通过参加学术竞赛、科技创新活动、社会实践等课外实践活动，可以拓宽视野、增强实践能力、提高综合素质。课外实践活动还能够帮助学生了解行业动态和发展趋势，提高就业竞争力。

新能源汽车工程专业的主要教学环节包括理论教学、实验教学、实习实训、课程设计、毕业设计和课外实践活动等。这些环节相互关联、相互促进，共同构成了新能源汽车工程专业的教学体系。理论教学为实验教学、实习实训和课程设计等环节提供理论基础；实验教学和实习实训能够帮助学生巩固理论知识、提高实践技能；课程设计和毕业设计是对学生所学知识和技能的全面检验、提升；课外实践活动能够为学生提供更多的实践机会和锻炼平台。在教学过程中，教师应注重各个环节的协调与配合，确保教学过程顺畅、高效。学生应积极参与各个教学环节的学习和实践，努力提高自己的综合素质和工程实践能力。

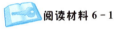阅读材料 6-1

某省属重点大学如何通过教学对学生进行培养

在当今快速发展的社会背景下，高等教育承担着为社会培养高素质人才的重要使命。某省属重点大学作为该地区教育的重要支柱，一直致力于通过教学改革和创新，全方位、多角度地培养学生的综合素质。下面将以该大学为例，详细介绍其通过教学培养学生的方式。

1. 优化课程体系

（1）跨学科课程设置。该大学注重培养学生的综合素质，在课程设置上加强了跨学科的内容。例如，理工科学生需要选修一定数量的文科课程，以增强其人文素养；文科学生需要接触一些基础的科学知识，以培养其科学精神。

（2）实践课程的加强。为了提高学生的实践能力和创新能力，该大学增设了实验、实训、实习等实践课程，并鼓励学生参与科研项目和创新创业活动。通过这些实践课程，学生能够更好地将理论知识与实际结合，解决问题的能力得到提升。

（3）国际化课程引入。为了培养学生的国际化视野和跨文化交流能力，该大学积极引入国际化课程，如国际合作办学项目、交换生项目等。这些课程使学生有机会接触不同国家和地区的文化，增强了其全球竞争力。

2. 创新教学方法

（1）案例教学。该大学广泛采用案例教学的方法，分析和讨论实际案例，引导学生独立思考、解决问题。这种方法有助于培养学生的批判性思维和创新能力。

（2）项目式学习。项目式学习是一种以学生为中心的教学方法，强调学生在项目实践中学习知识和技能。该大学鼓励学生参与科研项目、课程设计等项目，通过项目实践培养他们的实践能力、团队协作能力和创新能力。

（3）翻转课堂。翻转课堂将传统课堂和在线学习相结合，学生在课前通过观看视频、阅读资料等方式自主学习，在课堂上进行问题讨论和协作学习。该大学逐渐推广翻转课堂的教学模式，以提高学生的自主学习能力和学习效果。

3. 建设师资队伍

（1）引进优秀人才。该大学注重引进国内外优秀人才，充实师资队伍。通过引进具有丰富教学经验和科研能力的教师，该大学提高了教学质量和科研水平。

（2）教师培训和发展。该大学重视教师的培训和发展，为教师提供多种培训和学习机会，如参加学术会议、访问交流等。这些机会有助于教师提升教学水平、拓宽学术视野。

（3）教师激励机制。该大学建立了完善的教师激励机制，对在教学和科研中取得优异成绩的教师给予奖励。这种激励机制有助于激发教师的工作积极性和创造力。

4. 完善学生评价体系

（1）多元化评价。该大学采用多元化的评价体系，包括课堂表现、作业、考试、实践项目等，以更全面地反映学生的学习情况和发展潜力。

（2）反馈与指导。该大学注重对学生评价的反馈与指导，及时将评价结果告知学生并给出具体建议，有助于学生明确自己的优缺点并制订个人发展计划。

（3）学生参与评价。该大学鼓励学生参与评价过程，如填写课程满意度调查表、对教师进行评价等，有助于提高教学质量和教师的责任意识。

5. 结论

该省属重点大学通过优化课程体系、创新教学方法、建设师资队伍和完善学生评价体系等，全方位、多角度地培养了学生的综合素质。这些措施的实施不仅提高了教学质量和效果，还为学生未来的发展奠定了坚实的基础。

6.2　大学的学习

6.2.1　大学学习与高中学习的区别

进入大学后，许多学生发现学习环境、学习方式及学习目标都与高中阶段有显著的区别。从高中阶段较封闭和单一的学习环境到大学阶段较开放和多元的学习环境，学生需要适应这种转变，并调整自己的学习策略。了解大学学习与高中学习的区别，学生可以更好地适应大学生活。

1. 学习环境的差异

（1）高中学习环境。高中阶段的学习环境相对封闭，学生主要在学校内部学习，与教师和同学的互动较频繁。高中阶段的学习任务主要由教师安排，学生按照既定的教学计划和进度学习。

（2）大学学习环境。大学的学习环境更加开放和多元化，学生除在课堂学习外，还可以参加课外活动、社团组织及实践活动等。大学的学习进度更加自主，学生需要根据自己的兴趣和专业要求制订学习计划。

2. 学习方式的差异

（1）高中学习方式。高中阶段的学习方式以被动接受为主，学生主要依赖教师讲解和课本学习。同时，高中阶段的学习内容相对固定，学生需要按照既定的教学计划和进度学习。

（2）大学学习方式。大学的学习方式更加注重学生的主动探索和实践。学生需要学会独立学习，通过图书馆、网络等渠道获取学习资源，并结合自己的兴趣和专业要求进行深入研究。此外，大学还鼓励学生参与科研项目、实践活动等，以培养学生的实践能力和创新能力。

3. 学习目标的差异

（1）高中学习目标。高中阶段的学习目标主要是应对高考，争取进入理想的大学。因此，学生的学习重点是考试内容，以提高分数为主要目标。

（2）大学学习目标。大学的学习目标更加广泛和深远。除完成专业课程的学习外，学生还需要提升自己的综合素质和实践能力，以适应未来的职业需求。此外，大学还鼓励学生根据自己的兴趣和专业发展方向进行自主学习及深入研究。

4. 时间管理的差异

（1）高中时间管理。高中阶段的时间管理主要由教师和家长进行监督与指导。学生需要按照既定的时间表和计划学习、休息。

（2）大学时间管理。大学的时间管理更加自主和自由。学生需要根据自己的实际情况和需求安排学习时间及生活节奏，因而需要学生具备较好的时间管理能力和自我约束能力。

5. 社交环境的差异

（1）高中社交环境。高中阶段的社交环境相对单一，学生主要与班级同学和教师交往。同时，由于学习压力较大，学生的社交活动较少。

（2）大学社交环境。大学的社交环境更加开放和多元。学生需要与不同地域、具有不同背景的同学交往，并参加社团组织和实践活动，有助于学生拓宽视野、增强社交能力和团队协作能力。

大学学习与高中学习在学习环境、学习方式、学习目标、时间管理和社交环境等方面都存在显著的差异。为了更好地适应大学生活，新生需要调整自己的学习策略和方法，注重自主学习、时间管理和社交能力的培养。同时，教师和家长需要关注新生的心理变化及成长需求，给予其适当的引导和支持，双方共同努力，帮助学生顺利完成从高中到大学的过渡。

6.2.2　大学学习的基本特点

大学学习是人生中的一个重要阶段，它不同于初中和高中的学习模式，具有独特的特点。这些特点决定了大学学习的多样性和挑战性，也为学生提供了广阔的发展空间。了解大学学习的基本特点，可以帮助学生更好地理解和适应大学学习。

1. 自主性和独立性强

大学学习的一个显著特点是自主性和独立性强。在大学，学生可以自由选择课程、制订学习计划及安排学习时间。教师不再全程监督和指导，而更多地充当引导者和咨询者的角色。因此，学生需要培养自主学习能力，学会独立思考和独立解决问题。

2. 深度和广度大

大学学习的深度和广度都远超过高中。在大学，学生将接触到更加深入和专业的知识领域，需要投入更多的时间和精力进行深入学习与研究。同时，大学课程涵盖的学科范围更广，学生可以根据自己的兴趣和需求选择课程。这种深度和广度的拓展有助于培养学生的综合素质及跨学科能力。

3. 实践与理论结合

大学学习注重实践与理论的结合。理论知识是学习的基础，但大学更强调将理论知识应用到实践中。通过实验操作、课程设计、实习实训等实践活动，学生可以更好地理解和掌握理论知识，同时培养实践能力和创新能力。这种实践与理论的结合有助于提高学生的综合素质及就业竞争力。

4. 学习资源多元化

大学提供了丰富的学习资源（包括图书馆、网络、实验室、学术讲座等），学生可以根据自己的需求和兴趣选择与使用。这些学习资源不仅可以帮助学生拓宽知识面，还可以为学生提供更多学习机会和挑战。学生还可以与教师、同学交流和合作，共同学习和成长。

5. 学术性和创新性强

大学学习具有浓厚的学术氛围并注重创新。在大学，学生需要参与学术活动，如科研项目、学术竞赛等。这些活动不仅有助于培养学生的学术素养和创新能力，还可以为学生未来的职业发展打下坚实的基础。此外，大学还鼓励学生参与创新创业实践，培养学生的创业意识和实践能力。

6. 注重团队合作与交流

大学学习注重团队合作和交流。在大学，学生需要参与团队项目，与具有不同背景的同学交流和合作。这种团队合作和交流不仅可以帮助学生解决问题和完成任务，还可以培养学生的沟通能力和团队协作能力。学生还可以参加学术研讨会和社团活动，与志同道合的人交流和合作，共同学习和成长。

大学学习的基本特点包括自主性和独立性强、深度和广度大、实践与理论结合、学习资源多元化、学术性和创新性强、注重团队合作与交流。这些特点决定了大学学习具有多样性和挑战性，也为学生提供了广阔的发展空间。为了更好地适应大学学习，学生需要培养自己的自主学习能力、实践能力和创新能力，以及团队协作能力和沟通能力等。通过不断的学习和实践，学生可以不断提高自己的综合素质和就业竞争力，为未来的职业发展打下坚实的基础。

6.2.3 大学学习的主要方式

进入大学后，学生面临与高中截然不同的学习环境和要求。大学学习不再是单纯的接受和记忆，而是需要学生主动探索、独立思考和创新实践。因此，掌握大学学习的主要方式对提高学生的学习效率、培养综合素质和创新能力有重要意义。

1. 自主学习

自主学习是指学生根据自己的学习需求和目标，独立地选择学习内容、制订学习计划和安排学习时间的学习方式，可以按以下方法实施。

（1）设定学习目标。明确自己想要达到的学习效果。

（2）选择学习资源。利用图书馆、网络等获取学习材料。

（3）制订学习计划。合理规划学习时间，保证学习进度。

（4）自我评估与反馈。及时检查学习成果，调整学习策略。

2. 合作学习

合作学习是指学生之间通过相互合作、交流和分享共同完成学习任务的学习方式，可以按以下方法实施。

（1）分组讨论。针对某主题或问题讨论，分享各自的观点和见解。

（2）团队项目。组建团队，共同完成一个课题或项目，锻炼团队协作能力和沟通能力。

（3）学术研讨。参加学术研讨会或讲座，与同行交流，拓宽学术视野。

3. 探究学习

探究学习是指学生通过自主探索、发现和研究问题获取知识的学习方式，可以按以下方法实施。

（1）提出问题。根据所学知识或生活实践，发现并提出有价值的问题。

（2）搜集资料。利用图书馆、网络等搜集相关文献和资料。

（3）分析研究。对搜集的资料进行分析、归纳和总结，形成自己的见解。

（4）成果展示。将研究成果以论文、报告或展示等形式呈现出来。

4. 实践学习

实践学习是指学生通过参与实践活动获取知识、锻炼技能和提高能力的学习方式，可以按以下方法实施。

（1）实验教学。通过实验操作验证理论知识，提高动手能力。

（2）实习实训。在企业或实训基地参加实习实训，了解实际工作流程和要求。

（3）社会实践。参与社会实践活动，了解社会现状和发展趋势。

（4）创新创业。开展创新创业实践，培养创新能力和实践能力。

5. 整合学习

整合学习是指学生将所学知识整合、应用和创新的学习方式，可以按以下方法实施。

（1）跨学科学习。跨越不同学科领域学习和研究，培养跨学科能力。

（2）综合性课程设计。参与综合性课程设计项目，将所学知识应用到实际问题。

（3）学科竞赛。参加学科竞赛，展示自己的才华和创新能力。

（4）学术研究。参与科研项目或发表学术论文，提高自己的学术水平。

大学学习的主要方式包括自主学习、合作学习、探究学习、实践学习和整合学习。这些方式各具特点，适用于不同的学习场景和需求。为了在大学中取得更好的学习效果，学生应明确学习目标、制订学习计划、积极参与实践活动、培养团队协作能力并不断反思和调整自己的学习策略及方法。有效运用这些学习方式，学生将能够更好地适应大学学习，提高自己的学习效率，培养综合素质和创新能力。

6.2.4 大学学习的主要方法

大学学习是人生中一段充满挑战与机遇的旅程。为了在这段旅程中取得优异的成绩，除积极的学习态度和良好的学习习惯外，还需要掌握有效的学习方法。

1. 课前预习

课前预习是大学学习的关键一步，有助于学生提前了解课程内容，形成初步的认知框架，可以按以下方法实施。

（1）提前阅读教材。在课前仔细阅读教材的相关章节，了解课程的基本知识点和难点。

（2）制订预习计划。根据课程进度和个人时间，合理安排预习时间和内容。

（3）记录预习疑问。在预习过程中，及时记录遇到的问题和疑惑，以便在课堂上寻求解答。

2. 课堂参与

课堂是获取知识的主要场所，积极参与课堂学习能够帮助学生更好地理解课程内容，提高学习效果，可以按以下方法实施。

（1）认真听讲。保持注意力集中，紧跟教师的授课节奏，理解并记忆课程内容。

（2）积极互动。在课堂上积极发言、提问，与教师和同学交流，深入理解课程内容。

（3）做好笔记。记录课堂中的重点、难点和自己的理解，便于课后复习。

3. 课后复习

课后复习是巩固所学知识、加深理解的重要环节，可以按以下方法实施。

（1）及时回顾。在课后及时回顾课堂内容，理解并消化所学知识点。

（2）做题巩固。通过做题检验自己对知识点的掌握程度，查缺补漏。

（3）拓展学习。阅读相关图书、文献，了解课程的前沿动态和最新研究成果。

4. 时间管理

大学学习自由度较高，合理的时间管理能够帮助学生充分利用时间，提高学习效率，可以按以下方法实施。

（1）制订计划。制订长期和短期的学习计划，明确学习目标和时间安排。

（2）分配时间。根据课程难度和个人能力，合理分配学习时间，确保完成学习任务。

（3）劳逸结合。在学习之余，合理安排休息和娱乐时间，保持良好的学习状态。

5. 寻求帮助

在学习过程中遇到困难时，寻求帮助是解决问题的有效途径，可以按以下方法实施。

（1）向教师请教。当遇到难题或疑惑时，及时向教师请教，寻求解答和指导。

（2）与同学交流。与同学交流学习心得和体会，互相帮助解决问题。

（3）利用资源。利用图书馆、网络等查找相关资料，分析、解决问题。

大学学习的主要方法包括课前预习、课堂参与、课后复习、时间管理和寻求帮助等。这些方法各有特点，学生应根据自己的实际情况和需求选择合适的方法，并在实践中不断调整和优化。有效地掌握这些学习方法，学生将能够更好地适应大学学习，提高学习效率和质量，为未来的职业发展打下坚实的基础。

6.2.5 大学学习的主要环节

大学学习是一个系统、复杂的过程，它涵盖了从课前预习到课后复习，从理论学习到实践应用的多个环节。每个环节都是学生掌握知识、培养能力、提升素质的重要步骤。

1. 课前预习

课前预习是大学学习的起点，也是培养自主学习能力的重要环节。在课前，学生需要阅读教材、预习课程，对将要学习的内容有初步了解。通过预习，学生可以了解课程的基本框架、重点和难点，提前建立知识框架，为课堂学习做好准备。

2. 课堂听讲

课堂听讲是大学学习的核心环节，学生需要在课堂上认真听讲，积极参与课堂讨论，与教师和同学交流。通过课堂听讲，学生可以深入理解课程内容，掌握重点和难点，同时培养批判性思维和表达能力。

3. 课后复习

课后复习是巩固所学知识、深化理解的重要环节。学生需要在课后及时回顾课程内容，对所学知识进行整理和总结。通过复习，学生可以巩固所学知识，加深理解课程内容，同时发现自己在学习中的不足，为下一阶段的学习做好准备。

4. 作业与练习

作业与练习是检验学生学习效果、巩固所学知识的重要环节。学生需要按照教师的要求完成作业与练习，巩固所学知识，提高解题能力。通过作业与练习，学生可以检验自己对课程内容的掌握程度，加深对知识的理解和应用，同时提高解决问题的能力。

5．实践与实验

实践与实验是大学学习中不可或缺的环节。学生需要参与实践、实验课程，将所学知识应用到实际问题，锻炼实践能力和创新能力。通过实践与实验，学生可以将所学知识与实践结合，加深对知识的理解和应用，同时培养实践能力和创新能力。

6．自主学习与拓展

自主学习与拓展是大学学习中的重要补充环节。学生需要在课余时间自主学习，拓展知识领域，提升综合素质。通过自主学习与拓展，学生可以拓宽知识视野，了解学科前沿动态，提高综合素质和竞争力。

大学学习的主要环节包括课前预习、课堂听讲、课后复习、作业与练习、实践与实验、自主学习与拓展等。每个环节都是学生学习过程中不可或缺的部分，对提高学生的知识水平、实践能力和综合素质有重要意义。通过优化这些环节，学生可以更好地掌握学习内容，提高学习效率，为未来的职业发展打下坚实的基础。

6.2.6　新能源汽车工程专业的学习规划

作为一名刚刚踏入新能源汽车工程专业的新生，深知大学四年对个人成长和专业发展的重要性。为了充分利用这段宝贵的时间，需要制订一个明确的学习规划，以确保自己在大学期间系统地掌握专业知识，培养实践能力，并为未来的职业生涯做好充分准备（第一学年，学基础知识；第二学年，学专业基础；第三学年，学专业核心课；第四学年，学专业选修课，毕业设计）。

1．第一年：打牢基础，初步了解专业

（1）基础课程学习。认真学习数学、物理、化学等基础课程，为后续的专业课程打下坚实的基础。

（2）专业导论课程。通过专业导论课程，初步了解新能源汽车工程专业的学科体系、发展趋势和就业前景。

（3）积极参与校园活动。加入与新能源汽车工程相关的社团或组织，与志同道合的同学交流和学习，拓宽视野。

2．第二年：深入学习专业基础知识，提升实践能力

（1）专业基础课程学习。专注于新能源汽车工程专业的专业基础课程（如机械原理、机械设计、理论力学、材料力学等）学习。

（2）实验室实践。积极参与实验室的实践活动，通过实验操作加深对理论知识的理解。

（3）参加学术竞赛。关注并参与与新能源汽车工程相关的学术竞赛，锻炼自己的实践能力和创新能力。

3．第三年：深入学习专业知识，提升专业素质

（1）专业核心课程学习。专注于新能源汽车工程专业的专业核心课程学习，如新能源汽车技术、新能源汽车设计、电池及其管理技术、驱动电机及控制技术等，提升专业

素质。

（2）实习实训。寻找与新能源汽车相关的企业或研究机构进行实习实训，了解行业现状和发展趋势。

（3）科研项目参与。积极参与教师、学长或学姐的科研项目，提升自己的科研能力和团队协作能力。

4. 第四年：拓展专业知识，准备就业或深造

（1）毕业论文/设计。认真完成毕业论文或毕业设计，将所学知识运用到实际问题，展示自己的创新能力和实践能力。

（2）就业准备。关注行业招聘信息，积极准备简历和面试，为就业做好充分准备。

（3）深造规划。若有继续深造的打算，则需要关注国内外知名高校的研究生招生信息，提前了解相关政策和要求。

根据每学期的课程设置和个人时间安排，制订详细的学习计划，确保按计划完成学习任务。除课堂学习外，还要注重实践锻炼。通过实验室实践、实习实训、科研项目等途径，不断提升自己的实践能力和创新能力。利用课余时间拓宽知识领域，了解与新能源汽车工程相关的其他学科知识，提升自己的综合素质和竞争力。多与同学、教师、企业界人士等交流，了解行业动态和发展趋势，拓宽人脉。随着新能源汽车技术的不断发展和进步，需要持续关注新技术和新发展，了解最新的研究动态和市场趋势。

大学四年是人生中宝贵的时光，也是个人成长和专业发展的关键时期。新能源汽车工程专业的新生需要制订明确的学习规划并付诸实践，努力提升自己的专业能力和综合素质，为未来的职业生涯奠定坚实的基础。

阅读材料 6-2

大学生如何度过大学四年生活

进入大学，意味着踏入了人生新的阶段，这也是个人成长和发展的重要时期。大学生如何度过宝贵的四年时光不仅关系到个人的学术成就，还关系到个人的全面发展。下面结合具体实例，为新生提供一些建议，帮助大家更好地规划和度过大学四年生活。

1. 明确学习目标，规划学业路径

（1）设定学业目标。新生入学后，首先要明确自己的学业目标：是追求学术成就，还是注重实践应用；是选择考研深造，还是直接就业。明确目标后，可以更有针对性地规划学习计划和方向。

（2）制订学习计划。结合课程安排和个人目标，制订合理的学习计划。例如，每天安排一定的学习时间，定期复习所学知识，积极参加课堂讨论和课外拓展活动等；同时学会根据实际情况灵活调整计划。

实例：某新生小王在入学之初就明确了考研目标，他制订了详细的学习计划，包括每天复习的科目、每周完成的学习任务等。通过坚持不懈的努力，小王在大学四年中取得了优异的成绩，成功考上了心仪院校的研究生。

2. 积极参与活动，培养综合素质

（1）加入社团组织。大学是培养个人综合素质的重要场所，加入社团组织是提升能力的重要途径。学生可以根据自己的兴趣爱好选择合适的社团，如文学社、科技协会、志愿者协会等。

（2）参加实践活动。通过参加实践活动（如参加志愿服务、社会实践、科研项目等），学生可以锻炼自己的组织协调能力、团队协作能力、解决问题能力等。

实例：小李在大学期间加入了学校的科技创新协会，他积极参与协会组织的各项活动，如科技竞赛、创新实践等。通过这些活动，小李不仅锻炼了自己的科技创新能力，还结识了一群志同道合的朋友。他还将所学知识应用到实践中，参与了一项关于环保科技的研究项目，取得了不错的成绩。

3. 拓展人际关系，建立社交网络

（1）与同学建立友谊。大学是结交新朋友的好时机，与同学建立良好的友谊关系有助于度过愉快的大学时光。学生可以通过参加班级活动、宿舍聚会等增进与同学的了解和友谊。

（2）与导师建立联系。导师是大学学习中的重要指导者，与导师建立良好的联系有助于学生获得更多的学术指导和职业发展建议。学生可以通过课程学习、科研合作等方式与导师建立联系。

实例：小张在入学之初积极与同学建立联系，他参加了班级组织的各种活动，如篮球比赛、户外拓展等。通过这些活动，小张结识了许多新朋友，并与其建立了深厚的友谊。同时，他主动与导师沟通，表达了自己对学术研究的兴趣。在导师的指导下，小张参与了一项关于人工智能的研究项目，并发表了多篇学术论文。

4. 保持身心健康，关注个人发展

（1）合理安排作息。保持规律的作息有助于身体健康、提高学习效率。新生要养成良好的作息习惯，保证充足的睡眠和适当的运动。

（2）关注个人发展。除学业和社团活动外，新生还要关注自己的个人发展，可以通过阅读图书、参加讲座等方式拓宽自己的知识面和视野；通过心理咨询等方式解决自己的心理问题和困惑。

实例：小赵在大学期间非常注重自己的身心健康和个人发展。他保持规律的作息，并积极参加体育活动。此外，他还坚持阅读图书和参加学术讲座，不断提升自己的知识水平和综合素质。他还关注自己的心理健康问题，并通过心理咨询等方式解决自己的困惑和烦恼。

5. 结语

大学四年充满挑战和机遇，新生要明确自己的目标和方向，制订合理的计划并付诸实践；同时，要积极参与各种活动、拓展人际关系、关注个人发展等，不断提升自己的综合素质和能力水平。通过努力奋斗和不断进取，相信每位学生都能度过充实、有意义的大学四年时光。

6.3　新能源汽车工程专业的学生达成目标

6.3.1　学术成就与专业知识掌握

新能源汽车工程专业是一个涉及多学科交叉的综合性专业，旨在培养具备新能源汽车设计、制造、研发、测试等方面能力的专业人才。新能源汽车工程专业的学生不仅要掌握扎实的专业知识，还要在学术领域取得一定的成就。

1. 专业知识掌握

（1）系统学习专业课程。学习专业课程是学生掌握新能源汽车工程专业知识的主要途径。学生应认真听讲、做好笔记、积极参加课堂讨论和实验操作。在课后，学生应及时复习、巩固所学知识，解决疑问。通过系统学习专业课程，学生可全面了解新能源汽车的原理、设计、制造、测试等方面的知识。

（2）掌握相关技能。新能源汽车工程专业涉及多个领域（如机械设计、电子技术、控制技术等）的知识和技能。学生应掌握相关技能，如 CAD 绘图、仿真分析、电路设计等。通过学习和实践相关技能，学生能够更好地应用所学知识解决实际问题。

（3）关注行业动态和技术发展。新能源汽车行业是一个快速发展的行业，新技术、新产品层出不穷。学生应关注行业动态和技术发展，了解最新的市场需求和技术趋势。通过关注行业动态和技术发展，学生可以及时调整自己的学习方向和研究重点，为未来的职业发展做准备。

2. 学术成就达成

（1）积极参与科研项目。参与科研项目是提升学术能力、培养创新能力的重要途径。新能源汽车工程专业的学生应积极争取参与导师的科研项目，或者自主发起研究项目。在科研过程中，学生可深入了解新能源汽车的前沿技术和市场动态，掌握相关研究方法和技术，提升科研能力和创新思维。

（2）发表学术论文。学术论文是展示研究成果、提升学术影响力的重要载体。学生应在导师的指导下认真撰写学术论文，并投稿至国内外知名学术期刊。在论文撰写过程中，学生可学会清晰表达研究思路、分析数据、得出结论，以及规范引用文献等。通过发表学术论文，学生可提升自己的学术地位和影响力，为未来的学术发展奠定坚实基础。

（3）参加学术会议。学术会议是学术交流、了解行业动态的重要平台。学生应积极关注国内外相关学术会议的信息，并报名参加。在会议上，学生可以聆听专家学者的报告，了解最新研究成果和技术动态，与业界人士交流。通过参加学术会议，学生可以拓宽学术视野，增强学术合作与交流能力。

作为新能源汽车工程专业的学生，应注重专业知识的掌握与学术成就的达成：通过系统学习专业课程、掌握相关技能、关注行业动态和技术发展等途径掌握扎实的专业知识；通过积极参与科研项目、发表学术论文、参加学术会议等途径提升学术能力，只有不断努力，才能在新能源汽车领域取得优异的成绩和广泛的认可。

跨学科视野与综合素质提升

随着全球气候变化问题和环境问题日益严峻，新能源汽车工程领域得到了广泛关注和发展。新能源汽车工程专业的学生不仅要具备扎实的专业知识，还需要拥有跨学科视野和综合素质，以适应未来多变和复杂的工作环境。

1. 跨学科视野的培养

（1）学习多元化课程。新能源汽车工程专业是一个多学科交叉的领域，涉及机械工程、电气工程、材料科学、化学等学科。为了培养跨学科视野，学生应积极学习这些相关学科的基础课程，了解不同学科的基本理论和研究方法。通过多元化课程的学习，学生可以更好地理解新能源汽车工程的各个方面，并对不同学科知识进行整合和创新。

（2）参与跨学科项目。参与跨学科项目是培养跨学科视野的重要途径。学生可以积极寻找与新能源汽车工程相关的跨学科项目，如能源管理、智能交通系统等。在这些项目中，学生需与具有不同学科背景的同学合作，共同解决问题，了解不同学科的思考方式和工作流程。通过跨学科项目实践，学生可以提升跨学科思维能力和解决问题能力。

（3）拓宽国际化视野。国际化视野是跨学科视野的重要组成部分。学生可以通过参加国际交流项目、留学等方式，了解不同国家和地区的新能源汽车工程发展现状及趋势。在国际交流中，学生会接触不同文化背景和专业背景的人，与他们交流和学习，了解不同的思维方式和工作方法，有助于拓宽国际化视野，更好地适应全球化的发展趋势。

2. 综合素质的提升

（1）提升团队协作能力。新能源汽车工程领域需要多人合作完成复杂的工作。因此，团队协作能力是学生必须具备的素质。学生可以通过参加团队项目、社团活动等方式，积极与同学、教师、业界人士等交流和合作，锻炼自己的团队协作能力。在团队协作中，学生应学会倾听他人的意见、尊重他人的工作，共同解决问题，以实现团队目标。

（2）培养创新能力。新能源汽车工程领域需要不断创新和突破。因此，创新能力也是学生必须具备的素质。学生可以通过参加创新训练、创业竞赛等活动，积极挖掘和培养创新能力。在创新过程中，学生应勇于尝试新方法、新技术，善于从失败中吸取教训，不断完善自己的创新成果。

（3）提升沟通能力。沟通能力是学生在工作中必须具备的基本素质。学生可以通过参加演讲比赛、辩论赛等活动提升口头表达能力。学生还应注重书面沟通能力的培养，如撰写报告、邮件等。在沟通中，学生应注重清晰、准确地表达自己的意思，善于倾听他人的反馈和意见，并及时改进。

作为新能源汽车工程专业的学生，学生应注重跨学科视野与综合素质的提升：通过学习多元化课程、参与跨学科项目、拓宽国际化视野等方式培养跨学科视野；通过提升团队

协作能力、培养创新能力、提升沟通能力等方式提升综合素质。

6.3.3 独立思考与创新能力培养

在新能源汽车工程领域，技术的快速发展和市场的不断变化要求专业人才不仅要掌握扎实的专业知识，还要具有独立思考能力和创新能力。独立思考使学生在面对问题时能够独立分析、判断和决策；创新能力是推动新技术发展、满足市场需求的关键因素。因此，对新能源汽车工程专业的学生来说，培养独立思考能力和创新能力是达成人才培养目标的关键。

1. 独立思考能力的培养

（1）掌握基本思考技能。学生应掌握基本思考技能，包括观察、分析、综合、推理等。通过观察实验现象、分析技术问题、综合多方信息，学生可以逐步锻炼思考能力，形成独立思考的习惯。

（2）培养批判性思维。批判性思维是独立思考的重要组成部分。学生应学会对所学知识、技术、观点进行批判性评估，不盲从、不迷信权威，要基于事实和逻辑进行独立思考。通过参与课堂讨论、学术辩论等活动，学生可以培养批判性思维。

（3）鼓励自主研究。自主研究是培养学生独立思考能力的有效途径。学生可以选择自己感兴趣的研究方向，在导师的指导下深入研究。在研究过程中，学生需自主搜集资料、分析问题、设计实验方案，并独立撰写研究报告。通过自主研究，学生可以锻炼独立思考和解决问题的能力。

2. 创新能力的培养

（1）激发创新意识。创新意识是创新能力的前提。学生应树立创新意识，关注新技术、新趋势、新需求，积极寻找创新点。通过参加学术讲座、技术研讨会等活动，学生可以了解最新的科技动态和市场趋势，激发自己的创新意识。

（2）参与创新项目。参与创新项目是锻炼创新能力的重要途径。学生可以积极寻找创新项目，如参与科研竞赛、创新实验室项目等。在项目中，学生需与其他成员共同研究、探讨、实验，通过实践锻炼自己的创新能力。

（3）掌握创新方法。创新方法是学生进行创新活动的重要工具。学生应掌握一些常用的创新方法，如头脑风暴、TRIZ（发明问题解决理论）等。通过运用这些方法，学生可以更加高效地进行创新活动，提高创新成果的质量和水平。

3. 实践与应用

（1）结合课程学习。学生可以将独立思考和创新能力的培养与课程学习结合。在课程学习中，学生可以主动提出问题、探索解决方案，并尝试将所学知识应用于实际问题。通过课程学习，学生可以不断锻炼自己的独立思考能力和创新能力。

（2）参与实习实训。实习实训是锻炼学生独立思考能力和创新能力的重要环节。在实习实训中，学生会接触实际工作环境和项目，面临真实的技术挑战和市场需求。在这个过程中，学生需独立承担一定的工作任务，自主解决问题，并尝试提出创新性的解决方案。通过实习实训，学生可以更加深入地了解行业需求和市场需求，提高独立思考能力和创新能力。

独立思考能力和创新能力是新能源汽车工程专业学生达成人才培养目标的关键。通过掌握基本思考技能、培养批判性思维、激发创新意识、参与创新项目等方法，学生可以逐步提升独立思考能力和创新能力。同时，结合课程学习和实习实训等实践环节，学生可以更好地将所学知识应用于实际问题，提高综合素质和竞争力。

6.3.4 人际交往与团队协作能力锻炼

在新能源汽车工程领域，无论是学术研究还是项目开发都离不开有效的团队合作。因此，人际交往能力与团队协作能力是新能源汽车工程专业学生职业发展中不可或缺的一部分。

1. 人际交往能力的锻炼

（1）积极沟通与交流。有效的人际交往能力首先建立在积极的沟通与交流之上。学生应主动与同学、教师、业界人士等交流，分享自己的想法和见解，倾听他人的观点和建议。通过积极参与课堂讨论、学术研讨等活动，学生可以锻炼口头表达能力和倾听能力，提高人际交往的效率和效果。

（2）增强人际敏感度。人际敏感度是指个体在人际交往中对他人的情感、态度、行为等细微变化的感知能力。学生应学会观察他人的言行举止，理解他人的需求和期望，以便更好地与他人建立联系和合作。通过增强人际敏感度，学生可以更好地适应不同的社交环境，提高人际交往的灵活性和适应性。

（3）发展跨文化交际能力。在新能源汽车工程领域，跨国合作和技术交流日益频繁。因此，学生应具备一定的跨文化交际能力，以便更好地与其他国家和地区的同行交流和合作。学生可以通过学习外语、了解不同文化背景、参与国际交流项目等提高跨文化交际能力。

2. 团队协作能力的锻炼

（1）树立团队精神。团队精神是团队协作能力的核心。学生应树立集体意识，以团队利益为重，积极参与团队活动，为团队的成功贡献自己的力量。学生还应学会尊重他人、信任他人、支持他人，与团队成员建立良好的合作关系。

（2）明确角色与职责。在团队中，每个成员都有明确的角色和职责。学生应了解自己的角色和职责，并认真履行。学生还应学会与其他成员协作，共同完成任务。在协作过程中，学生应相互支持、相互帮助、相互学习，共同提高团队的协作效率。

（3）学会解决冲突。在团队协作中，难免会出现分歧和冲突。学生应学会以积极的态度面对，并通过沟通、协商、妥协等方式解决。在解决分歧和冲突的过程中，学生应尊重他人的意见和感受，寻求双方都能接受的解决方案。通过解决分歧和冲突，学生可以更好地了解团队成员的需求和期望，增强团队的凝聚力和向心力。

3. 实践与应用

（1）参与团队项目。参与团队项目是锻炼人际交往能力与团队协作能力的重要途径。学生可以通过参与科研项目、课程设计、社会实践等活动，与团队成员共同完成任务。在项目中，学生会扮演不同的角色、具有不同的职责，与其他成员协作完成各个环节的工作。通过实践锻炼，学生可以更加深入地了解人际交往与团队协作的重要性，并不断提升能力水平。

（2）反思与总结。在实践锻炼过程中，学生应不断反思和总结经验、教训。学生可以通过回顾自己的言行举止、评估自己在团队中的表现、分析团队成功或失败的原因等进行反思和总结。通过反思和总结，学生可以发现自己的不足之处并制订改进措施，以便在今后的实践中不断提高人际交往能力与团队协作能力。

人际交往能力与团队协作能力是新能源汽车工程专业学生达成人才培养目标的重要方面：通过积极沟通与交流、增强人际敏感度、发展跨文化交际能力等方式锻炼人际交往能力；通过树立团队精神、明确角色与职责、学会解决冲突等方式锻炼团队协作能力；同时通过参与团队项目、反思与总结不断提高能力水平。相信在未来的学习和工作中，新能源汽车工程专业的学生一定能够展现出卓越的人际交往能力与团队协作能力，为新能源汽车工程领域的发展作出更大贡献。

6.3.5　身心健康与全面发展

随着新能源汽车技术的迅速发展，该领域对人才的需求日益增长。新能源汽车工程专业的学生不仅需要在专业领域有所建树，还需要关注自身的身心健康与全面发展。

1. 身心健康的重要性

身心健康是每个人成长和发展的基础。对新能源汽车工程专业的学生来说，保持身心健康不仅有助于提高学习效率，还能增强抵抗力和抗压能力。身心健康的个体更容易在复杂的工作环境中保持清醒的头脑和旺盛的精力，从而更好地应对挑战和机遇。

2. 身心健康的培养策略

（1）合理安排作息时间。学生应养成良好的作息习惯，保证充足的睡眠时间，合理安排学习和休息时间，避免长时间连续学习导致疲劳。此外，适当的午休和课间休息有助于缓解学习压力，提高学习效率。

（2）坚持体育锻炼。体育锻炼是保持身心健康的重要手段。学生应积极参加体育锻炼，选择适合自己的运动项目，如跑步、游泳、篮球等。通过体育锻炼，学生可以增强身体素质，提高免疫力，缓解学习压力，培养积极向上的心态。

（3）注重饮食健康。饮食健康对身心健康有重要影响。学生应注重饮食的均衡与营养，摄入足够的蛋白质、维生素、矿物质等；避免过度依赖快餐和零食，尽量选择健康的食物和饮品。

（4）关注心理健康。心理健康对学生同样重要。学生应学会管理自己的情绪，保持积极的心态；遇到困难时，要学会寻求帮助和支持，避免过度焦虑和抑郁。此外，学生可以通过心理咨询、冥想、瑜伽等方式缓解压力，保持心理平衡。

3. 全面发展的培养路径

（1）拓宽知识面。新能源汽车工程专业的学生不仅要掌握专业知识和技能，还要拓宽自己的知识面。通过参加学术讲座、阅读相关图书、关注行业动态等方式，学生可以了解新能源汽车领域的最新发展和前沿技术，从而更好地理解专业知识、拓宽视野、提高综合素质。

（2）培养实践能力。实践能力是新能源汽车工程专业学生必须具备的能力。通过参加科研项目、课程设计、社会实践等活动，学生可以将所学知识应用于实际问题，提高实践能力和解决问题能力，有助于学生更好地适应未来的工作环境、提高就业竞争力。

（3）提升综合素质。除专业知识和技能外，学生还应注重提升自己的综合素质，包括沟通能力、团队协作能力、创新能力等。通过参加比赛、社团活动、志愿服务等活动，学生可以锻炼自己的综合能力，提高综合素质水平。

（4）注重人文素养。人文素养是学生成为全面发展人才的重要因素。学生应关注文化、艺术、历史等领域的知识，培养审美情趣和人文素养。这有助于学生更好地理解社会现象和人性本质，增强社会责任感和使命感。

身心健康与全面发展是新能源汽车工程专业学生达成人才培养目标的重要方面：通过合理安排作息时间、坚持体育锻炼、注重饮食健康、关注心理健康等方式保持身心健康；通过拓宽知识面、培养实践能力、提升综合素质、注重人文素养等方式实现全面发展。相信在未来的学习和职业生涯中，新能源汽车工程专业学生能够成为身心健康、全面发展的优秀人才。

6.3.6 职业规划与就业准备

1. 职业规划

（1）自我评估。在职业规划之前，新能源汽车工程专业学生需要对自己有一个全面了解，包括评估自己的兴趣、技能、优势和劣势，以及个人价值观和工作倾向。通过自我评估，学生能够明确自己在新能源汽车工程领域的定位，为未来的职业发展奠定坚实基础。

（2）职业目标。明确自己的定位后，学生需要设定具体的职业目标。职业目标应该是可实现的，并且符合个人的兴趣和长期发展规划。例如，学生可以选择新能源汽车的研发、生产、销售、售后服务或项目管理等职业方向。设定明确的职业目标有助于学生更有针对性地规划自己的学习和职业发展路径。

（3）制订计划。制订计划是实现职业目标的关键步骤。学生需要根据自己的职业目标，制订短期计划、中期计划和长期计划。短期计划可以包括学习目标和实习安排，中期计划可以涉及技能提升和证书获取，长期计划应该关注职业发展路径和晋升目标。制订计划有助于学生系统地规划自己的职业发展，避免盲目和浪费时间。

（4）发掘自己的潜能。在职业规划过程中，学生需要发掘自己的潜能，并不断提升能力和技能。通过参与项目实践、实习、社团活动等，学生可以锻炼自己的创新能力、团队协作能力、沟通能力和解决问题的能力。学生也可以通过自我学习和拓展知识面来发掘自己的潜能，为未来的职业发展打下坚实基础。

（5）掌握行业信息。了解新能源汽车行业的最新动态和发展趋势对职业规划至关重要。学生可以通过关注行业新闻、参加学术研讨会和论坛、与业内人士交流等了解行业的最新信息。掌握行业信息有助于学生更好地把握市场需求和就业前景，为未来的职业发展作出明智的决策。

（6）增强自己的竞争力。在新能源汽车领域，竞争日益激烈。为了增强自己的竞争力，学生需要不断提高专业技能和综合素质，包括深入学习新能源汽车工程的专业知识、掌握相关领域的先进技术、提升英语水平、锻炼沟通能力和团队协作能力等。此外，学生还可以通过参加科研项目、实习和志愿服务等积累实践经验，提高竞争力。

（7）实现职业规划。在实现职业规划的过程中，学生需要保持积极的心态和坚持不懈的努力精神。他们应该按照制订的计划，逐步实现自己的职业目标。学生还需要保持与行业的紧密联系，关注市场动态和就业机会，以便及时调整职业规划。通过不断的努力和实践，学生将能够逐步实现自己的职业规划，并在新能源汽车领域取得成功。

（8）持续自我评估和调整。职业规划是一个持续的过程，需要不断自我评估和调整。在实现职业规划的过程中，学生可能会遇到挑战和困难。此时，学生需要及时自我评估，分析自己的优缺点，并制订相应的调整策略。例如，当发现自己在某个领域存在不足时，可以通过进一步学习或寻求帮助来提升自己的能力；当发现市场需求发生变化时，可以调整自己的职业目标和计划以适应新的环境。通过持续的自我评估和调整，学生可以更好地应对职业规划中的挑战和变化，保持自己在新能源汽车领域的竞争力。

2. 就业准备

随着新能源汽车市场的迅猛发展，其对新能源汽车工程专业学生的就业需求日益增加。为了顺利进入职场并适应行业发展的需求，学生需要提前做好就业准备。

（1）了解就业市场。学生需要深入了解新能源汽车行业的就业市场。了解行业的发展趋势、企业需求、就业岗位及薪资水平等信息，有助于学生更好地定位自己的职业发展方向和就业目标。

（2）明确个人职业规划。在了解就业市场的基础上，学生需要明确自己的个人职业规划（包括确定自己的职业目标、发展方向、所需的能力和技能）。通过制订明确的职业规划，学生可以更有针对性地规划自己的学习和发展路径。

（3）提升专业技能。对新能源汽车工程专业学生来说，提升专业技能是就业准备的重要一环。学生需要掌握新能源汽车工程领域的基本理论知识和实践技能，包括但不限于电池技术、电机技术、电控技术及整车集成技术等；通过不断学习和实践，提高自己的专业技能水平，满足企业的需求。

（4）拓展综合素质。除专业技能外，学生还需要拓展自己的综合素质（包括沟通能力、团队协作能力、创新能力及解决问题的能力等）。在日常学习和生活中，学生可以通过参与社团活动、实习、项目实践等提高综合素质和竞争力。

（5）积累实践经验。实践经验是企业在招聘时非常看重的因素。因此，在校期间学生需要积极参加实践活动，积累实践经验。学生可以通过参加科研项目、实习、竞赛等方式积累实践经验，展示自己的能力和潜力。

（6）建立人际关系网络。建立广泛的人际关系网络是就业准备的重要一环。学生可以通过与同学、教师、校友及业界人士建立联系，扩大自己的人脉圈子。在求职过程中，人际关系网络可以为学生提供更多的机会和资源，帮助他们更好地找到合适的工作。

（7）准备求职材料。在求职过程中，准备一份优秀的求职材料（包括个人简历、求职信及作品集等）至关重要。学生需要根据自己的职业目标和企业需求制作求职材料，展示自己的专业技能、综合素质和实践经验。同时，学生需要注意求职材料的格式、排版和细节等，以提高竞争力。

（8）持续自我提升。就业准备是一个持续的过程，学生需要不断自我提升，可以通过继续深造、参加培训、阅读行业资讯等方式不断更新知识和技能，保持与行业同步发展。同时，学生需要保持积极的心态和持续的学习热情，为未来的职业发展奠定坚实基础。

新能源汽车工程专业学生的就业准备是一个系统工程，需要从多个方面综合考虑。通过了解就业市场、明确职业规划、提升专业技能、拓展综合素质、积累实践经验、建立人际关系网络、准备求职材料、持续自我提升等方面的努力，学生将更好地适应行业发展需求，顺利进入职场并取得成功。

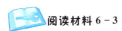 阅读材料 6-3

新能源汽车工程专业学生如何实现自己的理想

随着全球对环境保护和可持续发展的日益重视，新能源汽车行业迎来了前所未有的发展机遇。对于刚刚踏入新能源汽车工程专业的新生来说，在这个充满挑战和机遇的领域中实现自己的理想是一个值得探讨的话题。下面结合具体实例，为新能源汽车工程专业的新生提供一些建议和指导。

1. 明确个人理想，制订职业规划

（1）自我认知。新生需要对自己有自我认知，了解自己的兴趣、优势、劣势和价值观等。通过自我认知，新生可以更准确地找到自己的定位，为实现理想奠定坚实的基础。

（2）设定职业目标。在自我认知的基础上，新生需要设定明确的职业目标。这些目标可以是短期的（如掌握新能源汽车的核心技术），也可以是长期的（如成为新能源汽车行业的领军人物）。

（3）制订职业规划。为了实现职业目标，新生需要制订详细的职业规划，包括选择合适的课程、参加相关实习和项目、积累经验和技能等。

实例：小张是新能源汽车工程专业新生，他的理想是成为一名新能源汽车设计师。在入学之初，他首先对自己有自我认知，发现自己对汽车设计和新能源技术有浓厚的兴趣，于是设定了短期目标——掌握新能源汽车的核心技术，并制订了详细的职业规划。他选择了与新能源车辆设计相关的课程，积极参加学校的科研项目和实习机会，不断提升自己的设计能力和技术水平。

2. 努力学习，提升专业技能

（1）注重理论学习。新能源汽车工程专业涉及的知识面广泛，包括车辆工程、电气工程、能源工程等。新生需要注重理论学习，打下扎实的基础。

（2）积极参与实践。除理论学习外，新生还需要积极参与实践。通过实践，新生可以更好地理解所学知识，并提升实际操作能力。

（3）不断学习和创新。新能源汽车行业是一个快速发展的领域，新技术和新应用层出不穷。新生需要持续学习、保持创新，不断跟进行业发展趋势，提升自己的竞争力。

实例：小李作为新能源汽车工程专业的学生，他深知技能对实现理想的重要性。因

此，他在学习过程中非常注重理论学习和实践操作结合。他不仅在课堂上认真学习相关理论知识，还积极参与学校和企业的合作项目，参与新能源汽车的设计和开发过程。他还关注行业最新动态和技术发展趋势，不断积累和创新自己的知识及技能。

3. 拓宽视野，增强综合素质

（1）关注行业动态。新生需要关注新能源汽车行业的最新动态和发展趋势，了解行业前沿技术和市场需求等信息。

（2）参加学术交流。新生可以积极参加国内外新能源汽车领域的学术交流和会议活动，与同行交流和合作，拓宽视野和思路。

（3）培养团队协作能力。新能源汽车工程是一个需要团队协作的领域。新生需要培养自己的团队协作能力，学会与他人合作、沟通和协调。

实例：小王作为新能源汽车工程专业学生，他深知拓宽视野和提升综合素质对实现理想的重要性。因此，他积极参加学术交流和会议活动，与业界人士交流和合作。他还注重培养自己的团队协作能力，在团队中发挥自己的优势。通过这些活动，他不仅拓宽了视野和思路，还结交了许多志同道合的朋友。

4. 结语

新能源汽车工程专业新生要想实现自己的理想，需要明确个人理想并制订职业规划、努力学习并提升专业技能、拓宽视野并提升综合素质等。通过不断学习和实践，相信每位学生都能在新能源汽车行业中实现自己的理想和目标。

 思考题

1. 大学教学与高中教学相比，更注重哪些方面的培养？
2. 新能源汽车工程专业的主要教学环节有哪些？
3. 如何为新能源汽车工程专业制订合理的学习规划？
4. 在新能源汽车工程专业中，如何发掘和培养自己的潜能？
5. 为了提高自己在就业市场的竞争力，新能源汽车工程专业学生应该怎么做？
6. 新能源汽车工程专业学生应如何制订切实可行的职业规划？

【在线答题】

附　录

AI 伴学内容及提示词

AI 伴学工具	生成式人工智能（AI）工具，如 DeepSeek、文言一心、豆包、通义千问等	
序号	AI 伴学内容	AI 提示词
1	第1章 解读新能源 汽车工程专业	详细解读新能源汽车工程专业（2000字）
2		新能源汽车工程专业学生应具备的知识、能力、技能和素质（3000字）
3		国内新能源汽车工程专业的设置是怎样的（2000字）
4		新能源汽车工程专业的发展前景是怎样的（2000字）
5		如何学好新能源汽车工程专业（2000字）
6		实践环节对学好新能源汽车工程专业的重要性（2000字）
7		新能源汽车工程专业与车辆工程专业、智能网联汽车专业的区别与联系（3000字）
8	第2章 了解新能源 汽车行业	新能源汽车的发展背景、历程、现状及趋势（3000字）
9		新能源汽车的市场需求、政策支持、竞争格局（3000字）
10		新能源汽车的产业链与技术创新（3000字）
11		新能源汽车的环境影响与可持续评估（3000字）
12		新能源汽车的推广应用与案例分析（3000字）
13		新能源汽车品牌介绍（3000字）
14		新能源汽车行业发展对新能源汽车工程专业的影响（2000字）
15	第3章 揭秘新能源 汽车工程技术	新能源汽车的定义及分类（1000字）
16		新能源汽车的关键技术包括哪些（3000字）
17		纯电动汽车技术（3000字）
18		混合动力汽车技术（3000字）
19		燃料电池电动汽车技术（3000字）
20		新能源汽车动力电池的类型、性能指标、关键技术（3000字）
21		锂离子电池的定义、结构、原理、特点及应用（3000字）
22		电池管理系统的定义、结构、原理、特点及应用（3000字）

续表

AI 伴学工具		生成式人工智能（AI）工具，如 DeepSeek、文言一心、豆包、通义千问等
序号	AI 伴学内容	AI 提示词
23	第 3 章 揭秘新能源 汽车工程技术	动力电池的梯次利用（2000 字）
24		新能源汽车永磁同步电动机的定义、结构、原理、特点及应用（3000 字）
25		新能源汽车异步电动机的定义、结构、原理、特点及应用（3000 字）
26		新能源汽车电动机控制器的定义、结构、原理、特点及应用（3000 字）
27		新能源汽车电驱动系统（3000 字）
28		新能源汽车整车设计与制造技术（3000 字）
29		新能源汽车零部件设计与制造技术（3000 字）
30		新能源汽车整车测试与验证技术（3000 字）
31		新能源汽车用户体验设计技术（3000 字）
32		新能源汽车工程技术发展对新能源汽车工程专业的影响（2000 字）
33	第 4 章 探秘新能源 汽车的前沿 技术	新能源汽车智能化的定义及分级（1000 字）
34		新能源汽车的环境感知、导航定位、决策规划及控制执行技术（3000 字）
35		新能源汽车先进驾驶辅助系统（3000 字）
36		举一个新能源汽车智能化技术典型应用的实际案例（3000 字）
37		新能源汽车的网联化技术（3000 字）
38		举一个新能源汽车网联化技术典型应用的实际案例（3000 字）
39		人工智能技术及其在新能源汽车中的应用（3000 字）
40		举一个人工智能技术在新能源汽车典型应用的实际案例（3000 字）
41		大数据技术及其在新能源汽车中的应用（3000 字）
42		举一个大数据技术在新能源汽车典型应用的实际案例（3000 字）
43		云计算技术及其在新能源汽车中的应用（3000 字）
44		举一个云计算技术在新能源汽车典型应用的实际案例（3000 字）
45		新能源汽车前沿技术发展对新能源汽车工程专业的影响（2000 字）
46	第 5 章 分析新能源 汽车行业对 人才的需求	新能源汽车行业岗位人才需求（3000 字）
47		新能源汽车行业关键岗位与专业技能要求（3000 字）
48		新能源汽车行业对人才的新要求（3000 字）
49		如何适应新能源汽车行业对人才的需求（2000 字）
50		新能源汽车研发工程师需要掌握哪些技能（2000 字）
51		新能源汽车动力电池研发工程师需要掌握哪些技能（2000 字）
52		新能源汽车驱动电动机研发工程师需要掌握哪些技能（2000 字）
53		如何成为一名优秀的新能源汽车复合型人才（3000 字）
54		新能源汽车工程专业人才如何适应新能源汽车快速发展的需要（3000 字）

AI 伴学工具		生成式人工智能（AI）工具，如 DeepSeek、文言一心、豆包、通义千问等
序号	AI 伴学内容	AI 提示词
55	第 6 章 规划新能源 汽车工程 专业的学习	大学的教学（3000 字）
56		大学的学习（3000 字）
57		新能源汽车工程专业的学生达成目标是什么（3000 字）
58		新能源汽车工程专业的学生如何制订自己的学习规划（3000 字）
59		新能源汽车工程专业的学生如何进行职业规划（3000 字）
60		大学生如何利用生成式 AI 工具进行职业分析（3000 字）
61		大学生如何利用生成式 AI 工具辅助学习（3000 字）
62		大学生如何利用生成式 AI 工具提高学习效率（3000 字）
63		新能源汽车工程专业学习路径与资源推荐（3000 字）
64		出一套新能源汽车工程专业导论自测题（10 道填空题、10 道选择题、10 道判断题、5 道简答题）

参 考 文 献

[1] 崔胜民. 车辆工程专业导论 [M]. 北京：北京大学出版社，2015.

[2] 鲁植雄. 车辆工程专业导论 [M]. 4版. 北京：机械工业出版社，2024.

[3] 崔胜民. 新能源汽车概论 [M]. 4版. 北京：北京大学出版社，2022.

[4] 崔胜民. 智能网联汽车自动驾驶仿真技术 [M]. 北京：化学工业出版社，2020.

[5] 崔胜民，卞合善. 智能网联汽车环境感知技术 [M]. 北京：人民邮电出版社，2020.

[6] 崔胜民，卞合善. 智能网联汽车导航定位技术 [M]. 北京：人民邮电出版社，2021.

[7] 崔胜民. 面向汽车的新一代信息技术 [M]. 北京：机械工业出版社，2021.

[8] 崔胜民. 智能网联汽车技术概论 [M]. 2版. 北京：北京大学出版社，2024.

[9] 崔胜民. 智能网联汽车先进驾驶辅助系统：ADAS [M]. 北京：化学工业出版社，2023.